都市空間の明治維新

——江戸から東京への大転換

松山 恵
Matsuyama Megumi

ちくま新書

1379

都市空間の明治維新──江戸から東京への大転換【目次】

はじめに　011
江戸‐東京にとっての明治維新・明治維新にとっての江戸‐東京／本論への導入として／本書でとりあげる時代

第Ⅰ部　首都、そして帝都へ──輦下の都市への改造　025

第1章　首都の祖型──「郭内」と「郭外」　026

1　江戸と東京をへだてるもの　026
「単頭・中央集権国家」の首都へ／歴史的必然ではなかった江戸‐東京の首都化

2　「植民地化」の橋頭堡──武家地の没収過程　033
都市空間から考える／「郭内」・「郭外」域の登場／「郭内」・「郭外」域の変遷／変遷の背景

3　遷都──「郭内」への内裏空間の移譲　043
画期としての「再幸」／「皇城」の実相──政府機関の移転実態（その1）／「郭内」武家地への集約──政府機関の移転実態（その2）／新政府関係者の賜邸──公家華族を中心に

4 都市空間の二元構造――「郭内」と「郭外」 062
「郭外」の実相――陰画としての大名華族の行方・新開町の形成／東京の波及――他都市への影響

第2章 明治初年の煉瓦街計画 070

1 首都化のつらなり 070
煉瓦街計画とは／そもそもの動機／新体制ないしは天皇による救済――恩恵と示威

2 交錯する理想 081
首唱者・井上馨の思惑／岩倉使節団とシカゴ大火復興／募金の目論見とその暗転／東京府による計画変更案／ふたつの煉瓦街像の対立――東京は都市か首都か

3 建築を手段とした都市への介入 092
「大橋舎」計画／貸家会社という新機構／煉瓦街の姿かたち――「翻訳」という経路

4 破綻の意味 101
煉瓦街の建設経過／地租改正事業との矛盾

第3章　皇大神宮遥拝殿――宗教的権威の取り込み　110
1　展開のきざし　110
煉瓦街計画頓挫の教訓／道路整備の再検討から
2　「遥拝殿」の成立経緯　114
皇大神宮遥拝殿とは／「遥拝殿」の歴史的背景／文献史料からみる経緯／伊勢神宮のねらい
3　創り出される「輦轂の下」の光景――非文字史料をおもな手がかりに　126
建築的特徴／銅版画の作成背景／立地環境／大隈重信との結びつき――誰が場所を提供したか
／「遥拝殿」が醸成する空間

第Ⅱ部　「郭外」再編――貧富分離政策の展開　143
「郭外」の実相――第Ⅱ部への導入　144

第4章　貧富による動員と排除――桑茶令と場末町人地の移転　149
1　桑茶令とはなにか　149
「大失敗」の桑茶令／「奇策」の再検討

2　桑茶令という制度について　153
立案の背景／「郭外」武家地の反転
3　「富民」・「貧民」の区分と配置先――連動する諸施策　158
貧富調査／「富民」の動員――場末町人地の中心部への移転／「貧民」への対応――救育所収容、下総原野などへの放逐
4　仕組まれた「衰退」　168
「郭外」のバックヤード化／明治初年の諸政策とその波紋

第5章　桑茶令とは何だったのか――移入される人材・技術・資本　171
1　桑茶令の担い手は？　171
理念はいかに、どの程度実現したか――第4章で残された課題／指導者（中間層）の検証
2　白山の開墾場――武家地の統合と旧拝領主の一掃　173
研究手法について／対象地の概要／幕臣たちが去ったあとで
3　牧啓次郎という人物について　177
信州須坂の出身／東京府行政への在地の生産者・商人らのかかわり

4　開墾場のその後　181
構築されるつながり／挫折する桑栽培／近代都市への地ならし

第6章　謎の新地主をめぐって――薩摩藩邸・救育所・小義社　186

1　いわくつきの土地と謎の新地主　186
地籍図を手がかりに／大名屋敷（薩摩藩邸など）から救育所へ／救育所がなぜ福島嘉兵衛の所有地に？

2　福島嘉兵衛とは？　192
六組飛脚問屋、番組人宿／戊辰戦争における活躍／「薩州の御用聞」「薩州元締」

3　東京統治へのかかわり　198
人材の寄せ集め／福島がになった末端的業務／「小義社」の実相／東京府のなかの薩摩藩出身者

4　今後の展望　209
「郭外」武家地をめぐるもうひとつの系譜／福島嘉兵衛とその手下の行方

第Ⅲ部　日常の生活空間へ――もうひとつの首都化の系譜　213

旧幕臣・町人層の実践――第Ⅲ部への導入

第7章　旧幕臣屋敷の争奪――広場を拠点とした都市再編のきざし　217

1　交錯する動き　217

下谷地域の概要／幕府終焉の影響

2　「朝臣」たちの戦略　221

再拝領という機会／江戸武家地をめぐる制度と実態／拝借人から拝領主、そして土地所有者へ

3　町人社会の侵食　226

もうひとつの現実／リノベーションされる表長屋／並存のあり方

4　さらなる展開――東京各所からの参入　232

自己主張する町人たち／参入希望の続出

5　もうひとつの都市再編の論理　238

広場へ／東京府の思惑――幹線道路形成の基盤

第8章 広場から新開町へ――社会・文化的基盤としての旧大名藩邸 244
1 広場のゆくえ 244
再編の基調／広場（盛り場としての広場）の移動／新開町へ
2 「江戸の広場」の受け皿として――新開町というフロンティア 251
素早い変容／小商人・芸能者の流入とその波及――当初の住民像／土地所有者、開発主体について／神田青物市場の問屋らによる借地、運用
3 大名華族の東京邸として――列島の社会文化的な中心へ 266
並存の様子――四谷荒木町（旧高須藩邸）の場合／新開町からの脱皮、旧藩領と接合する空間――本郷西片町（旧福山藩邸）の場合
おわりに 272
参考史料・文献リスト 280

凡例

一、年月の表し方について、基本的に、明治五年一二月二日までは旧暦（天保暦）にもとづき和暦（西暦年）の順、以後は新暦にもとづいて西暦（和暦年）の順に記す。

二、引用史料中および引用文中の……は、中略を表す。

三、引用史料中の文言については、現用漢字・仮名に適宜変更した。また読みやすいように、句読点なども補った。

四、引用史料中には、現在では不適切な言葉もふくまれるが、史料の歴史的意義にかんがみ、そのままとした。

はじめに

†江戸‐東京にとっての明治維新・明治維新にとっての江戸‐東京

東京は、徳川幕府の拠点だった江戸を前身とし、その領域を核としながら発展を遂げてきた（図0‐1）。

当初の東京（東京府）の領域は、南北はおおよそ現在のＪＲ山手線、東西は東京メトロ大江戸線（ただし新宿以西の盲腸線部分を除く）の範囲におよび、現在の都心一帯がすっかりおさまってしまう広さであった。この、それまで江戸と呼ばれていた都市が東京へと名前を変えた背景に、いまから一五〇年ほど前の幕府から維新政府への政権移行や、より包括的には明治維新という、一九世紀の日本列島全体の統治や社会の仕組みを大きく変える動向があったことは、多くの方がご存じだろう。

一方で、この江戸から東京への移り変わりを具体的に問われると、どうだろう。幕府

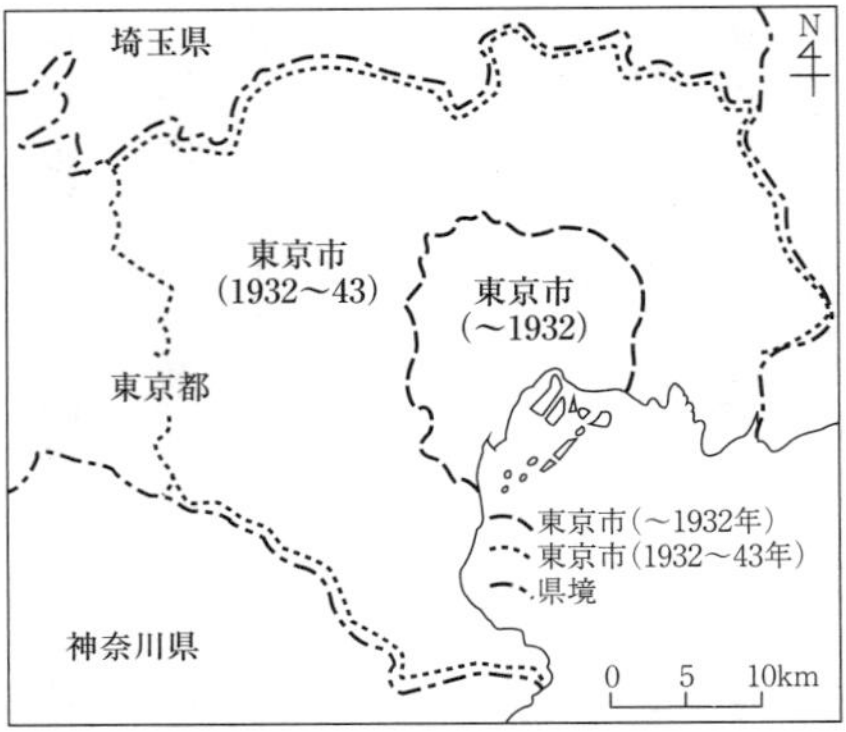

図0－1　近現代における東京の都市域（出所：[梅田2004] 所収図を参考に作成）
※最も内側の「東京市（～1932）」の範囲が、江戸の都市域（朱引内）、および明治元年（1868）に成立した東京府の領域におおむね相当。

の“権力の館《やかた》”だった江戸城が明治新政府のトップにすわる天皇のそれ（皇居）へと転用されたことはすぐに想い起こせても、その後はなかなか続かないのではないだろうか。実際、これらはさほど公《パブリ》共知《ツクメモリー》にはなって来なかった。

　しかし考えてみれば、天皇のみならず、新政府のおもなメンバーである薩長土肥《さっちょうどひ》出身者や旧公家らは、それまで江戸に住まいを持っていなかった。かたや維新当初には、都市（江戸－東京）のなかには大名や幕臣が幕府から下賜された屋敷が存続し、最盛期にくらべれば人数は減っていたとはいえ、いまだ数多くの武士たちがそのまま住みつづけていたのである。明治維新を、仮にこうした新旧支配層の交替（政治革命）という局面に限定してとらえたとしても、それがある程度の期間を要しつつ江戸－東京の都市空間においてたくさんのヒトやモノの移動（集積、離散）を引き起こす、ダイナミズムに満ちた出来事だったことは想像に難くない。

実際、本書で明らかにするように、それはまず江戸を「植民地化」する動きとして始まっている。

維新政府のもともとの拠点は京都（西京）にあり、そして江戸は当初あくまでもそれと並立する〝東京〟へと読み替えられていく。新政府は京都などにあったみずからの要素をじょじょに、しかし着実に埋め込んでいくのである。そして東京を、もはや京都とのペアではなく、それだけでみずからの拠点、つまりは中央集権国家（単一国家）の首都にすることを決めてからは、それに適した機能や景観をこの都市が整えるようにさまざまな政策を矢継ぎ早に投じていった。少なくとも政治都市（政治権力の拠点）という面において、東京はかなり早い段階で江戸とはかなり異なる性格を持つ〝別物〟へと転じたといってよい。

明治維新が引き起こした以上のような動向は、たとえばずいぶん前から今にいたるまで各方面で問題視されている東京一極集中の流れを形づくるものでもあった。そのように本来ならば多くの関心を持たれていいはずのテーマだが、従来は事実の発掘すら十分にはなされてこなかった。それはなぜか。ここではその理由・経緯について、二つだけふれておきたい（くわしくは拙著〔松山二〇一四〕の序章、松山二〇一五a）。

ひとつ目は、新政府が当時とった態度そのものにちなむ。

たとえば京都から東京への遷都《せんと》について、政府はその実態とは裏腹にできるだけ穏便に処理しようとして、これを正式に宣言したことは一度もない。いまだ脆弱な政権基盤のなか、畿内社会の反発などをおそれてのためだったが、このことは当時の政治判断などが文書(文字史料)のかたちで必ずしも十分には記録されないことにつながり、結果的に、後世における把握を難しくさせる一因となった(なお、本書が方法として、文字史料ばかりでなく、絵図類などの非文字史料を積極的に用いつつ「空間」からアプローチするのは、こうした事情にもよる)。

くわえて、より深刻な経緯として、これまでの取り組み(既往研究)における明治維新のとらえ方の問題がある。

そもそも日本の歴史研究では長らく、人類社会は共通の発展形式をたどるとする考え(唯物史観)が強いなか、明治維新がもたらしたインパクトはややもすると実態(とくに都市部に関する)の吟味なしに低く見積もられがちだった。明治維新は不十分な革命であって、社会全体の仕組みを変えるほどの衝撃ではなかったと判定されたのである。

それは江戸から東京への移り変わりが論じられる場合でも同じで、変化の物差し(近代化の指標)としておもに重視されたのは、(維新変革にともなうインパクトについては精査しないまま、事実上その多くの内容が無視されるかたちで)西欧化か、ようやく一九世紀終盤になってから顕著になる産業化だった。別の言い方をすれば、これまでの研究の多くは、西欧社会を念頭に置く単一の「近代都市」像を理想とするかたわら、江戸という長い発達の過程を歩む歴史都市が東京へと転換する過程で起きた維新期の動向や、その近代性《モダニティ》を把握することに対して、きわめて後ろ向きだったのである。

ところで、当時（一九世紀）の江戸-東京といえば、政治権力の拠点であると同時に、世界有数の人口を抱える巨大都市――日本列島における社会文化的な中心地――でもあった。

支配層・知識人ら一部の人間にとっての出来事としてばかりでなく、明治維新は一般の人びと、また彼らの形づくる日常の生活空間に対してどのようなインパクトをもたらしたのか。

あるいは逆に、そうした存在――歴史都市江戸の現実――は、そこをおもな舞台（時空間）としながら展開した維新変革の内容に影響をあたえなかったのだろうか。右で「一般の人びと」とまとめて記したが、もともと彼らの多くは「町人」をはじめとする被支配者層に属し、日々の暮らしを身分制度によって厳しく律せられながらも、長い江戸時代のなかで個人としても集団としてもさまざまな成熟をとげ、けっして一枚岩な存在ではない（吉田二〇〇九）。彼らもまた、そのひとりひとりが維新期の変動に翻弄されながらも、今後の生存をかけて、みずからの境遇をなんとか改善させようともがく、主体性を持つ存在であったに違いないのだ。

本書は、一定の理念にもとづく政策が施される対象であるとともに、人々が生活を形成する場であり、また、それらが歴史的に共在した結果でもある都市空間を素材に、明治維新と江戸－東京との深いつながりをあらためて描き出すものである。

明治新政府が江戸を「植民地化」し、そしてみずからの首都、さらには帝都へと改造するためにおこなったさまざまな試行錯誤が、市井における同時代的な動きとも有機的に混ざり合いながら、どのようにその後の近現代における東京の展開を左右・拘束する条件を生み出していったのか。そして、それは東京と関係を取りむすぶ各地のあり方にいかなる影響をおよぼしていったのか。本書からは、それらが具体的に明らかとなるであろう。

†本論への導入として

本論に進む前に、あらかじめ踏まえておきたい事柄や、中身をよりよく理解してもらうためのポイント（本論で明らかにする内容の一端）を、前もって説明しておこう。

①図を読みとく

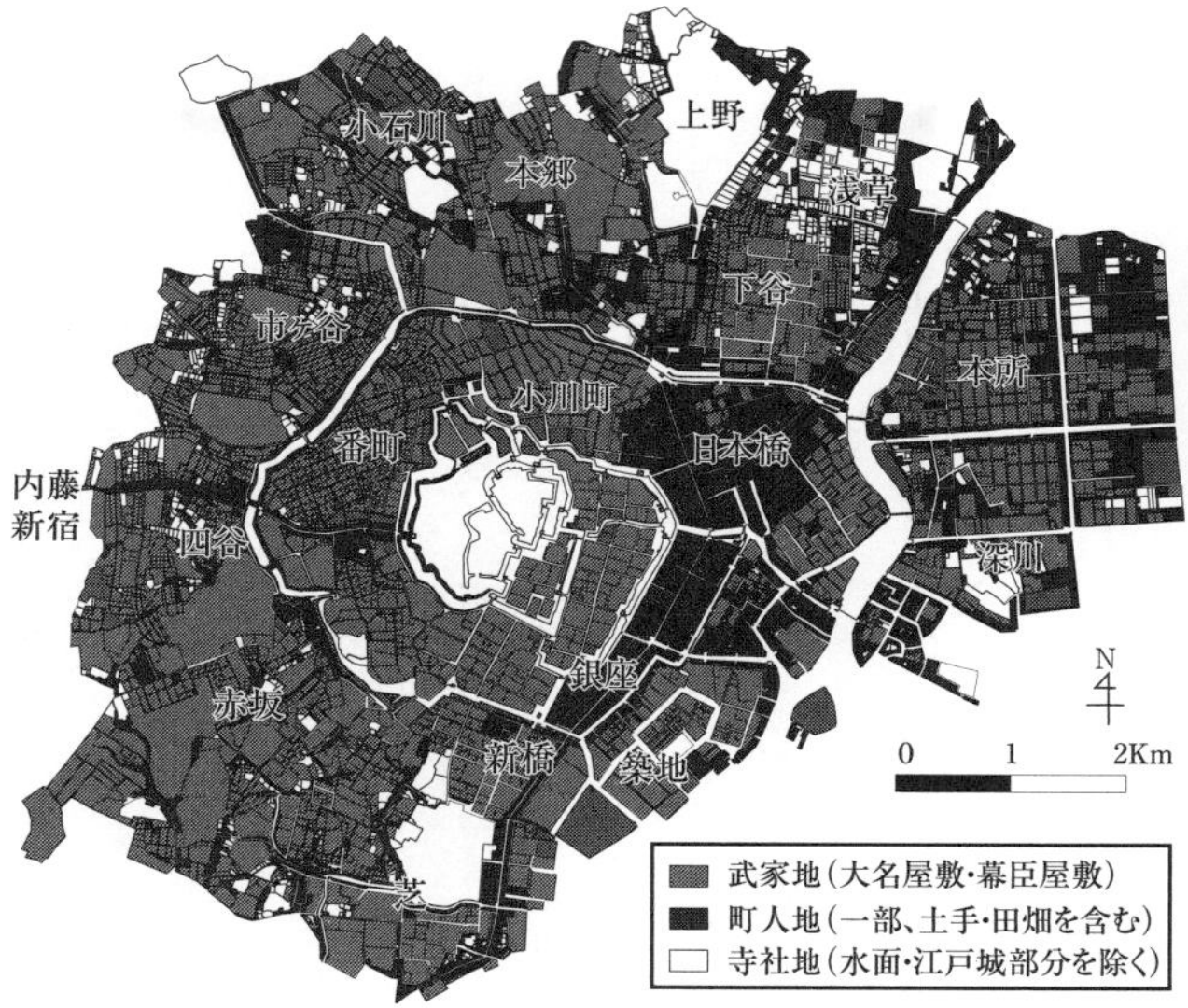

図0－2　幕末江戸の土地利用（出所：松山2014）
※範囲は朱引内に限定。また武家地には江戸城を除く幕府用地が含まれる。

図（図0-2）は、幕末江戸の土地利用状況をあらわしている。一見して、都市の内部が身分によって区分けされていたことに気づく。

本書の対象である江戸－東京のみならず、現在、県庁所在地になっているような日本列島のおもだった都市の多くは、江戸時代に城下町（近世城下町）として誕生している。城下町の大きな特徴は、このように内部の社会と空間が深いつながりをもち、都市空間が領主の居城（江戸では江戸城）を核としながら、武家地・町人地・寺社地といったように、当時の身分制度にそって分割されていたことにあった。身分的な属性をまたぐ〝人（社会）と空間の関係〟は厳しく禁じられており、たとえば武家地を恒常的に利用したり居住できるのは武家のみに限られていたのである。

この特徴にくわえて、幕府権力の拠点であることにより江戸にはとりわけたくさんの武家地（大名屋敷、幕臣屋敷）が存在した。それは最終的（幕末）には都市域全体のじつに約七割におよんだとされる（宮崎一九九二）。

そもそも近世の日本は、二六〇あまりの藩（大名家）からなるいわば「連邦国家」であり、また君主が二人（将軍、天皇）いる「双頭の国家」という体制だった（三谷二〇一六）。その安定にむけて、幕府は参勤交代と呼ばれる大名統制策を敷く。各藩の藩主を定期的に出仕させるとともに、正室と世継ぎに対しては人質として常住を強いるなどした。結果、江戸には各藩の邸（大名屋敷）が置かれ、このように数多くの武家地がその大半を占めるかたちでひろがっていた。

要するに、江戸の都市空間そのものが、日本近世の社会（身分）や政治の制度を体現し、またその維持や強化に役立つ、一種の統治装置の役割を果たしていたのである。

②武家地への着目

その樹立からほどなく、明治政府はこのような近世的秩序にもとづく江戸の都市空間に対し、いろいろと手を加えていくことになった。そこでは、当然ながらゼロからの再スタートとはならず、あくまでも幕末時の状態（身分制にもとづく〝人〔社会〕と空間の関係〟）を前提とせざるをえない。

ただし、このことは新政府にとって、かならずしもマイナス面ばかりではなく、大局的にみると、体制づくりはむしろそうした既存の枠組みの利用ないし手直しをつうじて、はじめて進むものだった。

その最たる例は、都市域の大半を占めていた数多くの武家地をめぐる動きである。たとえば町人地では明治年間を迎えても、江戸時代の占有権がほぼそのまま所有権へと公認されるものとなったから、そこで築かれていた社会は大きく途切れることなく以後へと受け継がれた。対して武家地の事情はまったく異なる。新政府は基本的にそれらをすべて没収する一方で、その枠組みを維持しながら利用するという行動にでたのである。

このように書くと、武家地はいつまで存続したのか、明治時代を迎えるとともに終焉を迎えたのではないかと、いぶかしがる人もいるだろう。新政府がいわゆる四民平等理念の影響なども受けつつ身分制廃止を選択したことは一般によく知られ、またこの廃止とともにそれまでの武家地・町人地といった土地利用区分も放棄されたことは確かだ。

しかしここで注意しなければいけないのは、新政府の右の選択は、その樹立当初から決まっていたものではまったくなく、ようやく明治四年（一八七一）四月になってからおこなわれるものだったという事実である（横山二〇〇五）。

わずか数年のことではあるものの、このタイムスパンの存在意義はきわめて大きい。なお、本書における〝明治初年〟とは以降、とくに断りのないかぎり、この明治四年なかばまでの時期のことをさす。

新政府はこの期間、武家地（そのうえにある建築なども含む）という、いうなれば大量の空間的資産を持つことができた。くわしくは本論にゆずるが、そのことによってはじめて、京都から東京への遷都、さらには統治構造の再編（「双頭・連邦国家」から「単頭・中央集権国家（単一国家）」へ）などを果たしていく。このほかにも、東京をみずからの首都にふさわしいものへと改造していくための人びとの配置替え（貧富分離）や、さらには当時重要な物産だった桑茶の植え付けなどにいたるまで、武家地処分をつうじておこなっていった。

従来、この時期の東京については、幕末にくらべて人口が大きく減ることなどから、江戸の連続（ゆるやかな衰退）として語られることが多かった（小木一九七九・二〇〇六、陣内一九九二他）。しかし実際には、右のような諸政策が投じられて、都市域の大半を占めた武家地でその利用者や機能はすでに大幅に入れ替えられていたのである。当然ながら、そうした動きはただちに町人地をはじめとする他エリアにおけるあり方にも甚大な影響をおよぼしていく。

本論では以上をめぐる手順や論理のほか、並行して東京のなかにあらたに生みだされた二つの領域(「郭内」・「郭外」)などについても明らかにしていく。

③現在の東京の〝祖型〟

ところで、こうした明治のごく初期(明治初年)における動きを正確に把握することは、近現代の東京のあり方を考えるうえでも重要な意味を持つ。というのも、東京ではまもなくの明治五年(一八七二)二月に地租改正にむけた地券発行がはじまり、旧武家地もふくむすべての土地の所有関係がいったん確定してしまうからである。これ以後は、たとえば政府といえども都市内部を都合よく改造することは格段に難しくなり、同時に、各所における変化も基本的にひとつひとつの土地(ないし地主の所有規模)を単位とした、比較的ミクロなものへと落ち着いていく。

つまり、さきの明治初年における武家地処分(どのような人物ないし主体が、どこを、どのように所持するべきかを公権力が一方的に決めえたこと)は、結果的に、その後長期にわたって東京の発展の方向性を拘束する〝祖型《そけい》〟としての働きを持つことになった。それは、江戸‐東京の歴史のなかでも数少ない〝人（社会）と空間の関係〟を大幅にリセットし、同時にその状態をある程度固定化させるという、歴史的意義を持つものだったのである。

本論では、このように明治初年に生み出された〝祖型〟のもと、東京が政治都市としてばかりでなく、社会文化的にも列島の中枢へとどのように移行していくのか、旧武家地固有の現象などにも光を当てながら追跡していくことになる。

本書でとりあげる時代

最後に、本書が対象とする時期の問題についてもふれておこう。

一般に明治維新といえば、一八七七年（明治一〇）の西南戦争までを一区切りに論じられることが多い。ただしここでは江戸‐東京のありようにしたがって、その波紋をもう少し長くとらえてみることにしたい。

旧大名（大名華族）の東京定住をめぐるいきさつは、おそらくこの問題を考える具体例としてわかりやすい。大名のほとんどは、開国の影響を受けるかたちでおこなわれた文久二年（一八六二）の参勤交代制の緩和などをへて国許《くにもと》に帰国し、版籍奉還後もそこで知藩事などをつとめる一定の君主的存在だった。しかし、新政府は明治四年（一八七一）七月に廃藩置県を断行、彼らに代えて中央政府官僚の知事を配置して中央集権化を進めた。

右の過程についてはすでによく知られる一方で、それが東京の都市空間と密接にリンクしながらはじめて進むものだったことは、ほとんど忘却されている。詳細は本論にゆずるが、廃藩置県の直前に旧大名たちは東京への再上京と定住を命じられた。国許で一定の威光を放つ彼らをそこから引き離し、いわば目の届くところに置いておくことが、新政府の体制づくりにとってひとつの要件だったからである。

旧大名に対するこの東京定住の制限が解かれる、つまり別の言い方をすると政府がみずからの基盤形成に自信をもてたのは、それから約二〇年をへた一八八〇年代後半（明治二〇年代初頭）になってからだった。ちなみにこれは明治憲法の公布（一八八九年）の時期に重なる。このときの大赦《たいしゃ》の対象に幕末に幕府方についたいわゆる佐幕派の旧大名なども入る一方、本書では直接扱わないものの、西南戦争で国賊とされた西郷隆盛の像が〝浴衣着姿〟というまるで政変終結を象徴するような出で立ちで、かつ戊辰《ぼしん》戦争の一舞台でもあった東京上野の山に建つ計画が始動する（落合二〇一三）。

少なくともそのころまでは、東京においては、あるいは場合によると（上記の国許に当たる）旧地方城下町でも、明治維新はいまだ決着をみない時期だったといえるのではないだろうか。その変動の足跡や傷跡は、いまだ鮮烈なかたちで都市のそこかしこに充満していた。

以上のようなことを念頭に、本書では、種々の変革が急進した明治初年を重視しつつも、江戸‐東京における明治維新の直接の衝撃を一八八〇年代後半（明治二〇年代初頭）までとみなし、そこまでの幅を持つ時期として維新期をとらえ、論を進めていくことにしたい。

まずは第Ⅰ部で、明治維新の中核ともいえる政治的な変動、すなわち政権の担い手が幕府から明治新政府へと転換する動きが、この江戸‐東京という歴史都市のあり方にどのようなインパクトをもたらしたのかについて見てみよう。

第Ⅰ部
首都、そして帝都へ
——輦下の都市への改造

歌川芳藤「東京府通町ヨリ呉服橋之遠景」

（江戸東京博物館所蔵／東京都歴史文化財団イメージアーカイブ）

明治元年（1868）9月20日、天皇一行は京都をたち、同10月13日に旧江戸城の東京城に入る。その初めての東京行幸（東幸）について描いた錦絵。新体制の到来を人びとにアピールする手段として、行列にはさまざまな趣向・演出が施された。

第1章 首都の祖型――「郭内」と「郭外」

1 江戸と東京をへだてるもの

†「単頭・中央集権国家」の首都へ

近現代の日本の首都である東京は、近世武家政権・徳川幕府の拠点だった江戸を基盤に成立した。

日本列島のなかで地理的にはほぼ同じ一帯が、じつに四〇〇年あまりの長きにわたって政治権力の中枢都市としての地位を占めてきたことになる。たとえば現在の国道一号線は近世初頭に整備された東海道を踏襲したものであるように、道路や掘割の配置、また宅地形状といった物理的な側面において、江戸と東京（とくに中心部）は連続している（陣内一九九二)。

しかしながら、江戸と東京のあいだには、見過ごせない質的な違いや断絶があることも確かだ。

第一に、それぞれが背景とする政治・社会体制が大きく異なる。

たとえば、左は幕末に書かれた随筆の一節だが、いわゆる三都《さんと》(京都・大坂・江戸)が天皇の在所・経済的中心・政治の場所といった重要な役割を列島内で分掌している構図がみてとれる。


京ヲ見ザレバ、我邦《わがくに》ノ百王一姓、万国ヨリ尊《とうと》キヲ知ラズ、大坂ヲ見ザレバ、我邦産物多ク……江戸ヲ見ザレバ、我邦ノ人口衆《おお》ク、諸侯輻輳《ふくそう》シ(以下略)

(『九桂草堂随筆』)


江戸はいわば武都ではあったが、それはあくまでも古代からの権威である京都の天皇・朝廷と並存し、同時に、二六〇あまりの藩=大名家が列島全体に展開するという仕組み(「双頭・連邦国家」体制、本書「はじめに」参照)のもとにある都市だった。

対して、東京はどうか。次掲は明治末期のものだが、ここからは「総《すべ》て(の)政治上の機関」や天皇のあらたな在所（「皇居」）にくわえ、「日本全国」の「あらゆる総ての仕事」・「総ての文化」の「中心」に、東京が位置づけられていることに気づく。江戸時代にはおもに京都に対する形容句だった「花の都」が、もはや当然のように東京の「讃称」とされている点も興味深い。

花の都と云《い》ふは我が東京市の讃称《さんしょう》である……此《こ》の花の都は、所謂《いわゆる》東京湾を控へて居て、海陸交通の至便なる上に、一天万乗《いってんばんじょう》の大君が此所に皇居を据ゑさせられ給《たま》ふので、総《すべ》て政治上の機関がみな此の地に集って居るのである。随《したがっ》て商工業は申すに及ばず其《そ》の他教育と云ひ美術と云ひ工芸乃至《ないし》は宗教等、あらゆる総ての仕事の中心と云ふものは皆此の東京に置かれてある。即《すなわ》ち総ての文化と云ふものは此の東京を源として日本の全国は申すまでもなく清韓諸国までも及ぼし（以下略）

（『東京学』）

端的にいって、東京は明治に入ってから「単頭・中央集権国家〈単一国家〉」の頂点にあらたに立った都市である。一九世紀なかばにおける幕府から維新政府への政権交代をへたのち、後者が江戸‐東京を唯一の拠点都市＝首都に位置づけ、そこを拠点に中央集権化を進めていった結果、つくりだされていったのだ。

その過程では、まずは明治初年のうちに新政府のトップに据わるそれまで京都に居た天皇および朝廷が江戸－東京へとそっくり移動し（遷都）、かつ当然のなりゆきとして、その都市空間を舞台にいわば新旧の支配層の取り換えなどもおこなれる必要があった――そして実際、それはおこなわれた――ことはいうまでもない。

しかし、これまでは明治維新に関する研究関心の偏りなどのため、右の過程については十分に検討されてこなかった。

さらに付け加えていえば、明治初年におけるこれら一連の出来事は、たんに政治機能の問題にとどまらず、一般の人びとの生活空間をふくむこの歴史都市のさまざまな側面に多大な影響をおよぼす発端となったことは、本書（第Ⅱ部・第Ⅲ部）で明らかにしていくとおりである。

†歴史的必然ではなかった江戸－東京の首都化

さて、検討を進めていくにあたり、前提となる既往研究（とくに文献史料にもとづく政治史分野）の成果をふまえるところからはじめよう。幕末の京都、およびそこを拠点に樹立された維新政府の遷都構想などについては佐々木克《すぐる》氏の研究にくわしい（佐々木一九九九〇・二〇〇一）。

開国にともなって内政は大混乱におちいり、それまでの天皇と将軍、さらには朝廷と幕府とのあいだの権威関係もまもなく逆転し、最重要の案件は天皇・朝廷が決裁するという仕組みが構築されていく。

すでに文久二年（一八六二）、幕府は、本来的には列島各地の沿岸防備を念頭に、諸藩に対して江戸への参勤交代制を緩和させる処置を下していたが、そのかたわらで、京都は政治の都としての性格を日増しに濃くしていく。たとえば同年後半から諸大名・諸侯の上洛《じょうらく》が相次ぎ、さらに翌年には将軍もじつに二百数十年ぶりとなる京都入りを果たす。さらに禁門《きんもん》の変《へん》（元治元年〔一八六四〕）が起きたあたりからは、有力藩や朝廷とのつながりを重視する各藩はみずからの拠点（藩屋敷など）を京都のなかにあらたに確保し、数多くの藩士がそこに投入される動きも加速した。

これは事実上、江戸の幕府機能の一部、および長らく同地に置かれていた各藩の屋敷（江戸藩邸）がになっていた役割の一定部分が、京都へと移動する事態といってよい。すなわち「三都」の一角をなす武都としての江戸はその性質を低下させる一方、古代以来の王権の基盤である京都がその地位を奪取しつつあったのである。

それからまもなくの倒幕をへて、天皇を中心とする一元的な王政復古を目指す維新政府が樹立されると、その流れは一層強まる。そのままいけば、京都が近現代日本の首都になるはずだった。

しかしそうならなかったのはなぜなのか。結論からいえば、新政府の首脳らが政権運営の見地から、みずからの拠点を京都以外の都市へと移動させること（もしくは、京都を依然重要視しつつも、他の都市にも一定の拠点を築くこと）を積極的に模索したからである。

たとえば、政府の最重要人物のひとり大久保利通《としみち》は、はやくも鳥羽伏見《とばふしみ》の戦い（慶応四年〔明治元、一八六八〕正月三日）のころから、因習《いんしゅう》のはびこる京都からの遷都を主張していく。「数百年来一塊《いっかい》シタル因循《いんじゅん》ノ腐臭ヲ一新」するためという強烈な言葉で朝廷（改革に否定的な公家ら）を批判し、大坂への遷都を主張した。

かたや、当時同じく政府中枢にいた大木喬任《たかとう》・江藤新平（ともに佐賀藩出身）は、やや遅れて同年閏《うるう》四月あたま、京都にくわえてもうひとつの政府拠点をもうける考え＝東西両都論をとなえた。

彼らはいまだ東国でつづく戊辰戦争の景況をみきわめつつ、同地方の安定のためにも江戸を東京に位置づけなおすことを主張する。すなわち、朝敵である旧幕府の本拠地だった江戸を天皇が親臨する地としてランクをあげ、京都（西京）と同格の都市にするとともに、この二つの京のあいだを天皇が行き来をすることで政権運営しようとしたのである。ただし、その実現のためには鉄道開設が不可欠とも考えられており、当時としては難しい話だった（周知のように、長距離の鉄道敷設が日本で可能になるのは明治五年開業の東京〔新橋〕―横浜間からである）。

実現性にとぼしい東西両都論ではあったものの、一定の効果はあった。たとえば、現在につづく東京という都市名は「自今《じこん》江戸ヲ称シテ東京トセン」という東京設置の詔書《しょうしょ》（明治元年七月一七日）にもとづくが、これはまさに大木らの意見書をきっかけにするものだった。ついで、それまで京都にとどまっていた天皇がそこを離脱し、同年一〇月一三日から初めての東京滞在（東幸《とうこう》）を果たすことにもつながった（第Ⅰ部扉参照）。

以上のような紆余《うよ》曲折《きょくせつ》をへて、江戸－東京はようやく政治的中枢に返り咲くスタート地点に立ったのだった。ただし、それはこの明治元年なかばの段階では、あくまでも京都を前提とする存在であり、いまだ一極の拠点＝首都ではなかった点は注意を要する。実際、天皇は東京に数ヶ月滞在ののち、同年一二月には京都に戻っている。

なお、こうした明治のごく初年における一連の試行錯誤のそのときどきの判断や結論を、新政府が表だって明らかにすることはなく、関係する文献史料も限られる。したがって、実際の歴史過程（遷都などの進展度合い）をそこからつかむことはかなり難しい。

そうした制約のなか、新政府が日本の首都を東京に置くことを事実上表明したのは（政府が東京への遷都を宣言することは結局一度もなかったのだが、文献史料をもとに推定すると）、東幸から一年以上も後のこととされる（高木一九八七）。具体的には、京都と東京を往復していた天皇が明治三年（一八七〇）三月の京都行きを延期し、そしてまもなく留守官《るすかん》（後述する天皇の「再幸《さいこう》」によって太政官《だじようかん》が東京へと移転されたのち、京都に置かれていた官衙《かんが》のこと）が機能を失う太政官布告（同年一二月二二日）が画期とみなされているのである。

2 「植民地化」の橋頭堡——武家地の没収過程

†都市空間から考える

以上のように、最幕末における内政の中心地はもはや京都にあり、さらに明治新政府は当初、大坂への遷都なども構想していた。とくに徳川家や東国諸藩の帰趨《きすう》がはっきりしない明治元年四月頃までは、江戸は遷都の対象からほとんど外れていたとさえいえる。

では、正確にはいつ、新政府は江戸‐東京への遷都ないし首都設置にむけたアクションを起こしていったのだろうか。

すでに前節の終わりで、明治三年三月の留守官廃止（京都からの新政府中枢機関の消滅）

という時点をもって、政府が東京を首都と表明したとみなせることは紹介した。しかし、それは制約の大きい文献史料（のみ）から引き出せる情報であって、いわば時期の下限である。そうした表明がおこなわれる前提には、名称の瞬間的な移動では済まない具体的な場を占めるものとしての政府機関の設置や、それにかかわる人びとの移住（いうまでもなく、天皇をはじめ、新政権を構成するメンバーの多くはそれまで京都を中心に生活・活動していた）といった、受け皿たる江戸-東京の都市空間の改変・整備が当然あったはずだ。

明治三年三月よりもかなり前から、遷都にむけた動きは始まっていたと考えねばならない。

この問題を解明していくにあたって重要な手がかり（指標）となるのは、江戸-東京の都市空間のなかでも、その七割ほどを占めていた武家地（「はじめに」図0-2参照）のあり方であることは確かだ。

たとえば、新政府の外側から唱えられながらも、大久保利通ら政府首脳の考え（とくに大久保の場合は持論である大坂遷都からの方針転換）に影響をおよぼしたとされる遷都論に、幕臣出身の前島密《ひそか》の建白《けんぱく》（江戸遷都論）がある。この建白でいみじくも強調されていたのは、「諸侯の藩邸、有司《ゆうし》の第宅《ていたく》、一工を興さず、皆是《みなこ》れ已《すで》ニ具足せり」（『鴻爪痕《こうそうこん》』）という事実、すなわち武家地という、江戸がその内部にかかえるストックの存在だった。

遷都では、その器となるべき空間的拠点が不可避な要件である。しかし、当時の逼迫《ひっぱく》する新政府の財政事情のなか、たとえば大坂への遷都だと一から皇居や官庁などにいたるまで新設せねばならない（ちなみに大坂城は鳥羽・伏見の戦いののちに焼失してしまっていた）。対して、江戸では、参勤交代の廃止と幕府崩壊によって、なかば空き家のような状態で残される数多くの大名藩邸や幕臣屋敷などがすでにあり、それを転用すればスムーズに新体制のスタートが切れる――これが前島のアピールポイントであり、実際にそれは大方の納得をえていく。

要するに、江戸の都市空間の過半を占めていた武家地、なかでもその上にたつ武家建築の分厚い存在が、この歴史都市が遷都先に選ばれていくいわば切り札だった。

やや先回りしていうと、新政府は明治初年（〜明治五年頃）のあいだ、つまり身分制が最終的に廃止されてあらゆる土地の帰属先（官有地か民有地か）が決定するまでは、武家地をかなり自由に没収することができた。これらの土地・建築という豊富な空間的資産の運用（処分）をつうじて遷都を遂行していった、との見当をつけることがある程度可能なのである。

†「郭内」・「郭外」域の登場

以上のような視点に立つ時、これまでほとんど知られてこなかった、明治初年東京の都市空間にもうけられていた「郭内」・「郭外」という領域（空間区分）が、重要な歴史的意義をもって浮上してくる（川崎一九六五、松山二〇〇四・同二〇一四、横山二〇一〇）。

まず、これらの領域の移り変わりをひととおり押さえることにしよう。

そもそも「郭《かく》」とは何かしらの障壁を指す語であって、近世江戸では見付の諸門で囲まれる、江戸城を取りまく外濠《そとぼり》の内側を「郭内《かくない》」（「内郭」）、一方その外側で、朱引までの範囲を「郭外《かくがい》」（「外郭」）と一般的に呼んでいたようである。

史料1（後掲の史料2・3ともに、「府治類纂《ふちるいさん》」地輿《ちよ》之部より）は明治元年（慶応四、一八六八）七月、新政府（在京都）が江戸の鎮台府《ちんだいふ》（臨時軍政機関）をつうじ徳川家およびその重臣に対して出した触《ふ》れで、武家地の処遇方法をめぐり「郭内」・「郭外」域の使用を確認できる最も初期のものである。すべての武家地（「郭内」域、および「郭外」域に含まれる武家地ともに）の地所売買を禁止する一方、うち「郭内」については建築もそのままの状態にしておくよう命じている。なお、のちに出される後掲の布告類と比べると「郭内」の範囲はつまびらかでなく、この時点では、従来の外濠を基準とした、比較的大まかな領域をさしていたものと考えられる。

【史料1】
御用有之候条《ごようこれありそうろうじょう》、御郭内屋敷之《の》分とも是迄《これまで》在来之儘差置《ままさしおき》候様《よう》、御郭外建家《たていえ》之分は解除《ときよけ》候共不苦候《ともくるしからず》……地面之義《ぎ》は売買等一切不相成《あいならず》候事（以下略）

ひるがえって、右掲にはじまる一連の布告（〜史料3）からあらためて気づかされるのは、すでに江戸城開城も済み、政策上は徳川家の駿府移封《すんぷいほう》も決まっている段階とはいえ、いまだ都市のなかには幕府から大名・幕臣らに下賜《かし》された屋敷＝武家地が存続しているという現実である。

たしかに、前述の前島の建白のところでは「なかば空き家のような状態」と記したように、近世の最盛期にくらべればその人員は大幅に減ってはいたものの、各藩邸には陪臣《ばいしん》たちが留守居《るすい》（大名は参勤交代の緩和・廃止をへて、すでに江戸を去る）というかたちで詰め、また幕臣の処遇（駿府への移住など）が本格化するのもこのあと明治元年一〇月以降のことだった。

新政府は武家地の没収を一からおこなう必要があった。ただし、やはり忘れてはならないのは当初の政権基盤は京都にあり、江戸（－東京）はあらたに植民していく対象だったことだ。既存の武家地（大名・幕臣の屋敷所持という特権）を一挙に剝奪するような粗雑なやり方ではなく、それらをじょじょに制限しながら、みずからの橋頭堡《きょうとうほ》をつくりだすアプローチがとられていく。

そういう意味では、史料1で、新政府が土地・建築もろとも保持をはかる「郭内」（正確には「郭内」域に含まれる武家地）が橋頭堡そのものであったとみなすことができる。

†「郭内」・「郭外」域の変遷

もっとも、興味深いのは、その領域がまもなく引き直されていくことだ。次掲は翌月（明治元年八月）に、設けられたばかりの新政府直轄の東京府が大名・幕臣に達した布告である。一・二条目は大名・幕臣の双方に、つづく三・四条目は前者へ、五・六条目は後者に対して出された内容となる。

【史料2】

一、郭中（郭内のなかでも江戸城内濠《うちぼり》に囲まれた区域のことか——筆者注）屋鋪《やしき》は家作とも
被召上候《めしあげられそうろう》事

一、郭外屋敷地は被召上、家作《かさく》之儀は出格之思召《しゅっかくのおぼしめし》ヲ以《もって》被下候事
一、大小藩共、郭内ニ而《て》屋敷壱ヶ所宛《ずつ》
一、郭外は拾万石以上弐ヶ所、其《それ》以下万石迄壱ヶ所宛
一、万石以下千石迄、郭内ニ而壱ヶ所宛
一、千石以下、都而《すべて》郭内・外ニ而壱ヶ所宛
（中略）
一、郭内と相唱《あいとなえ》候場所、本町通《ほんちょうどおり》西北之方を限り候旨最前申達置《むねさいぜんもうしたつしおき》候処《ところ》、東之方両国《ほうりょうごく》川筋、南之方芝口《しばぐち》新橋川筋を限、郭内ニ准《じゅん》し候事（以下略）

大きく二つの点が明らかとなる。

まず、「郭内」域について。最後の条文から、これが達せられる直前の範囲は、日本橋の本町通りを境に、その「西北之方を限」るものだったことがわかる（図1-1①）。「郭内」・「郭外」域が、外濠といった物的境界によらない、つまり公権力によって恣意的に操作される対象になっていたことがわかる。そして、まもなくさらなる操作が加えられ、この明治元年八月にかけてその領域は一挙にひろげられた。臨海部の浜町《はまちょう》や築地あたりの、江戸武家地のなかでも相対的に大規模な屋敷（各藩の蔵屋敷など）の多い一帯が、これに

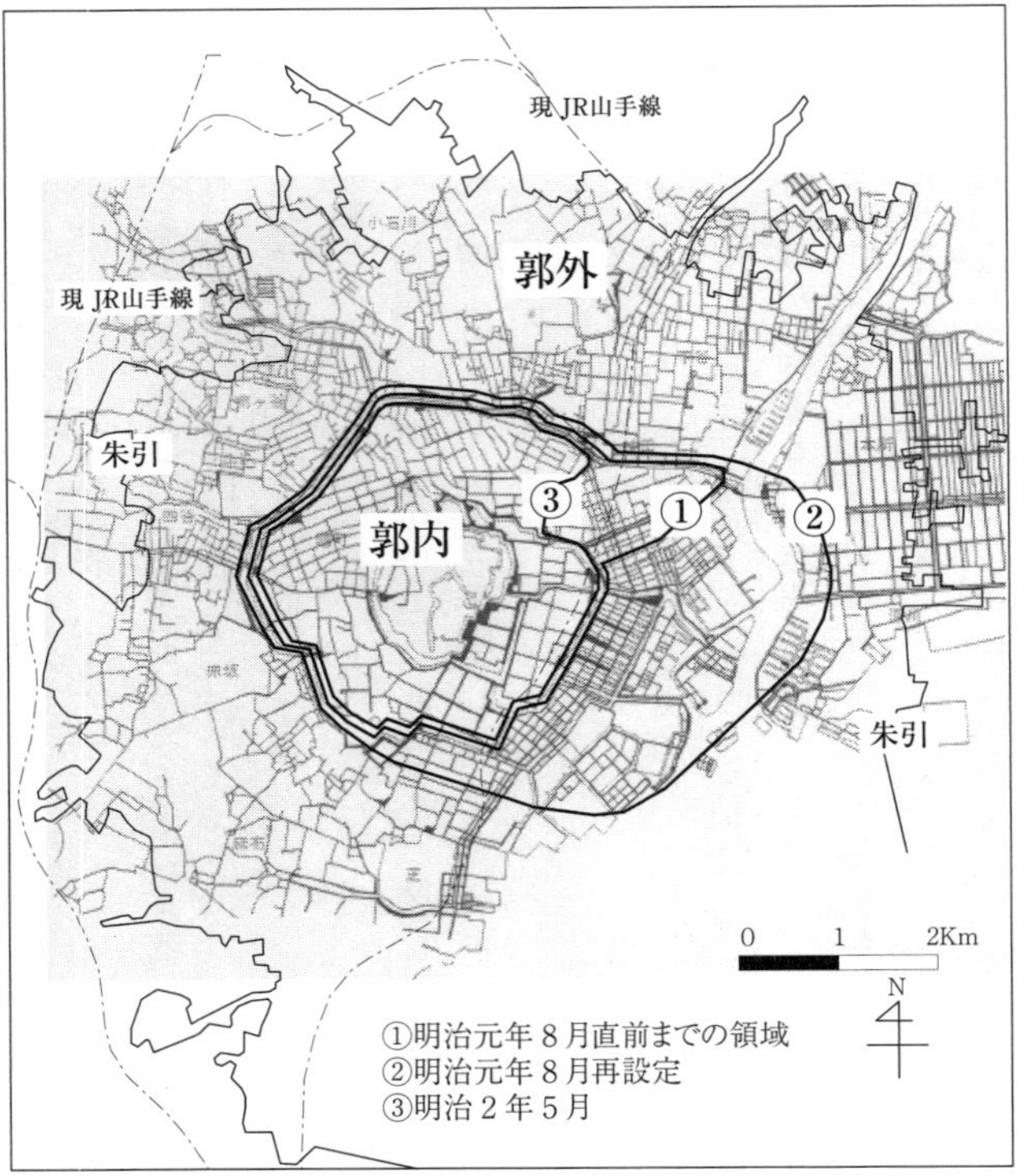

図１−１　明治初年における「郭内」域の変遷（出所：松山2014）

より「郭内」に包含された（図1-1②）。

ついで、こうして引き直された「郭内」域を基準として武家地の没収が進められていく。一〇万石以上の大藩には「郭内」に一つと「郭外」に二つの屋敷所持（維持）を認める一方、それ以下の藩には「郭内」・「郭外」ともに各一ヶ所といった具合に制限がくわえられ、公収がおこなわれた（なおくわしくは次々節で述べるように、上記の屋敷数は、同じように「郭内」・「郭外」を基準としながらさらに減らされていく）。

ところで、上記の史料2以降、関連布告はしばらく見いだせない。ようやく約一年後（明治二年五月）に出された次掲史料3からは、ふたたび「郭内」域に変更があり、その範囲が狭められたことがわかる（図1-1③）。なお、史料中「去辰《さる》（明治元年――筆者注）九月中相触置《あいふれおき》」とされるものは現時点で確認できないものの、その内容（「内神田・浜町・築地辺、郭内ニ準シ候旨」）からは、史料2とほぼ同様としてとらえておくことができるだろう。

【史料3】

一、内《うち》神田・浜町・築地辺、郭内ニ準シ候旨、去辰《さる》九月中相触置《あいふれおき》候処、此度《このたび》神田橋門通ヨリ昌平橋《しょうへいばし》通ヲ境トイタシ、東ノ方《ほう》神田・浜町・築地辺、以後郭外ト可相心得《あいこころうべき》事

一、郭外ニテ町地ニ可相成《あいなるべき》武士地者《は》、屋敷改《あらため》（東京府のなかの部局――筆者注）ニテ取調可申立事
但、町地ニ相成《あいなり》候上《うえ》ハ都而《すべて》町並之通……地税《ちぜい》・町入用《ちょうにゅうよう》トモ為差出《さしださせ》可申事（以下略）

私見のかぎりでは、この明治二年五月の引き直し以降、「郭内」・「郭外」域が操作された形跡は認められない。この最後の区分（図1-1③）は、武家地が消滅するまでの明治初年にわたり、その効力を持ち続けるものだったと考えられる。

†変遷の背景

以上にみた「郭内」域などの移り変わりの背景には何があったのか。

端的にいって、それは江戸をあらためて東京に位置づけるという新政府の判断である。事実、「郭内」域が一挙にひろがりをみせた明治元年（一八六八）八月は、先に述べた東京設置の詔書の直後にあたる。これにより、江戸は、京都にくわえてもうひとつの統治拠点が築かれる都市となる（ふたたび政治的中心へと返り咲く）現実味を帯びたのであって、その見込みをもとに至急、「植民地化」の橋頭堡となるべき武家建築の確保がはかられたものと考えることができる。

さて、このように東京のなかでも「郭内」域こそが、新政府がまずは利用を見込んだ箇所との見当がついてくると、おのずと問題になってくるのは、なぜ明治二年五月にふたたびその範囲は変更になるのかという点だろう。

この謎を解くにあたっては、やはり実際の「植民地化」、さらには遷都がどのように進むものだったのかを押さえる必要がある。次節では、大名・幕臣らから土地・建築もろとも〝没収〟された「郭内」武家地に対して、それまで京都にあった新政府の諸機関などが逆に〝充填《じゆうてん》〟されていく画期や実相について考える。

3 遷都――「郭内」への内裏空間の移譲

†画期としての「再幸」

はじめに、旧江戸城がいつ天皇の恒常的な在所になったのかに注目したい。

王政復古をかかげる新政府の正統性は、なによりもまず天照大神《あまてらすおおみかみ》と血統的に結びついているというミカド（天皇）の宗教的権威に拠っていた（安丸・宮地一九八八）。さらに、明治元年閏四月には「天下ノ権力総《すべ》テ之《これ》ヲ帰」す太政官の最高官職として輔相《ほしよう》が置かれ、天

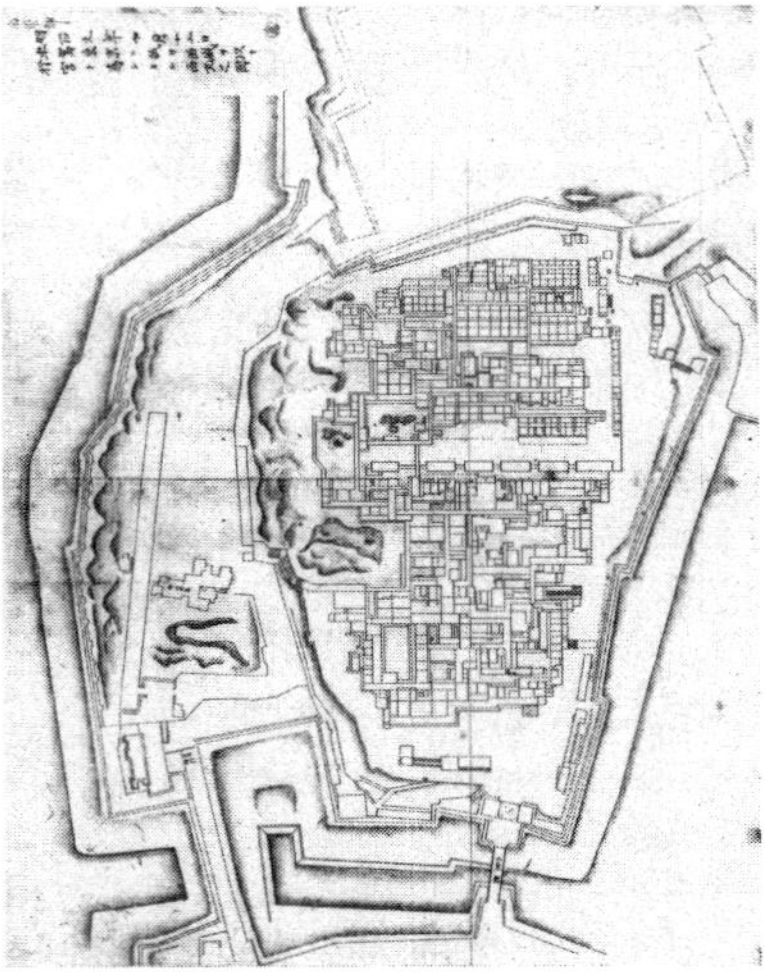

図1－2　初の東幸時の皇居（「行宮」）（出所：「皇居御造営誌附属図類下調図」宮内庁宮内公文書館所蔵）

皇をその輔相が補佐する体制（明治太政官制）が取られるようになってからは、天皇の居場所と政権の所在がますます密接不可分な関係になっていたといってよい。

いつから旧江戸城・西丸《にしのまる》御殿（本丸《ほんまる》は幕末に消失）は宮中儀礼もおこなえるような天皇の在所に足るものへとととのえられたのか。それが、遷都の進捗度合い（画期）をはかるうえで、重要な手がかりとなることは確かだ。

図1-2は、天皇がはじめて東京行きを果たした東幸《とうこう》時（明治元年九月）の西丸御殿であるが、とくに手が加えられた様子は見あたらない。この一度目の入城時における皇居はほぼ幕末の状態と考えてよい。

これに対し、それから年をまたいだ二度目の入城時、すなわち天皇がふたたび東京行きを果たす明治二年三月二八日のいわゆる「再幸《さいこう》」に際し、その様子は一変する（図1-3）。

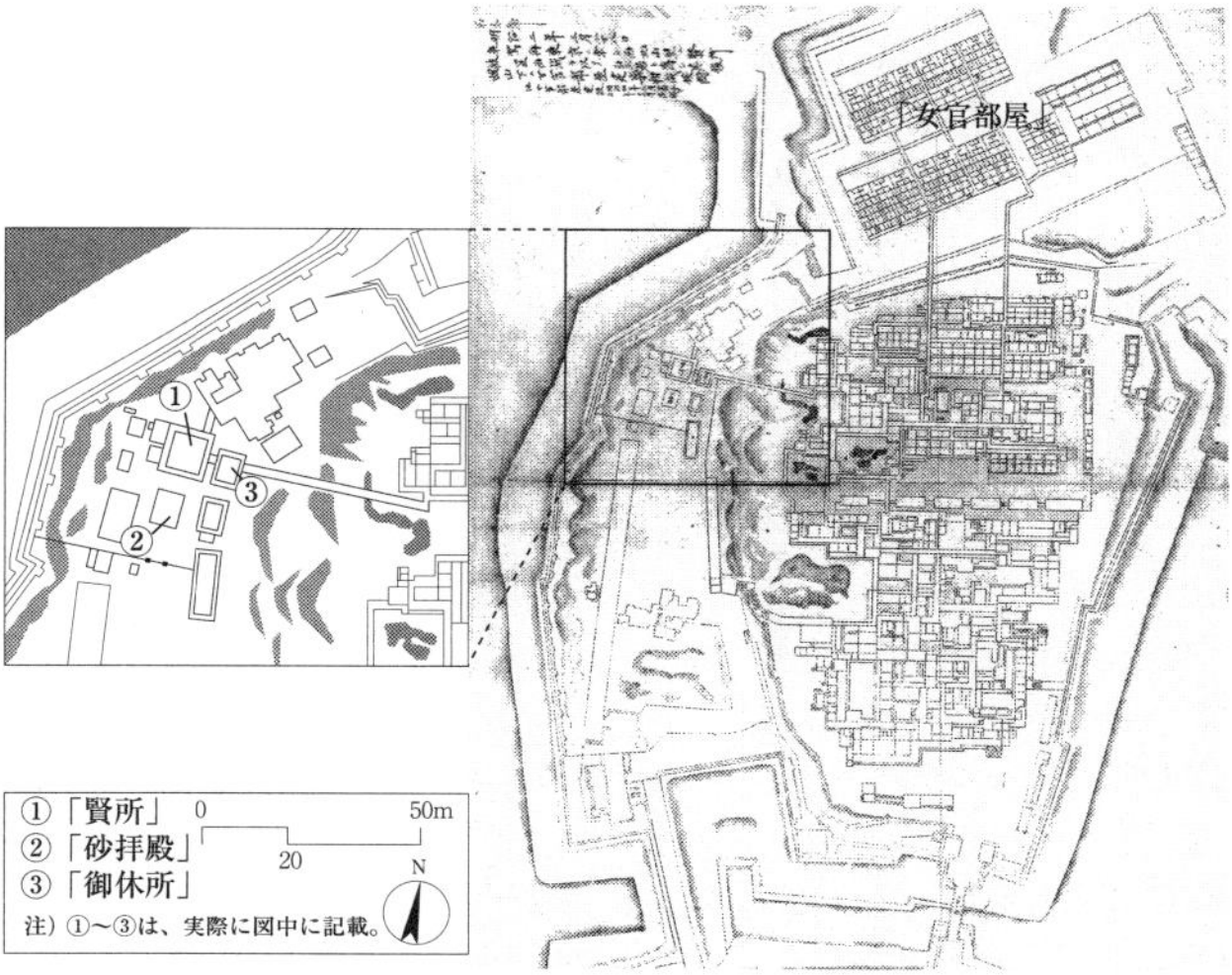

図1－3　再幸時の皇居（「皇城」）（出所：「皇居御造営誌附属図類下調図」）

西丸御殿の西方、一般に山里と呼ばれるエリアに「賢所《かしこどころ》」や「砂拝殿」などがととのえられ、また北方の楓山《もみじやま》下（紅葉山下）には巨大な女官部屋があるのがみてとれる。もちろんこれらは旧江戸城の再利用ではなく、東幸以降に新造されたものだ。

このうち女官部屋については計画段階のものとみられる一方、『明治天皇記』にも「内侍所《ないしどころ》は山里の社殿に渡御《とぎょ》あらせらる」（明治二年三月二八日条）との記述が認められるように、皇位の標識（神鏡）を奉安するなど宮中でも無二の存在といえる「賢所」は、このときまでにできていた。

図1-3にみえる「賢所」周辺の整備が、西丸へと手が加えられた最初の、しかし実質的な皇居への改変を示す、非常に重要な意味を持つものであったことは間違いない。そして重要な歴史的事実として、天皇はこれ以降現在にいたるまで、東京をその恒常的な住まいとしつづけている。再幸が、東幸を上回る画期だったことは、ほぼ確実といえよう。

ひるがえって、以上をふまえると、前節の終わりで焦点（謎）として浮上した明治二年五月の「郭内」域の変更に関し、それが再幸からほどない時期に施行されるものだったことに気づかされる。すなわち、この時の「郭内」域（図1-1③）は、遷都の進捗と密接にかかわり合うかたちで、あらたに設定されたものである可能性がみえてくるのだ。

†「皇城」の実相――政府機関の移転実態（その1）

以上の検証のために、つづいて新政府機関のあり方に注目しよう。

政府は、じつのところ再幸当日、「西ノ丸へ御駐輦《ちゅうれん》、依《よっ》テ皇城《こうじょう》ト称ス」との布告をあわせて出している。皇居（天皇の住む所）にくわえて政府機関も備える「皇城」という意味を、旧江戸城の西丸御殿に対してあらたに与えていた。

しかしながら、話をわかりやすくするためにあらかじめ述べておくと、この政府方針

（皇居と政府機関の一体化）の実現は事実上、無理な話だった。元来、隠居した将軍などの利用にとどまっていた狭小な西丸御殿を、複数の皇族たちにくわえ、多くの官庁もまた利用してゆくのは不可能だったのである。なお、こうした明治初年の皇城や（そこに包含、ないし収まりきれなかった）諸官庁の所在については、まもなく一八七三年（明治六）五月に皇城が炎上したこともあって、ほとんどわかっていない。以降、それらの事実を一から確認するところからはじめる。

まずは皇城の実相から。

図1-4は、宮内庁宮内公文書館所蔵の「皇城絵図面」である。描かれるのは、幕府による最後の造営で土蔵群によって大奥《おおおく》と仕切られた、いわゆる表《おもて》・中奥《なかおく》の部分となる。作成年代が伝わっていないものの、図中の文字情報などから明治二年八月から同一〇月（もしくは、最長で翌三年なかば頃）までの様子が描かれていると判断できる（松山二〇一四）。つまり図1-4は、再幸から一年間ほどのごく初期の皇城、さらには当時の日本の政治機関のあり方を知る、きわめて稀少な歴史資料といえる。

そもそも西丸のおもだった建物としては、最も高い格式をもつ対面の御殿であった大広間《おおひろま》（図1-4①）、これに次ぐ白書院《しろしょいん》（同②）、そして将軍などが日常的に使う御座之間《ござのま》や御休息《ごきゅうそく》、御小座敷《おこざしき》（同③・④・⑤）があり、これらは南から北へ雁行《がんこう》するように建ち並び、あいだを廊下や控えの部屋によってつながれていた。以上の御殿群の東側には、諸大名・役人の登城の際の座敷がつづき、さらにその東はもっぱら役人の執務のための多数の小部屋があったとされる（平井・伊東一九九二）。

以上にそって図1-4を見てゆくと、あらたに「大広間」には、外部に面する入側《いりがわ》の中央に天皇が輿《こし》を乗り降りする「御鳳輦所《ごほうれんじょ》」が設けられていることに気づく。ここでは後日、廃藩置県ノ大詔《たいしょう》（明治四年七月一四日）も発せられるなど、皇城の政治的な儀式がおもに執行されていたと判断できる。一方、白書院には「太政官《だじょうかん》」が置かれ、また御座之間は「宮内省」に、御休息・御小座敷はそれぞれ「小御所《こごしょ》代」・「御学問所」に転用されているのがわかる。炎上までの間、太政官と宮内省は一貫して「皇城」内に置かれていたと考えてよく（後掲の表1-1）、これらにくわえて天皇の日常的な応接場が西丸の主要部を占めていたことは、おおむね自然な流れであったといえるだろう。

しかしそのような結果、残された控えの間などの付随的スペースで、すべてを遣り繰りせねばならなくなっている。

「大広間」北に位置する中庭西側、いわゆる松之《まつの》廊下によって「大広間」と「太政官」（白書院）を結ぶところに、宮内省を除くこの当時の「二官六省の制」における全官庁（神《じん》祇官《ぎかん》、民部省・大蔵省、外務省、兵部《ひょうぶ》省、弾正台《だんじょうだい》、刑部《ぎょうぶ》省）と、太政官の諮問《しもん》機関だった

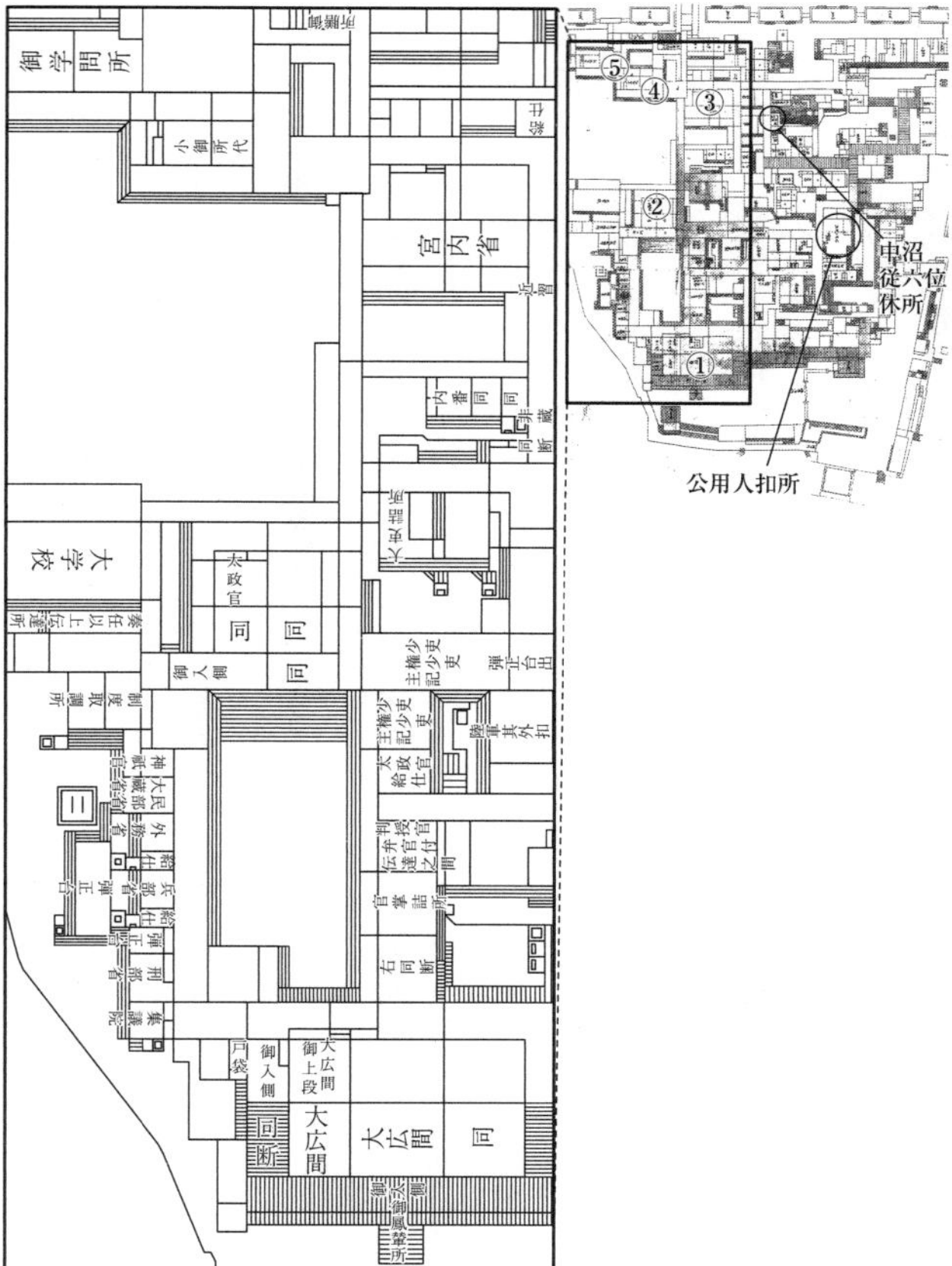

御学問所
小御所代
宮内省
大学校
太政官
大広間
大広間
大広間御上段
御入側
弾正台
刑部省
集議院
中沼従六位休所
公用人扣所

図1-4 「皇城絵図面」

「集議院《しゅうぎいん》」(左院《さいん》の前身)の名が確認できる。ここは、かつて御三家部屋などの控え所が並ぶ小部屋だったところであり、うち西寄りの「弾正台」には数寄屋《すきや》が設けられていた。いずれにしろ極めて狭小なことに変わりはなく、図1-4時点の状態は、それこそ皇城における各省の控え所のようなものであったと考えるのが妥当である。

†「郭内」武家地への集約——政府機関の移転実態(その2)

では、これら諸官庁の実質的な拠点はどこに置かれていたのか。

表1-1は、筆者が『太政類典《だじょうるいてん》』・『公文録《こうぶんろく》』などより、明治元年から皇城炎上までの時期の官庁の動きをひろったものである。一見して明治二年から、それも細かくは同年三月末の再幸を画期として、東京にそれらの場所が新設されていく構図がみてとれる。また、思いのほか移動が激しかったことにも気づかされる。

もちろん再幸以前にも、東京には新政府の組織が一程度置かれていた。この時期はまだ「八官の制」(明治元年閏四月二一日~同二年七月八日)と呼ばれる官制が敷かれ、そこでは京都の太政官をトップに、神祇官・会計官・軍務官・外国官・民部官の五つの官庁が配されていた(いずれも、のち「二官六省の制」の神祇省・大蔵省・兵部省・外務省・民部省に継承)。うち外国官は明治元年九月二〇日には東京に移されており、同年暮れまでに築地の大名屋敷、ついで旗本屋敷に構えられていったことがわかる。しかし残る官庁については、いずれも再幸とともに太政官が東京に移されるまでは「出張所」が皇居（「東京城内」）に置かれていたに過ぎない。

以上のように、実質的に新政府の機関が東京に集約されてゆくのは、やはり皇城と同じく再幸をターニングポイントとするものであった。

さて、これら諸官庁の京都からの移転が、現実の東京の都市空間とどのような関係を取り結ぶものであったかを確認していこう。

まず初期の状況から。図1-5は、明治二年四月末～同七月作成の「東京大絵図」に、表1-1の内容もかんがみながらこの当時の官庁のありかを示したものである。いまだ「八官の制」が敷かれる頃であって、明治元年から築地に構えられていた外国官を除けば、おおよそ東京における当初の位置が示されていることとなる。

神祇官・会計官・軍務官は西丸下（現皇居前広場）をかため、民部官は大名小路《だいみょうこうじ》に位置しているのがわかる。いずれも江戸期には幕府要職者の役宅や、大身《たいしん》の大名の上屋敷《かみやしき》が建ち並んだ地域にあたる。うち民部官は、いったん「太政官中ニ置」かれたものが、その後図中の大名小路へと移されるものであった（表1-1）。やはり本来ならば太政官のある皇城にひとかたまりに置かれるべきものが、その物理的限界から近接する西丸下・大名小路

明治3年	明治4年	明治5年
●（＝太）皇城内	●（＝太）皇城内	●（＝太）皇城内
●（＝民4）7月20日「元福岡藩邸」 ●（＝民5）閏10月19日「民部・大蔵両省ヲ城内ニ移ス」	●7月27日、民部省廃止（「同省衙門ハ是迄城内ニ在リ）	－
●（＝大2）閏10月19日「民部・大蔵両省ヲ城内ニ移ス」・「衙門ヲ皇城中ニ転移」	●（＝大2）8月2日「神田橋内元山口県邸ニ移ス」 ●8月27日「元集議院邸内ニ移ス、但各寮・司ハ移サス」	●（＝大2）「元山口県邸」（旧酒井雅楽頭上屋敷）の利用が継続か
●（＝兵2）「鳥取藩邸」（旧井伊家上屋敷）の利用が継続か	●（＝兵2）「鳥取藩邸」（旧井伊家上屋敷）の利用が継続か	●（＝兵2）「鳥取藩邸」（旧井伊家上屋敷）の利用が継続か
●（＝刑1）「民部省旧庁」の利用が継続か	●（＝刑1）「民部省旧庁」の利用が継続か	●（所在不詳）5月24日「司法省及明法寮ヲ元九条従一位邸ニ移」す
●（＝弾4）8月22日「外桜田彦根藩邸」	●（＝弾4）「彦根藩邸」の利用が継続か	
●（＝宮）皇城内	●（＝宮）皇城内	●（＝宮）皇城内
●（＝外5）10月「外務省漢洋語学所ヲ福岡藩邸ニ設ク」（旧松平美濃守上屋敷）	●（＝外5）「福岡藩邸」（旧松平美濃守上屋敷）の利用が継続か	●（＝外5）「福岡藩邸」（旧松平美濃守上屋敷）の利用が継続か
●（＝工1）10月20日「工部省ヲ建テ事務ヲ皇城内民部省中ニ於テ処理」 ●（所在不詳）12月13日「築地元外務省跡へ移ス」	（未詳）	●（所在不詳）9月2日「元教部省跡」
－	（未詳／7月、旧昌平黌跡に新設か）	●（＝文1）8月2日「常盤橋内元津藩邸へ移ス」
（未詳）	●（所在不詳）4月4日「南八町堀元新庄綱五郎邸ヲ樺太開拓使出張所トス」	（未詳）
●（所在不詳）9月25日「近衛邸ニ移ス」	（未詳）	●（＝神2）3月14日「神祇省ヲ廃シ、教部省ヲ宮中桜間ニ置」く ●（＝神3）3月27日「元神祇省ニ移ス」（但し教部省） ●（＝神4）9月2日「中山従一位邸」（同上）

表1－1　明治初年、東京における官庁の所在（出所：松山2014）

		明治元年	明治2年
太政官		−	●（＝太）3月28日（再幸時）「皇城ヲ中分シ以北ヲ皇居トシ以南ヲ太政官トス」
	民部省 （明2.8～翌3.7まで大蔵省と合併、明4.7.22廃止）	−	●（＝民1）4月8日「太政官中ニ置ク」（但し、民部官） ●（＝民2）4月22日「大名小路元稲葉美濃守邸ニ移ス」（但し民部官） ●（＝民3）8月から本省を大蔵省内に移転
	大蔵省	−	●（所在不詳）4月21日「近衛忠熙ノ邸ニ設ク」（但し会計官） ●（＝大1）4月27日「馬場先門内松平下総守旧邸」（同上）
	兵部省	−	●（＝兵1）11月「外桜田彦根邸ヲ仮用」 ●（＝兵2）12月「当分、鳥取藩邸ニ設置」（旧井伊家上屋敷）
	刑部省 （明4.7.9廃止、弾正台とともに司法省）	−	●（＝刑1）9月2日「大名小路民部省旧庁ニ移ス」
	弾正台 （明4.7.9廃止、刑部省とともに司法省）	−	●（＝弾1）5月23日「庁衙ヲ皇城内ニ創設」 ●（＝弾2）6月18日「八代洲河岸松平左衛門佐（ママ）旧邸ニ移ス」 ●（＝弾3）8月7日「大名小路三条家ノ旧邸」・「三条家旧邸へ転台届」
	宮内省	−	●（＝宮）月日不詳、皇城内
	外務省	●（＝外1）10月22日「築地元小笠原邸ニ移ス」（但し、外国官） ●（＝外2）11月5日「築地門跡脇元戸川邸ニ移ス」（同上）	●（＝外3）4月11日「築地二ノ橋東、元畠山邸跡」（但し、外国官） ●（＝外4）11月「東久世開拓長官ノ邸ニ移ス」
	工部省 （明3.閏10.20設置）	−	−
	文部省 （明4.7.18設置）	−	−
	開拓使	−	（未詳）
神祇官 （明4.8.8省に格下げ、明5.3.14教部省設置）		−	●（＝神1）月日不明、馬場先御門内

※「二官六省の制」（明治2年7月8日～同4年7月29日）の時期が中心。ただし●は各所在地をあらわす。

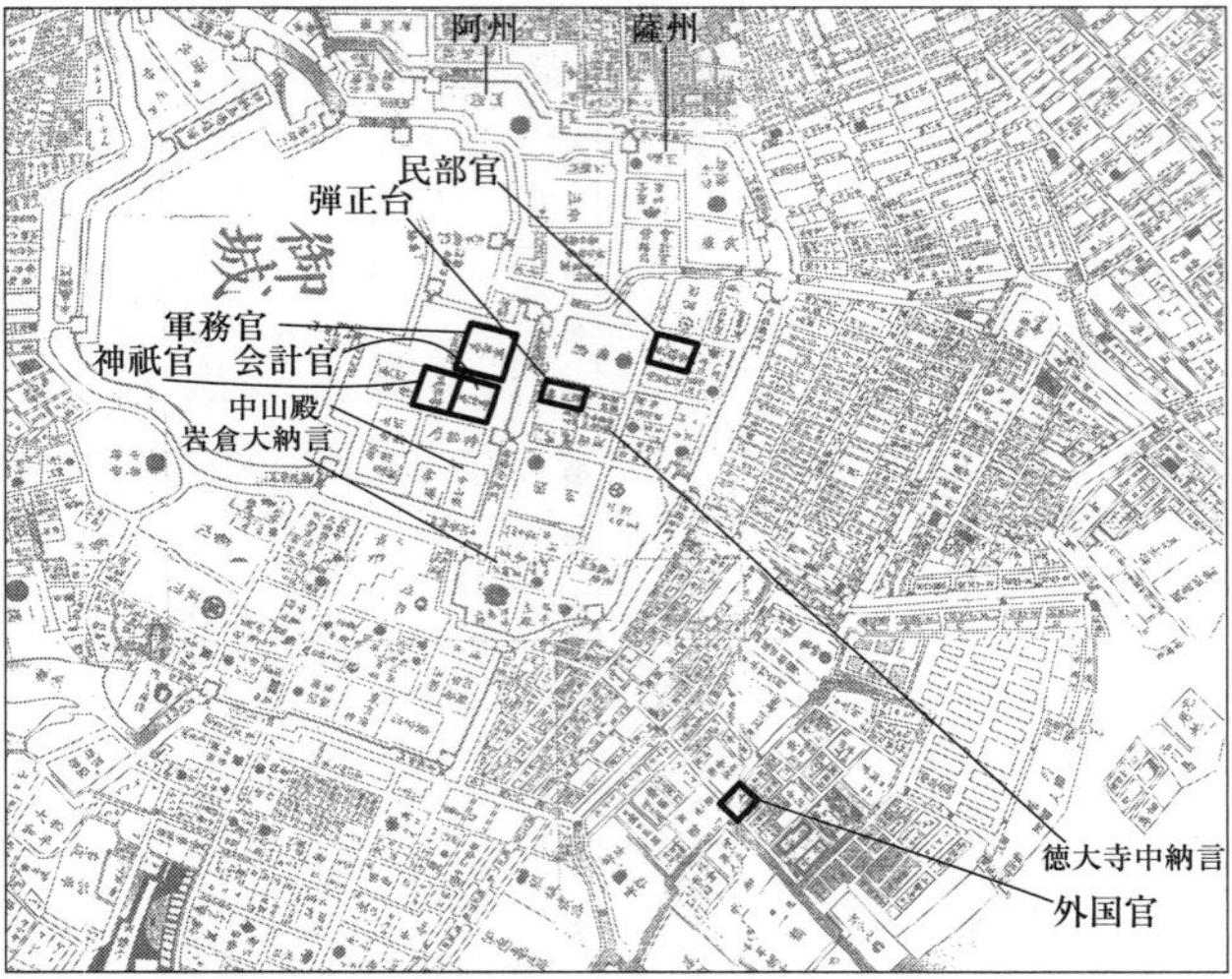

図1-5　「八官の制」における官庁の分布（出所：松山2014）

へとそれぞれ配された結果であったように思われる。

ついで、まもなくの官制改革（「二官六省の制」）をへて官庁の数も増えてくると、これらの所在は様々な変動を見せてゆく。以後、皇居炎上のころまでをたどると図1-6のようになる。一貫して皇城内に置かれた太政官・宮内省以外は、短くは数ヶ月単位で本省の移設を繰り返していたことが判明する。

そして、これらの所在をめぐって何よりも注目すべきは、各官庁が頻繁にその位置をかえながらも、いずれも「郭内」の範囲に常におさまるものであった点である。

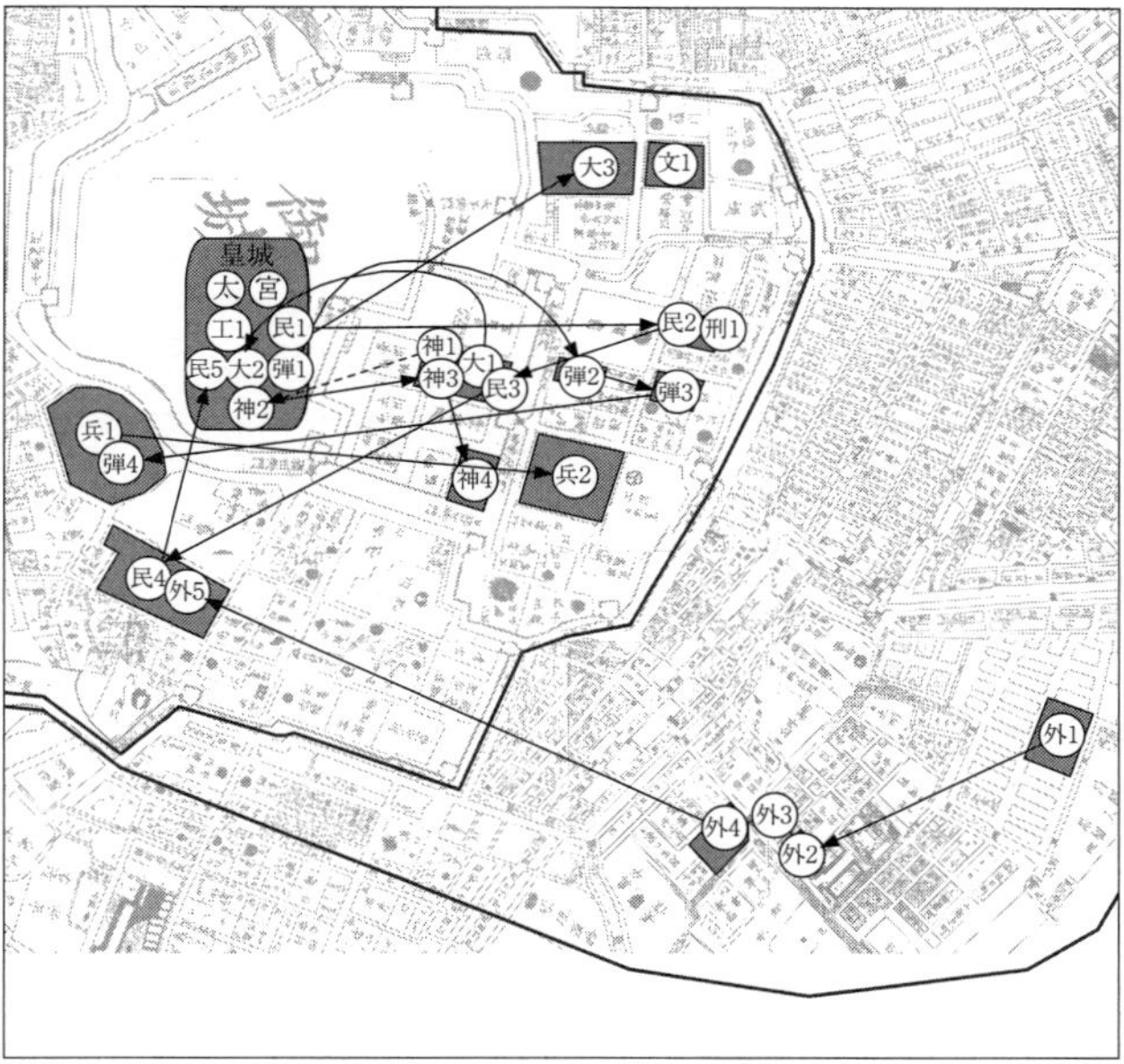

図1-6　再幸後、おもに「二官六省の制」における官庁の分布と変動

※図の範囲は前掲図1-5とほぼ同じ。図中の太線は「郭内」域（外側＝明治元年8月設定、内側＝明治2年5月再設定を示す）。各記号は前掲表1-1に対応（たとえば「民1」は、この間に民部省が置かれた第一番目の位置・所在を示す）。また同一の屋敷が時を隔てて複数の官庁に利用されている場合には、先行の方を少々下に重ねるように表示している。

たとえば外務省の中枢は明らかに居留地のある築地から中心部の方へと移ってきていた。また、弾正台が「民部省旧庁」、工部省は「元外務省跡」というように、ある官庁が使用していた屋敷（「郭内」武家地）をすぐに別のそれが埋める、いわば玉突き状の入れ替わりもなされている（表1-1）。くわえて、「大名小路三条家《さんじょうけ》ノ旧邸」（弾正台）や「近衛《このえ》邸」（神祇官）、「中山従一位《じゅいちい》邸」（教部《きょうぶ》省）など、次項で述べる公家華族《くげかぞく》の居所（東京での新居）、とりわけ新政府中枢にくい込む個人の邸宅が、ところどころ官庁の移転先として含まれていることも、興味深い点といえよう。

ともあれ、再幸からほどなく設定された「郭内」域（図1-1③）は、その実相から判断するに、新政府が江戸－東京へと遷都する、みずからの要素を集中的に埋め込んでいった領域であったことがうかがえるのだ。

†新政府関係者の賜邸——公家華族を中心に

ここまでおもに政治機能的な側面に注目してきたが、「人」の問題についても見ておこう。

新政府関係者の多くが薩長土肥の藩士層や公家（明治二年〔一八六九〕六月以降、旧大名とともに華族と称される。以降、公家と略記するも、旧大名との区別が必要な際にはそれぞれ公

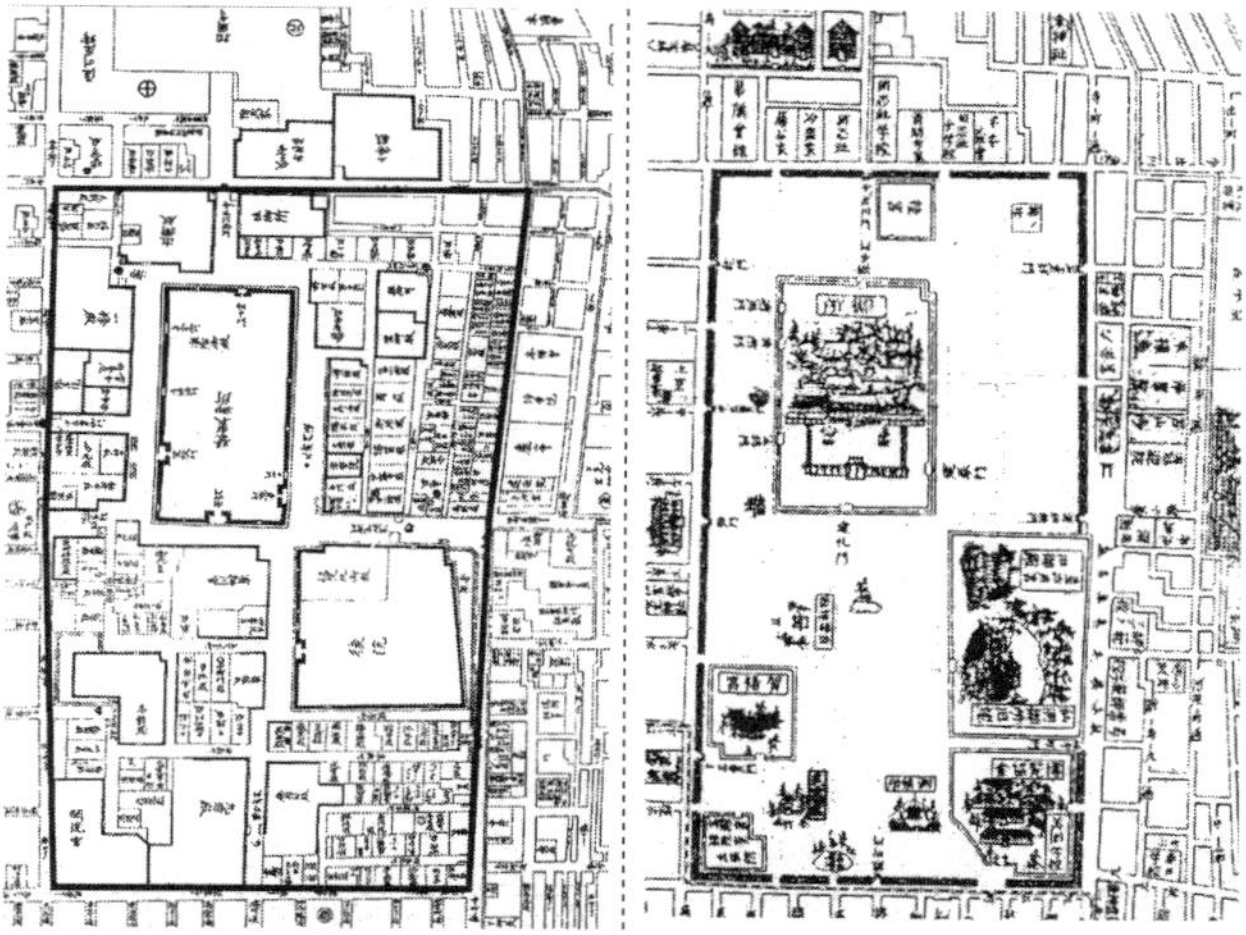

図1-7　幕末および明治中期の「内裏空間」の様子
左＝慶応２年（1866）、右＝1895年（明治28）の状況。

家華族・大名華族と記す）など、もともと江戸に拠点を持っていない人物だったことをふまえれば、彼らの来住、すなわち東京での新屋敷の獲得もまた、遷都のひとつの要件であったといえる。ここでは比較的史料に恵まれている公家を中心に、この問題に光をあてていくことにしたい。

図1-7は、御所を中心に九門によって囲まれた、京都のいわゆる「内裏《だいり》空間」一帯の幕末と明治中期の様子をならべたものである（高木二〇〇二）。再幸以降、天皇がふたたびここを恒常的な住まいとすることはなかったが、同時にそれを取りまくように展開していた公家町もまた、このあいだにそっ

くり失われていたことがわかる。

これらの移転した先が東京であったことは、ある程度想像がつこう。

そもそも、当初の新政府中枢には、たとえば議定には三条実美《さねとみ》や岩倉具視《ともみ》、徳大寺実則《さねつね》らというように複数の公家が含まれていたものの、総じて公家の政務能力は藩士層よりも低く、公家一般が東京に来る緊急性はそう高くはなかった。とはいえ、それまで天皇をとりまく朝廷社会・文化の主たる担い手である彼らは、再幸をへて、とくに皇后の東京行啓《ぎょうけい》(明治二年一〇月五日京都出発)あたりから、その動きを慌ただしくする。紙幅の都合から、ここでは具体的史料の引用は省くが(くわしくは松山二〇一四)、ちょうど京都の町人層ら約一〇〇〇名が皇后の東京行きに反対して御所の石薬師門《いしやくしもん》前を埋め尽くしていた頃(明治二年九月末)、政府の要職についていない者もふくめた公家の多くが、続々と「家族」や「侍従《じじゅう》」一同の東京移住を太政官に上申していたことが明らかとなる。

図1-8は、東京都公文書館所蔵の「華族上地《あげち》願留《ねがいどめ》」や「拝領地《はいりょうち》願綴込《つづりこみ》」などから、おおむね一八七二~七三年(明治五~六)時点の、現段階で把握できる限りの当初の公家屋敷の分布を一括して示したものとなる。

岩倉や中山忠能《ただやす》、万里小路《までのこうじ》博房《ひろふさ》(当時、宮内大輔《たいふ》)といった政治的重責をになう人間は皇城近くの西丸下一帯に居を構える一方、大半は番町《ばんちょう》や飯田町《いいだまち》、駿河台《するがだい》、小川町《おがわまち》あたりに

1:園池公静
2:西四辻公業
3:花山院家威
4:烏丸光徳
5:野宮定功
6:三條西公允
7:藤波教忠
8:伏原宣諭
9:正親町実徳
10:大原重徳
11:九條道孝
12:長谷信成
13:勘解由小路資生
14:北小路随光
15:土御門晴栄
16:穂波経度
17:五條為栄
18:千種有任
19:慈光寺有仲
20:冷泉為栄
21:交野時萬
22:北小路俊昌
23:白川資訓
24:坊城俊政
25:高辻修長
26:壬生基修
27:柳原前光
28:四辻公賀
29:姉小路公義
30:徳大寺実則
31:石山基文
32:櫻井供義
33:冨小路敬直
34:壬生輔世
35:豊岡健資
36:阿野公誠
37:裏松良光
38:醍醐忠順
39:吉田良義
40:河鰭実文
41:東園基愛
42:岩倉具視
43:綾小路有良
44:近衛篤麿
45:中山忠能
46:松嵜萬長
47:万里小路博房
48:藪実方
49:二條基弘
50:風早公紀
51:五辻安仲
52:三条実美

図1－8　明治初年における公家屋敷の分布（出所：松山2014）

屋敷を獲得した様子がみてとれる。後者のエリアは、草創期の江戸において、城の防御を目的にいち早く将軍直属の家臣団、なかでも旗本《はたもと》層の集住地が開かれたところにあたる。

そして、注目すべきは、これら公家たちの東京での新屋敷の大半が、先にみた政府機関などと同じく「郭内」の範囲に収まっている点である。

これは考えてみれば、ある意味当然の帰結といえよう。なぜなら新政府が器となる建物を保存・確保していたのはその範囲にとどまったからである。すぐに居住をスタートできる家屋が存在しなければ、遠方から移住してくるのは難しい。

そして、京都から東京へと公家が移住を

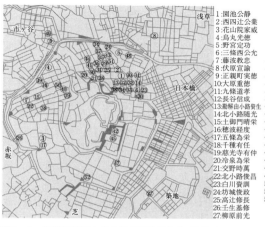

はたす実際の経緯も大変興味深い。それは、それまで京都に拝領していた屋敷をいったん政府に返納し、おって前述の番町・駿河台などに位置した（事前に収公されていた）旧旗本屋敷を代わりに下賜＝置換されるという方式だった。

具体例を出そう。図1-9は、藤波教忠《のりただ》がもともと京都・公家町に拝領していた屋敷、図1-10は彼があらたに東京・裏六番町《うらろく》に下賜されたもの（旧旗本屋敷）の図面になる。じつは、右の手続きでは同面積での等価交換が原則だった。ただ、京都と東京の新・旧屋敷がきっちり同面積であるはずはなく、もちろんずれが出る。藤波の場合は新屋敷の方が二〇〇坪弱大きかったため、その超過分を彼が「低価ヲ以《もっ》」て買得することにより、拝領屋敷の置換が成立していた。

以上のような換地処理が東京来住の公家一般に対して逐一なされるものであったことは、前述の「華族上地願留」などからも明らかである。

ところで、公家が東京への移住・新屋敷拝領にむけて提出した書類をみていると、彼ら全般の願いとして「輦下《れんか》（天皇のひざもと）」への居住という言葉が盛んに用いられていたことに気づく。たとえば、すでに「在学之為《の た》メ東京ニ住居罷在《じゅうきよまかりあ》」る久我通久《みちつね》は、東京での確固たる拝領屋敷の獲得にむけて「輦下ニ住居　仕《つかまつりたく》度、懇願」していた。ほかにも、吉田良義《なかよし》はすでに「東京寄留《きりゅう》」を果たしながらも、「輦下」への居住をあらためて主張して

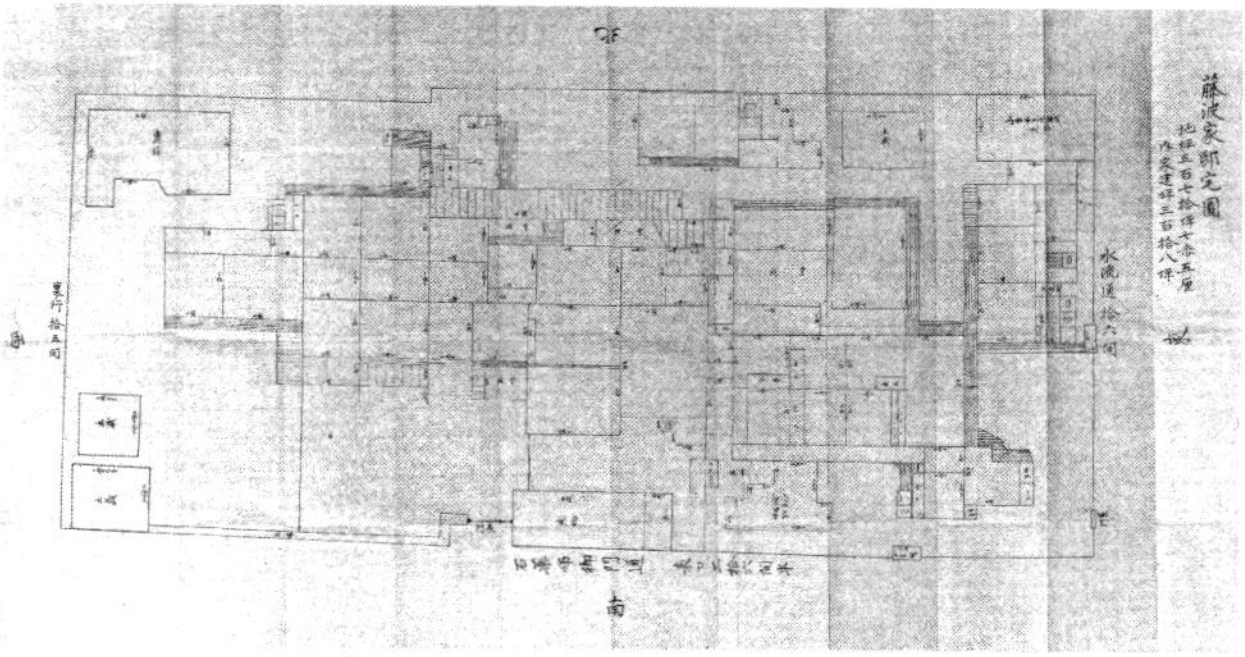

図１－９　「藤波家邸宅図」（出所：『旗本上ケ屋敷図』東京都公文書館所蔵）

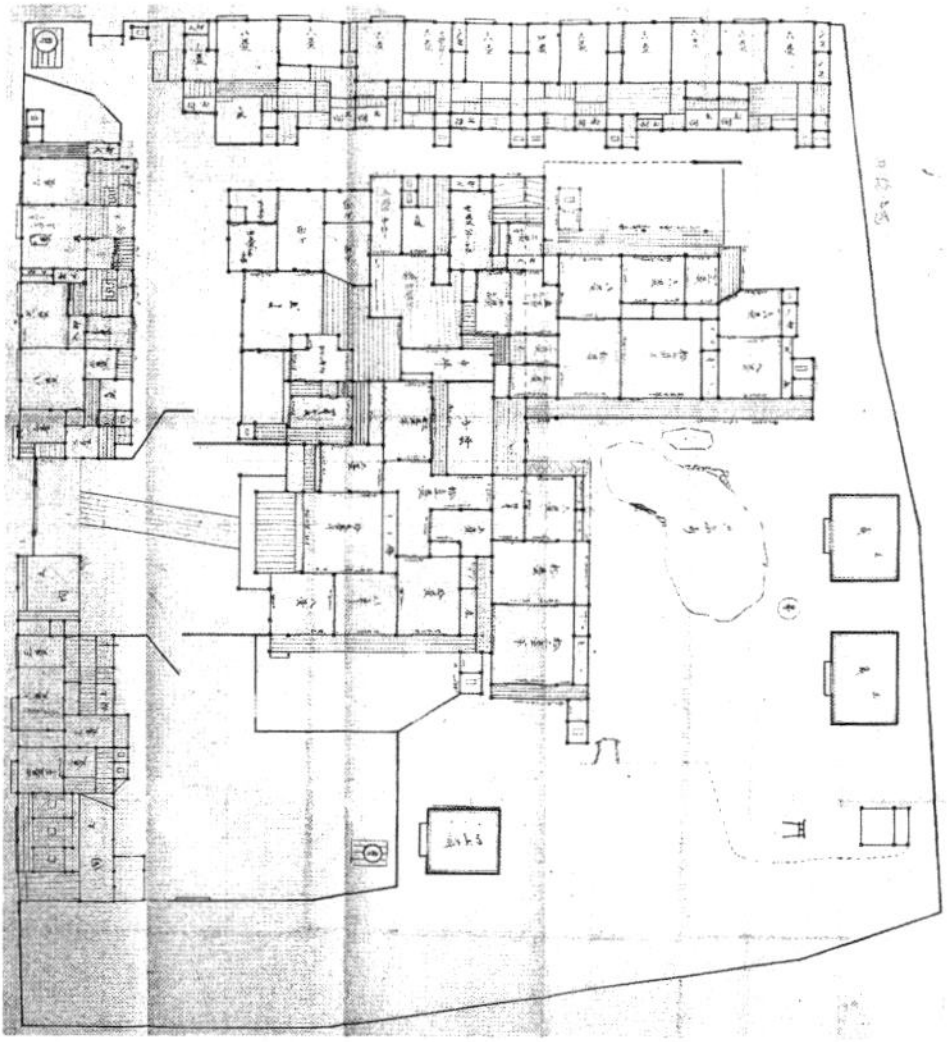

図１－10　藤波が東京に下賜された屋敷（「井上藤左衛門上ケ屋敷絵図」）（出所：上記『旗本上ケ屋敷図』）

いる。

以上からうかがえるのは、東京のなかでも「郭内」が、京都の内裏空間が移譲される対象（御所は旧江戸城を転用した皇城へ、そしてそれを取り巻いていた公家町もまた「郭内」武家地へ）となった結果、そこが明治のごく初年のうちから「輦下」、すなわち天皇のひざもと＝帝都の中枢として特別な意味を帯びはじめていた事実である。

こうした動向の延長線上に、早くも明治一桁代後半（一八七〇年代前半）から新技術にもとづく煉瓦《れんが》街《がい》建設が始まり、さらには天皇と関係の深い宗教施設の建立など、さまざまな首都計画が「郭内」一帯では起動していくことになるのである（第2章・第3章）。

4 都市空間の二元構造——「郭内」と「郭外」

†「郭外」の実相——陰画としての大名華族の行方・新開町の形成

さて、新政府はこのように「郭内」武家地の没収をつうじて遷都を実現するかたわら、なぜ「郭外」のそれを積極的には利用しなかったのか、あるいはどう処遇していたのか（放置するままだったのかなど）不思議に思われるだろう。

しかし、じつのところこれにも大きく二つの重要な動向がかかわっている。

一つ目は、政治・社会体制の転換（「双頭・連邦国家」から「単頭・中央集権国家」へ）、すなわち廃藩置県の遂行という中央集権化の動きである。具体的には、さきほど述べた公家など新体制をになう人間が「郭内」に移住したのと裏腹に、いわば旧支配層に属する全国の大名達が「郭外」に再配置されていくのだった。

幕末の参勤交代の緩和・廃止をへて、大名の多くは国許《くにもと》に帰国していた。しかし彼らのなかにはいまだ領主的威光を放ち、いつ反政府的な行動に出るやも知れない者もいた。そのような者たちを恐れた新政府は、早くも明治三年（一八七〇）一一月、内政安定にむけた事実上の人質として彼らを目の届く東京に、ただしその中枢ではない「郭外」へと再上京を命じる。そして、それから一年もしないうちに日本全体を一元的な政治制度のもとに再編、統一を果たす。

その過程では、つぎのように段階的に没収された結果、「郭外」に残されていた一屋敷（多くの場合、近世段階の中屋《なかや》敷《しき》や下屋《しもや》敷《しき》）がその居所にあてがわれることになった。

政府が、「郭内」・「郭外」域を基準に、一〇万石以上の大藩《たいはん》には「郭内」に一つと「郭外」に二つの維持を認める（事実上、制限する）といったように（前掲史料2）、幕府から下賜されていた屋敷の収奪を進めていたことについてはすでに指摘した。しかしそれは、再幸の数ヶ月後（明治二年七月）には「郭内」に「公邸」、「郭外」に「私邸」を各一ヶ所へ、さらに翌年七月の廃藩置県後には「公邸」は上納が命ぜられて、最終的に「郭外」の「私邸」一ヶ所を残すのみとなっていた（川崎一九六五）。

明治維新の中核といえる統治構造の転換は、まさに東京の都市空間のあり方、なかでも「郭外」武家地という存在を前提とすることで、はじめて遂行できるものだったのである。さらにいえば、本章の前段でみた「郭内」への遷都ないし新政府関係機関の集中など一連の動向も、そもそもこの「郭外」武家地という空間的担保がなければスムーズには運びえなかったともいえるだろう。

なお図1-11は、一八七七年（明治一〇）刊行の「改正東京一覧図」をもとに、当時の華族の分布を表したものである。身分上は同じ華族に列しながらも、概して新政権により近い立場にある公家華族は「郭内」に、一方で大名華族は「郭外」にその居を占める傾向にあったことがはっきりとみてとれる。

ところで、以上の新・旧支配層の配置替え（「郭内」は前者を、「郭外」は後者をプールするための場所へ）の一方で、おなじく明治初年の「郭外」武家地を舞台に起きていたもうひとつの動向は、逼迫する政府の財政状況を後援する場への転換、すなわち民間による新町地開発（「新開町」）である。これは、再幸からほどなく出された布告（前掲史料3）の文

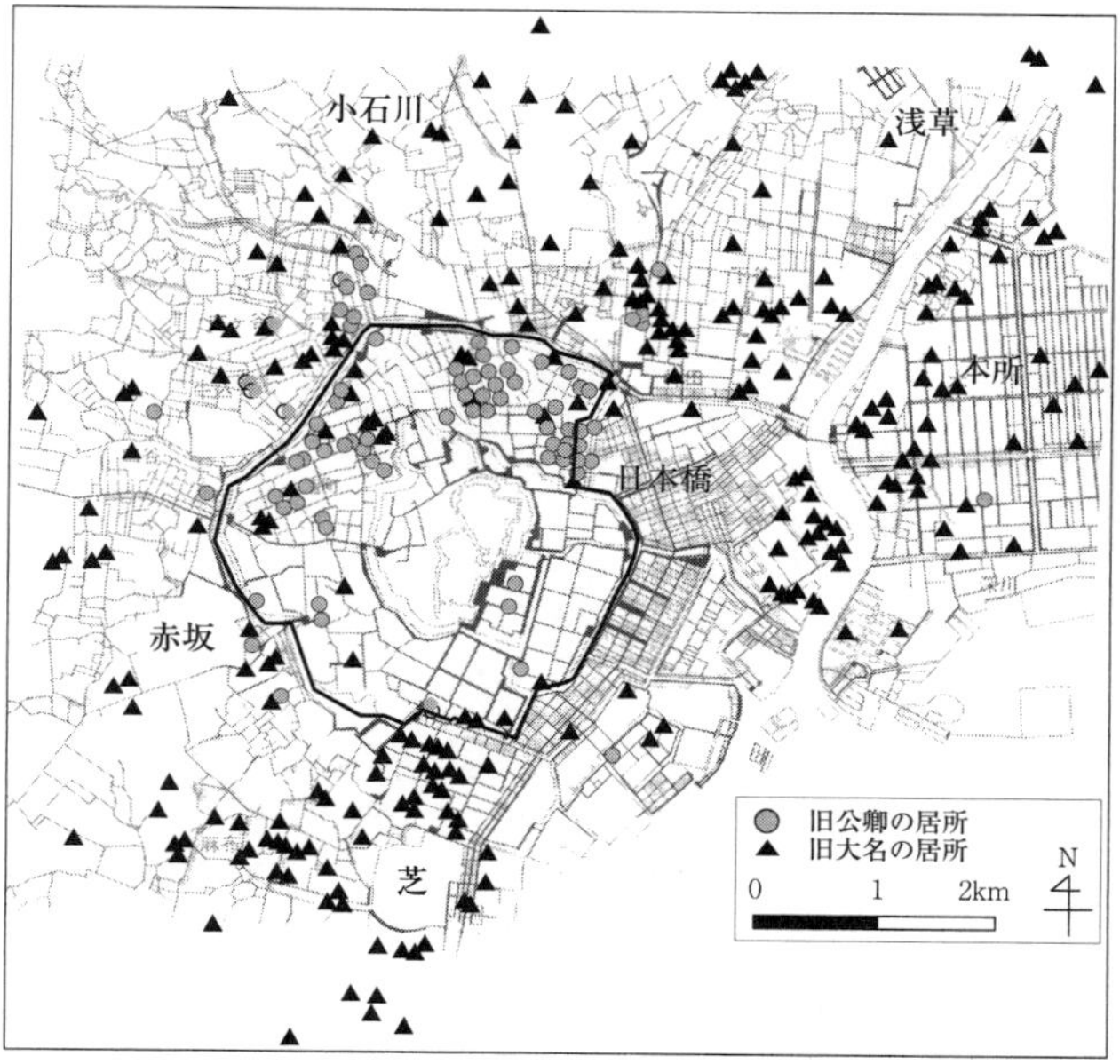

図1-11　「改正東京一覧図」にみる公家華族・大名華族の分布（出所：松山 2014）

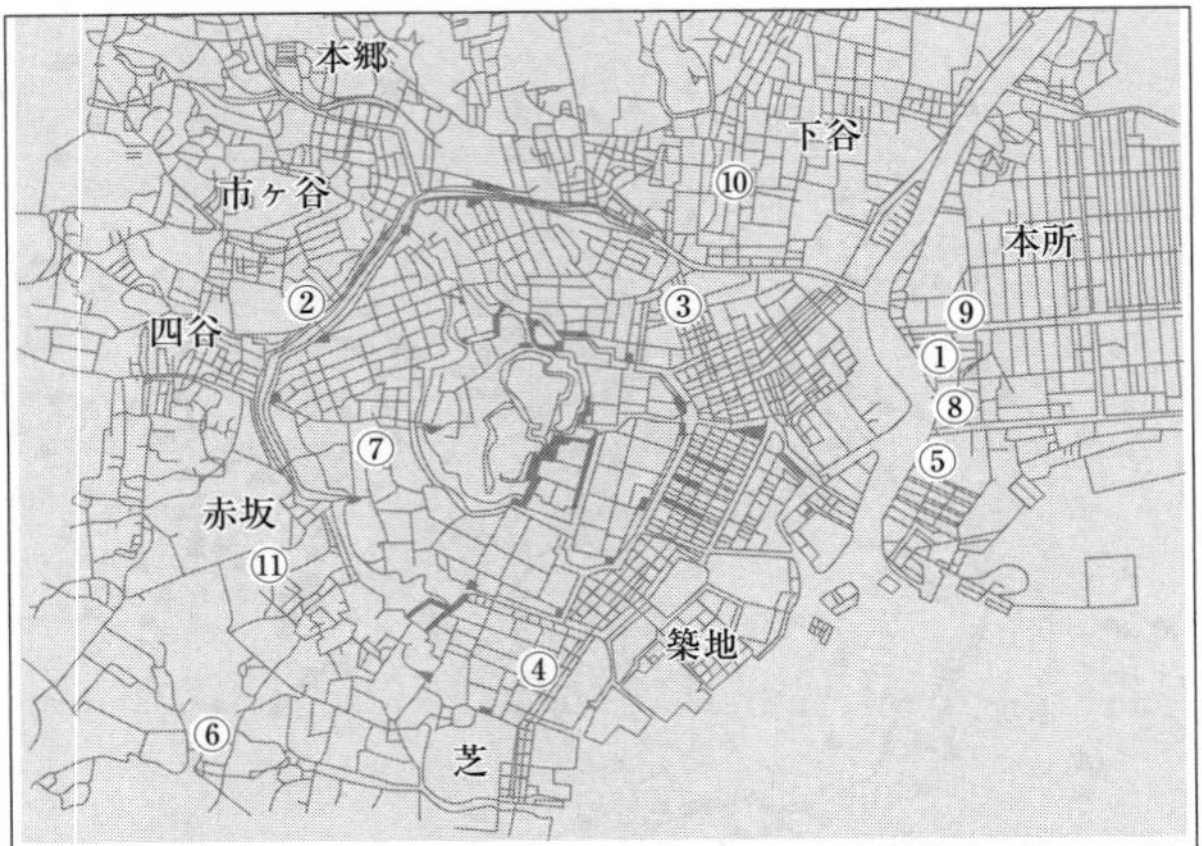

① 元海軍所附大縄組屋敷(他2ヶ所)/3412坪
② 尾張藩上屋敷に接する火除地/844坪
③ 神田佐柄木町続きの幕臣屋敷/1041坪
④ 露月町続きの幕臣屋敷/437坪
⑤ 深川佐賀町続きの幕臣屋敷(2筆)/不詳
⑥ 麻布六本木町近く幕臣屋敷(2筆)/不詳
⑦ 平河町4丁目続き幕臣屋敷(5筆)/1107坪
⑧ 深川御船蔵前町続きの組屋敷/1070坪
⑨ 一ノ橋大川端元石置場(他1ヶ所)/1465坪
⑩ 下谷和泉橋通り沿い武家地全域/4505坪
⑪ 氷川町続き元御薬園地(他1ヶ所)/4543坪

図1-12　民間による武家地の新町地(「新開町」)開発（出所：松山2004）

面にもみえるように、当該エリアの武家地をあらたに町地に組み替えて町人らの経済活動に供するものとし、そこから「地税」などを徴収することが盛んに目指されていく。

図1-12は、現時点で筆者が確認している開発事例（幕府関連施設をふくむ）の分布である（松山二〇〇四。ちなみに第7章で取りあげるのは図中⑩の事例となる）。こうした開発をめぐっては、じつのところすでに幕府瓦解直後から町人層による申請が複数ありながらも、明治元年（一八六八）の時点では「見込《みこみ》も有之《これあり》」といった理由

で政府はすべて退けていたのが、翌明治二年に入り、それも再幸をへた同四月を皮切りに数多く認められていく。

かくして、「郭外」は、新政府が中央集権化をすすめるうえで支障となる人びとを押し出したり、あるいは経済的後援を期待する、（制度的には「郭内」と同じく都市東京〔東京府〕の一部でありながらも、より副次的な利用がはかられる）都市のなかのバックヤードへと化していく（第Ⅱ部では、この点をさらに踏み込んで論じる）。明治初年における遷都および首都への展開のすえ、東京は「郭内」を主、「郭外」を副（従）とするような二元構造を呈するようになったといえる。

なお、こうした構造は、東京ではまもなくはじまる地租改正（一八七三年）ですべての土地の所有関係が確定することによって、結果的に、長らくその後の発展の方向を規制する条件＝祖型となっていく。つまり政府といえども、明治初年・以降は民有地（旧武家地をふくむ）を没収することはきわめて難しく、「郭内」は官有地ないし政府関係者の所持地によって占められ、それらは各種の首都・帝都計画の基盤となる一方（第2章・第3章）、「郭外」には大名華族の東京邸をはじめとする膨大な民有地が内包されることになった。後者からは、ひとえに民間の論理にもとづく、また別種の展開が起きてくることになる（第Ⅲ部）。

†東京の波及——他都市への影響

最後に、以上みてきた江戸‐東京の首都化が、他都市に与えた影響面についても簡単にふれておきたい。

まずは、京都である。明治初年のうちに内裏空間が東京の「郭内」へと移譲されたことで、長年、朝廷の消費に頼るかたちで発展していた町人社会などが大きなダメージを受けたことはいうまでもない。紆余曲折の末、いわば抜け殻となった御所一帯などを拠点に、京都を、帝都・東京に対する「古都《こと》」へとあらたに位置づけ、近代国家としての歴史を体現する場を創り出す動きが一八八〇年代なかば頃から起こっていく（高木二〇〇六、中川二〇一五）。京都御苑《ぎょえん》や平安神宮など、現在、観光客が訪れる京都の名所の一定部分は、この明治以降の再整備や創出の産物である。

二つ目は、列島各地の旧城下町である。

先述の東京（「郭外」）への大名華族らの再上京は、当然ながらそれまで各城下町の核として存在してきた領主の居城に空白をもたらす。つまり、新政府による中央集権化のもと、明治初年における東京の一連の変化と他都市の中心部のあり方とは並行する関係にあった。

廃藩置県によって、いったんすべての「城郭」は兵部省《ひょうぶ》（のち陸軍省）の管轄下に入ることとなる。ここで注目されるのは「城郭」とは藩主の居城ばかりでなく、それを取り囲む家臣団の屋敷をふくめた範囲を指すものだった点である。そして、それらの家臣団エリアは実際に「郭内」と呼ばれ、旧藩主が上京を命ぜられるなか、「旧藩々城郭内士族邸地《かくないしぞくていち》ノ儀ハ……当分拝借地（新政府側から各士族に貸与する土地——筆者注）ト看做《みな》」された（「例規類纂」二）。つまり事実上「郭内」の利用権は明治初年のうちに公権力の側がにぎったのであり、また追って「城郭」を陸軍施設へ改造する際には旧藩士らを近傍の村へと移住させることなども検討されている（姫路城の場合）。

くわしくはひとつひとつ各都市の実態をみていく必要があるが、城下町の近代への移行では、武家地の処遇をめぐり、共通して「郭内」・「郭外」域設定の手法が用いられていった可能性がある。そして、中心部は同時期に中央政府が没収・確保し、そこにみずからにとって都合のよい要素を埋め込んでいくことで、地方都市の近現代を「東京」が左右する拠点としていったことがうかがえるのだ。

第2章 明治初年の煉瓦街計画

1 首都化のつらなり

†煉瓦街計画とは

本章は、明治新政府による煉瓦街計画を、これまでおもに強調されてきた「対外的な景観整備」とは異なるアプローチからとらえなおそうとするものである。

ここでいう明治初年の煉瓦街計画（以下、煉瓦街計画）とは、明治五年（一八七二）二月二六日に東京中心部を襲った大火をきっかけに新政府が着手した、道路整備および建築の不燃化（おもに煉瓦家屋化）の二つを軸とする、現在の言葉でいえば都市計画のことである。この大火では江戸以来の商業エリア（旧町人地）である銀座地域のほか、木挽町《こびきちょう》や外

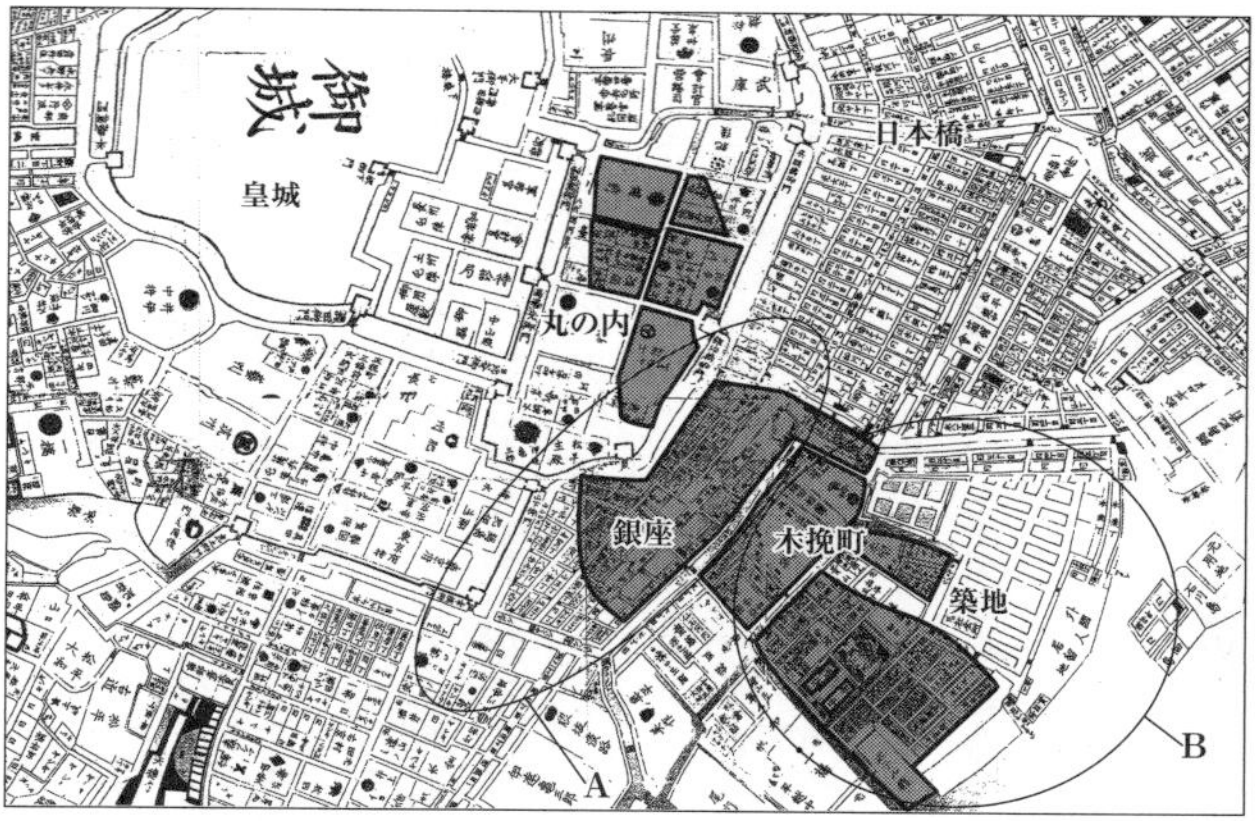

図２－１　大火の範囲

写真２－１　1873年時点の銀座煉瓦街の大通り（現在の中央通り）の様子
（出所：石黒敬章編『明治・大正・昭和　東京写真大集成』新潮社、2001）

国人居留地のある築地《つきじ》一帯が焼け野原となった（図2-1）。

煉瓦街計画は当初、政府機関のなかでも大蔵省と東京府が実務を分担するかたちで進められ、そこではまだ珍しかった煉瓦家屋などの西欧近代的な構築技術の導入がはかられた。そして、この計画の実行が生み出したほぼ唯一の落とし子といえるのが、ほかならぬ銀座煉瓦街である（写真2-1）。

銀座煉瓦街については、多くの日本史の教科書でも文明開化の象徴として紹介されるなど、きっとご存じの方も多いだろう。江戸以来の商業地が西洋風の町並みへと一変したありさまは錦絵にも好んで描かれ、またそうしたメディアを介して日本列島各地の人びとがその誕生を同時代的に知るところとなった。なお商業面では、竣工後しばらくは振るわなかったものの、明治中後期にかけて目覚ましい発展を遂げた。この地は、関東大震災（一九二三年（大正一二））で煉瓦街計画に由来する家屋のほとんどは壊滅したが、まもなくいわゆるモボ・モガの闊歩する盛り場として再生し、日本近現代有数の商業街＝銀座へと成長していったことは、よく知られる通りである。

✝そもそもの動機

もっとも、筆者がここで改めて考えてみたいのは、こうした煉瓦街計画の一部の実現に過ぎない銀座煉瓦街の、かつそれが後天的に獲得した繁栄の陰で、いまではほとんど見えなくなってしまっている初期の事柄である。明治五年二月といえば、廃藩置県の断行から半年足らずで、内政安定にはほど遠い時期である。そのような中にあって、新政府はそもそも何故この計画に着手しなければならなかったのだろうか。現に計画の実行は、後年の事業縮小期でさえ当時の国家予算全体の二七分の一強をここだけに傾けさせるものとなった（川崎一九五五）。

従来の理解はこうである。新政府にとって幕府が欧米列強と結んだ（結ばされた）不平等条約の改正は最重要の政治課題であって、その交渉にむけた環境づくりとして日本社会が相当の文明化を遂げていることを外国人たちに示すために、ロンドンやパリといった西欧列強の首都をじかに模倣する計画が要請された（藤森二〇〇四）。

しかし、である。現実の実行過程を踏まえると、これは煉瓦街計画の目的を十分に説明するものとはならない。というのも、実際の工事は銀座側（類焼地のおおよそ西側半分、図2-1のA）から始められ、しかも結局のところ、後述のように当時外国人が多数滞在する築地や木挽町（同東側、同B）エリアにはほとんど未着手の状態で頓挫・終焉が迎えられるからだ。対外的誇示が最も重要なねらいだったならば、こうした過程はたどられるはずがない。新政府には煉瓦街計画を始めるにあたり、「対外的な景観整備」と同等か、あるいはそれ以上に切実な別の目的があったと考えるべきではないか。
やや回りくどくなってしまったが、当時の記録をもとに筆者の考えを述べよう。
次掲は大火後まもなく、東京府が政府（太政官）へと提出したうかがい（上級機関に指示を求めるための文書）の一部である。東京府はここで、煉瓦家屋建設と並び計画の主軸をなす道路整備について、みずからの具体案（この中身については第3章の冒頭で検討）を示すとともに、その「根拠」を語っている。ちなみに以上の府の提案に対しては、のちに激しい対立を繰り広げることになる大蔵省も異論を挟まず、太政官はそのまま受け入れている。よって左記の内容は、煉瓦街計画にたずさわる機関・人びとの共有する認識であったとみてよい。

今般府下《こんぱんふか》ノ儀《ぎ》、追々一般道路ヲ改正シ家屋ノ制ヲ相定《あいさだめ》候《そうろう》ニ付《つい》テハ、差向《さしむ》キ過日《かじつ》類焼ノ町々ヨリ施行可致旨《いたすべきむね》ヲ以《もつ》……他日一般施行ノ目的ヲ以皇居ヲ本《もと》トシ、数寄屋橋《すきやばし》・山下御《やましたご》門《もん》等其外諸堀河《そのほかしょほりかわ》ノ形勢ニ寄リ大道・小路ノ位置ヲ定《さだめ》候義ニ御座《ござ》候（以下略）

（「太政類典」）

大意は以下の通り。このたび東京府下は、じょじょにその全域の道路を改正し家屋の制度を定めていくことになりましたが、それは差し当たり先日類焼した町々から施行していくべきとの考えである。うち道路整備については将来、東京全体で施行していく目的から、皇居を中心に、それを取りまく数寄屋橋や山下御門など濠のあり方にしたがって大道・小路の位置を定めました。

ここからは、二つのことがはっきりとわかる。第一に、煉瓦街計画というのは、類焼エリアの復興のためだけではなく、最初から東京府下全体を視野におさめ、じょじょにその全域へと拡大していく方針で着手されるものであったということ。くわえて、計画の中身を決める際の具体的根拠として、皇居、およびそれを取りまく濠のあり方がつねに重視・参照されていたこと。以上二点である。

一点目に関してはあまりに壮大でにわかには信じがたいものの、これとほぼ同じ時期の明治五年四月四日の町触《まちぶれ》で、東京府全域に対する事実上の新築停止が宣言されていたことが実際に確認できる（「建築事務御用留」甲）。少なくとも当初、新政府周辺は計画拡大に本気だった。

もっとも、以上にも増して注目したいのは二点目で、これについてはまさに前章で論じた「郭内」という、この時期固有の領域のことを思い起こしてほしい。再幸（明治二年三月末）を画期に、皇居とそれを取りまく濠で区切られるエリア＝「郭内」は遷都の主たるターゲットとされ、ひいては新政府の首都が築かれるべき場へとその性格を一変させていた（第1章図1-1）。煉瓦街計画の着工地というのは、まさにこの「郭内」の縁《へり》、それも居留地のある築地や開港場の横浜と結ばれる新橋などに対面する、いわば首都東京の表玄関の位置にあたる。

要するに、この計画は、たんに対外的効果のためだけではなく、新政府による首都改造の一環として明確に位置づけられながら着手されるものだったのである。

†新体制ないしは天皇による救済——恩恵と示威

煉瓦街計画の発端にあった新政府のこのような思いを、当時どの程度の人びとが知りえたのであろうか。

結論からいえば、その全域が計画対象に位置づけられた東京府の住民、さらにはかなり遠方の人びとまでもが新政府の思いを共有していた。というより、町触《まちぶれ》という前近代以来のメディア（一般への周知回路）を通じて、むしろ共有させられていたという方が正しい。

左は、明治五年三月に東京府が発した町触の一部である。

今般府下家屋建築之《の》儀……追々一般煉化《れんが》石《せき》を以而《もって》取建《とりたて》候《そうろう》様《よう》可致《いたすべく》と被仰付《おおせつけられ》候ニ付而《ついて》は、

何《いず》れも篤《とく》と其《その》御趣意を相弁可申《あいわきまえもうすべく》候……抑《そもそも》、今日之府下は以前ニ換《かわ》り輦轂《れんこく》之下《もと》（天皇のひざもと——筆者注）ニ相成《あいなり》候処《ところ》、是迄《これまで》之如《ごと》ク毎度之大火ニ而は上は奉悩宸襟《しんきんなやましたてまつり》（天皇の心——同上）甚以恐入《はなはだもっておそれいり》候

（前記「建築事務御用留」）

ここでは次のようなことが述べられている。このたび府下の建物はじょじょにすべて煉瓦家屋に更新していくべきと命じられたことについては、皆さんもよくその趣旨をわきまえるようにしなければならない。そもそも現在の東京は以前とかわって天皇のひざもとの都市なのだから、これまでのように大火を繰り返すようでは天皇の心痛もいかばかりかと甚だ恐れ多いことである。

当地（東京府下）の性格が幕府の拠点から天皇の在所へと変わったことが、煉瓦街計画が要請される根本的理由として語られているのが注目される。

一方で、これとほぼ同じ時期、遠く離れた大阪・兵庫・堺の三府県では「今般《こんぱん》東京市街総《すべ》て赤瓦《あかがわら》を以家《か》宅《たく》築造相成候（このたび東京市街はすべて煉瓦でもって家々が造られることになった）」ことや、さらには市中職人らにそのための煉瓦を提供するように呼びかける町触も出されていた（前記「建築事務御用留」）。煉瓦街計画＝新政府の首都づくりという構

図は、相当広い範囲の人びとに知らされ、また理解されていた可能性がある。

ところで、煉瓦街計画をめぐる町触類をみていると、こうした目的周知のほかにも再三発せられるテーマがあったことに気づく。それは、大火に見舞われた被災民の救済である。

当時の記録によると、明治五年の大火により、四七五三戸、一万五〇〇〇人以上が住まいを失い、しかもその九割近くが再起をはかるにも資力に乏しい「貧民」や「其日稼難渋者《そのひかせぎなんじゅうしゃ》」だった。忘れられがちだが、煉瓦街計画は更地に興されたものではまったくなく、また厖大な数にのぼる被災民をどのように処遇するかが喫緊《きっきん》のテーマだった。そして、計画を進める側にとり、当初このことはかならずしもマイナス面ばかりではなかったようなのである。

大火の一週間後、正院《せいいん》（のちの内閣に相当する新政府の最高機関）は東京府に対し、構成メンバーである三条実美や大隈重信らの名前をもって次のような申し入れをおこなっている。

非常之天災ニ逢《あい》、流難之困厄《こんやく》ヲ蒙《こうむ》リ候者《もの》之儀、政府之御救助ヲ不待《またず》人民共義之情ニ於て固《もと》ヨリ傍看《ぼうかん》スヘキ事ニ無之《これなし》……依《よっ》て窮民救助之為、拙者共始《せっしゃどもはじめ》本院官員有志之者ハ施金左之割合（官員の等級に応じた金高――筆者注）ノ通差出《さしだし》候積《つもり》ニ有之《これあり》（以下略）

（「京橋以南類焼一件」）

天災に見舞われた人びとを助けることは当然であって、被災民救助のために正院の官員有志が各等級に応じた施金をおこなう考えが表明されている。つまり被災民を何かしら救援するための募金活動を呼びかけているのだ。ちなみに以上の動きはまもなく東京府、さらには他の官庁にも及んでおり、また右では「有志之者」とされているものの、実態は強制に近かった。

そして、この新政府中枢をあげた募金活動こそが、さきに述べた町触のもう一つの主たるテーマだったのである。次掲は同五月晦日のものであるが、前段（ここでは略す）で後日これらの募金は一定の方策のもと被災民へと施す予定であることをうたったうえで、このように主上《しゅじょう》（天皇）・皇后以下、新政府の官員、さらにはそれと密接なつながりのある政商や御雇い外国人たちの募金額などが事細かに触れられているのがわかる。

（前略）

一、金弐千円　　主上

一、金千円　　皇后

一、金千七百七拾六円　正院官員
一、金弐百八拾六円七十五銭　式部寮官員
一、金三千五百七十八円　陸軍省官員
一、金百円　大蔵省三等出仕《しゅつし》渋沢栄一
一、金九百八拾一円五十銭　東京府官員
一、金弐千円　為替《かわせ》三井組
一、金弐百円　協救社
一、金三千円　横浜商人
一、金五拾七円九十三銭七厘　南校教師クリフヒス（米国出身の御雇い外国人――筆者注）
合金壱万四千九百八拾円拾八銭七厘

（前記「京橋以南類焼一件」）

この種の町触は他にも複数例確認できる。またその際、町触の主体である東京府は、内容を人びとへと伝える立場にある役人（正・副戸長）に対して「類焼場ハ勿論、区々不洩《もれざる》様為心得可触知《ようこころえとしてふれしらすべき》事」（類焼場へはもちろん、それ以外の東京府下でも漏れなく心得として知らせる事）をわざわざ指示している。被災地ばかりでなく、東京全域での徹底を意識的におこなっていたのである。

　以上のように、煉瓦街計画は、新政府の首都づくりの一環であることが周知されるかたわら、被災民救済に向けた新政府中枢の募金活動についてもたびたび喧伝されるかたちでスタートが切られていく。

　考えてみれば、江戸－東京の一般の人びとにとっては数百年もの統治が続いた幕府にくらべて、新体制が前面にかかげる天皇は遠い存在であり、ましてや旧薩長などの新政府官僚らについては言わずもがなである。そうしたなか、新奇な煉瓦街を出現させ、かつ被災民に施金することを通じて、新政府は当初煉瓦街計画を、みずからが「恩恵と示威」に満ちた存在であることを人びとにアピールする絶好の機会＝権威化の手段として利用していたといってよい。

2 交錯する理想

†主唱者・井上馨の思惑

　煉瓦街計画の主たるねらい（新政府によるみずからの権威づけ）をこのように把握できて

くると、疑問としてまず浮上してくるのは、政府中枢のなかでもどのような人びとの、いかなる理想や思惑がそこに反映されていたかという点である。すでに指摘したように、従来は煉瓦街計画の背景をかなり単純な「西欧の模倣」（たとえばロンドンのリージェントストリートの再現）とみてきたためにくわしく考えられてこなかったが、計画の中身には新政府官僚ら独自のアイデアが刻印されていた可能性がある。

以上を考える（読み取る）とっかかりとして、計画をそもそも主唱した人物の特定をおこなっておこう。

次掲は、前節で取りあげた正院から東京府への申し入れ（大火の一週間後）よりも前に、当時の大蔵大輔井上馨《かおる》が正院へと提出していた建白書の一部となる。煉瓦街計画に関する最も早い提案であり、彼が主唱者（少なくともその一人）であったことは確実といえる。

去ル廿六日之《の》火災は実ニ非常之厄運《やくうん》ニシテ……火災ヲ延蔓スル原由《げんゆ》ハ、畢竟《ひっきょう》家屋建築之制《せい》粗悪ニシテ平素防火之予備無之《これなく》は勿論、貸家会社又《また》ハ火災請負等之方法未《いま》タ不相立《あいたたず》候儀ニ而《て》……就《つい》而は別紙記載之通（大蔵省官員の等級に応じた金高——筆者注）助成之為《ため》差出候金子《きんす》ハ……災厄ニ罹《かかり》候戸口之内《うち》困乏無告ニシテ居宅難営者共江《きよたくいとなみがたきものどもえ》夫々《それぞれ》築造之上《うえ》相渡候ハ、銘々其《その》家産ニ復シ可申《もうすべし》……加之《しかのみならず》、横浜居留之各国人ニ於テモ今般之火災ニ罷り候場所江《え》チカコー府之先蹤《せんしょう》之如ク夫々助成等之企望《きぼう》モ有之哉《これあるや》ニ相聞《あいきこえ》候間、自然右様之儀モ候ハヽ、中外之助成ヲ合併シ前条《ぜんじょう》居宅築造之実費ニ用仕《もちいつかまつり》候ハヽ、実ニ協会相憐之本意ヲ尽シ候事ニ可有之《これあるべく》ト存候

（「京橋以南類焼一件」）

大要は以下の通り。去る二六日の火災は非常の不運であった。そもそも火災が拡大する原因は結局、家屋建築の制度が悪く、普段から防火の備えがないことはもちろん、「貸家会社」や火災保険といった方策が未確立なためだ。したがって、大蔵省官員が募金活動をおこない、その金銭をもって、被災民のうち煉瓦家屋建設が難しい人びとには築造のうえ与えれば、それぞれ家業に戻ることができるだろう。くわえて、横浜に居留する外国人においても今回の被災地に対しシカゴの先例のような助成等をおこなう考えがあるようにもきいており、自然とそうしたことが実現して、内外の助成をあわせて煉瓦家屋築造の実費としたならば、まさに日本と海外が協力し思いを一致させることができて素晴らしい。

ここでは大きく以下三つの事柄が述べられている。第一は大火原因の分析で、井上は粗悪な家屋建築の制度、および「貸家会社」（後述）や火災保険などの未確立を問題点にあげている。二点目は募金活動についてである。先に述べた正院の募金活動というのは、じ

つはこの建白書を受けたもの（いわば二番煎じ）だったのであって、井上の属する大蔵省内ではすでに募金活動を開始していた。そしてその使い道については、（少なくともこの当初の段階では）貧しく寄る辺のない被災民に煉瓦家屋を与える考えが示されている。もっとも、この募金活動は井上がゼロから考え出したものではなく「シカゴの先例」に学び、またそこでの「内外の助成による復興」もまた理想とされている。

以上が、主唱者井上の考える煉瓦街計画のそもそもの核心であった。

†岩倉使節団とシカゴ大火復興

ところで、右にある「シカゴの先例」とはいったい何を指すのであろうか。

東京で大火が起きる約四ヶ月前、北米大陸の新興都市シカゴを大火が襲っている。そして実のところ、その大火に襲われて間もないシカゴを、かの岩倉使節団は訪問していたのである。

見聞報告書である『米欧回覧実記』によると、使節団は被災エリアを訪れ、そこで諸外国が復興資金を援助しあう寄附のシステムを目の当たりにしている。なおかつ、新政府はそこで使節団を介するかたちで五〇〇〇ドルの援助すらおこなっていた（『米欧回覧実記』一）。

すなわち、井上の「内外の助成による復興」というスキームは、まさに岩倉使節団の目の当たりにした新知識であったのだ。その知識が入ってきたくわしい経路は現時点では定かでないが、おそらく中国大陸を越えて長崎で接続されたばかりの電信が使われたのだろう（大野二〇一二）。ともかく、シカゴでの経験は留守政府を構成する井上に伝えられ、そして煉瓦街計画への援用が目指された。その素早さ、もっといえば使節団を介して欧米のあらゆる事物に学び、吸収しようとする新政府主要メンバーらの貪欲さには、正直驚くべきものがある。

なお、煉瓦街計画に対する「海外」の影響に関しては、これまでは関係したお雇い外国人（後述するアイルランド出身のウォートルス Waters ら）を軸に、おもにヨーロッパ世界とのつながりがもっぱら重視されてきた（藤森二〇〇四）。しかし都市の発達や拡大の時期からみれば、当時の日本列島と北米大陸は比較的近しい状況にあったといえる。この「シカゴの先例」をめぐるエピソードは、煉瓦街計画では（おそらくこれ以外の列島各地の西欧近代的取り組みにおいても）お雇い外国人以外の複数の経路からもさまざまな構築技術が参照されるとともに、それらが部品のように寄せ集められ、再構築されるという展開があったことを示している。

この井上の建白が正院を介して東京府などへもひろがるかたちで煉瓦街計画の幕はあがったとみてよいだろう。

†募金の目論見とその暗転

なお、建白内容のうち募金活動に関しては、計画の始動時に大蔵権大丞《ごんのたいじょう》の職にあり、また間もなく煉瓦家屋普及の制度づくり（後述）に深くかかわっていく渋沢栄一は、後年、「先生（渋沢のこと――筆者注）・井上等相図《あいはか》り、省中官員《かんいん》一等官二百両より一五等官二両まで、各々分に応じて義損し……乃《すなわ》ち之を資金として、かの煉瓦家屋を営み、災民中の貧困者に交付せんことを思い立」ったと述べている（『渋沢栄一伝記資料』三）。井上の建白では最後の点（貧しい被災民への煉瓦家屋の下げ渡し）のみが記されていたが、渋沢がここでいうように、煉瓦街計画の一半をになう大蔵省首脳らは、募金で集めた金銭を煉瓦街計画そのものの資金に当てることもねらっていた節がある。

しかしである。計画始動から二ヶ月をへて、銀座大通り北端（現・中央通り、中央区銀座一丁目あたり）の道路工事にすでに取りかかった明治五年四月以降、そうした大蔵省の期待は甘い幻想であることが判明する。もう一方の主体である東京府の内部から計画実行に必要な金額の見積もりが出始めたのだ。一連の募金活動の最終額は四万円弱であったのに対し、それは五〇倍あまりの二〇〇〇万円超をはじくものだった。ちなみに、井上は後年、計画当初の募金活動が思いのほか期待外れに終わったことを言外に匂わしている（『世外侯事歴維新財政談』下）。

煉瓦家屋の建設例が日本社会でほとんどなく、しかも都市の広域を対象に再開発をおこなうという行為自体も初めてのことであって、予算に関する認識がこのように急速に暗転していったことは致し方なかったのかもしれない。煉瓦街計画は、後述する「貸家会社」など建設・普及の制度についてはかなり熟慮されていた反面、それを実行に移すための財政面はかくも裏付けを欠くものだった。

あらためて本章のここまでの内容を簡単に振り返っておこう。

煉瓦街計画をみずからの権威づけのための首都改造に結びつけていくこと、また募金を被災民救済に当てるなどの大枠は、計画にたずさわる新政府関係者のあいだで共有された考えだったとみてよい。しかしながら、それらをどのように進めるかの細部はほとんど詰められてはいなかった。かくして、募金の目論見が崩れた今、とりわけ実務を分掌する大蔵省と東京府のあいだでは鋭い対立が引き起こされていくことになる。

†東京府による計画変更案

まず動いたのは東京府である。府は明治五年四月、正院へと次のような提案をおこなった。

煉瓦街計画の進め方について、これまでは、街区全面を覆うかたちの長屋形式の煉瓦家屋（「一ヶ町毎《ごと》ニ連屋」）をあまねく建てる方針であった。それに対して府は、大通り沿いについては依然その方針を維持する一方、裏通りなどの目立たないところでは焼け残った土蔵の存続なども容認することを提案した。大火後、政府（正院）から大蔵省とともに府下全域の煉瓦街化をすすめるよう指示されていた東京府であったが、早くもその二ヶ月後には被災地だけでも普及を一部断念し、事実上、計画の後退を企てていたのである。

ちなみに、この提案内容について、東京府は「夫々《それぞれ》ウオトルスえも取調……取極《とりきめ》（ひとつひとつウオトルスと相談して……決めた）」と述べている。ウオトルスとはアイルランド出身の御雇い外国人（ウォートルス T. J. Waters）のことで、明治初頭の西洋建築導入で活躍した人物のことである。さきの「シカゴの先例」に関するくだりでも若干述べたものの、従来はこのウォートルスが煉瓦街計画（とくに煉瓦家屋）のデザインのほぼすべてを一方的に決めていたかのように理解されてきた。しかし右の東京府の説明は彼の立場は必ずしもそうした独立したものではなかったことを示している。

さて、東京府からの申し入れに対し、正院はもう一方の実務主体である大蔵省と折衝をおこなうよう差し戻したため、府は同様のうかがいを急ぎ大蔵省へ出す。しかし返答がこない。たびたび催促をおこなうもののすべて無視をされ、結局のところ、東京府による計画変更（後退）案は歴史の闇に葬られるという経過がたどられた。

返答はしなかったとはいえ、大蔵省はこの府の提案をどのように思っていたのだろうか。この点については別の史料からある程度推測が可能である。

次掲はほぼ同じ頃、東京府が大蔵省に対して、前記の変更案とは別に、例の募金の使い道について尋ねたことへの回答（一部）である。


抑《そもそも》、火災ヲ延蔓スル原由ハ、畢竟家屋建築之制粗悪ニシテ平素防火之予防無之ヨリ斯《かか》ル厄運ヲ波及シ候間、今後之《の》予備ヲ設ルニハ第一家屋制様ヲ改正シ、粗悪ノ旧套《きゆうとう》ヲ変シ、専《もつぱ》ラ練瓦或《あるい》ハ角石土（コンクリート——筆者注）ヲ以《もつ》建築為致度《いたさせたき》素意ニ付……一躰《いったい》焼失人民便宜他処《たしよ》ニ転住シ此《この》新築家屋ニ復住不致モノハ、全《まった》ク錬石ノ得益ヲ知ルノ晩《おそ》キモノニテ所謂《いわゆる》開化進歩ノ未《いまだ》其時ヲ得《え》サルノ不幸ト申ヘク（以下略）

（前記「京橋以南類焼一件」）

東京府は大火から二ヶ月をへて、離散する被災民らを前に、もはや（当初、井上の建白でも語られていたような）煉瓦家屋の下付ではなく、直接的かつ早急な分配を求めていたのだが、大蔵省の考えはこのようにゼロ回答に近いものだった。

大蔵省にとっては、あくまでも煉瓦建築を普及させてゆくことが肝心であって、また間接的ながら「開化進歩」の時を迎えた以上、それは当然のこととも説く。財政上の無理が明らかになったにもかかわらず、いやむしろだからこそみずからの目的意識（何が最も優先されるべき事柄か）を鮮明化させた結果、大蔵省の主眼は「旧套《きゅうとう》（江戸以来の火災に脆弱な伝統的な街並み）」の刷新に絞られた。その実行によって被災民がどのような状態に陥ろうとも必ずしも問題ではなかったのである。

以上の経過からは、煉瓦街計画の実務を分担する東京府と大蔵省が異なる煉瓦街像をいだいていたこと、そしてそれは突き詰めれば東京は「都市」なのか、それとも「首都」なのかという、構想上の相違に行き着こう。

†ふたつの煉瓦街像の対立――東京は都市か首都か

東京府が大幅な計画変更を申し入れたのは、「いよいよ方向を失ひ候折柄《おりから》に付《つき》、瞬時も御猶予難相成時機《あいなりがたきじき》」（前記「建築事務御用留」）、すなわち建設中止の風説すら流れ、騒擾も起きかねない市中の張りつめた空気を肌で感じ取っていたからにほかならない。この当時、東京府の中下級官吏の多くは幕府の町奉行所の流れをくむ旧幕臣層であって、彼らはこの近世来の巨大都市を把握する技術に長けていた。いち早く費用試算もおこなうなど（前述）、むしろ計画の建て直しを冷静に思い描ける知的基盤を有していたからこそ、このようなディテールの変更もはかれたのだろう。

かたや大蔵省はというと、井上はのちに一連の欧化事業を評して「迚《とて》も明日の命がどうなるやら分かりはせないもの、身命はどうなっても宜《よ》い、今日ある命が明日は無くなるかも知れぬから、思い切ったことは端《はな》からやる」（前記『世外侯事歴維新財政談』）とふり返ったように、煉瓦街計画を通じて一か八かの賭けに出ていた印象がある。これは、いまだ東京では過激攘夷派による新政府首脳の暗殺なども続く中、井上がこの計画の目的に、新体制の基盤としての首都整備という側面を、東京府などよりもより強く見いだしていたがゆえの発言と受けとめられよう。府とは対照的に、長期的な視野に立った都市整備や、数多くの人びとが共に営んでいるという東京の当たり前の現実に目を向ける姿勢はまったく見いだせない。

膠着状態は、しかし唐突なかたちでピリオドが打たれることになる。当時の東京府知事由利公正《ゆりきみまさ》が、政府から岩倉使節団への中途からの参加（明治五年五月一七日〜、滞欧中に府知事免官）を命ぜられたのである。この人事については通常、府知事由利と大蔵省井上・渋沢との国立銀行構想をめぐる不和という点から説明されてきた。しかし、その直前には東京府は煉瓦街計画の大幅な後退を提案していたのであって、それが無視されるかたちで由利の欧行、そしてさらにその翌月には府は事実上計画から手を引くことを政府から命じられ、大蔵省が煉瓦街計画にまつわる全主導権を独占するという経過がたどられた。以上の煉瓦街計画をめぐる駆け引きも、当時の政局を左右する争点だったことは確かといえよう。

3 建築を手段とした都市への介入

†「大僑舎」計画

かくして、開始から二ヶ月後には、大蔵省は煉瓦街計画をめぐるすべての主導権を手中におさめた。さきほどみた東京府との対立経緯に明らかなように、これ以後は大蔵省主導のもと、煉瓦家屋の建設・普及（「旧套」の刷新）がとくに追求されていったであろうことは想像がつく。

とはいえ、その方針や熱意は確かだったとしても、大蔵省はそれを遂行していくための具体的戦略を持ち合わせていたのだろうか。

この点に関して、時間を少し巻き戻しつつ、過去にどのようなことが考えられていたかを見ていくと、面白い事実に行き当たる。じつは、大蔵省周辺では、すでに大火が起きる以前から西欧建築をいかに効率的に普及するかの検討が重ねられていた形跡が認められるのである。

それは「大僑舎《だいきようしや》」（大宿屋の意）と呼ばれるもので、明治三年（一八七〇）四月の日付のある計画書が『大隈文書』（大隈重信は当時の大蔵大輔）に収められている。

この計画の趣旨は、本来ならば東京市街は政府（「官」）が買い上げて欧米列強の大都市にも負けない姿に整えたいものの、現下の乏しい財源では難しいため、民間に「大僑舎」の良さを理解してもらってその建築人を募るところから大成の基礎を築こうというものだった。具体的には「長《なが》三町《さちよう》・幅二町程」のところに、煉瓦石を用いた「洋館に擬《ぎ》するの二階家、三棟」を建てさせて「士農工商、勝手にこれを貸借」させる（図2-2）。その各棟は月極で貸し出される五六の「家」と四八の「庫」から成り、また「家」は「店」や「工業」場としての利用も可能で、またこれらの間を走る「小路ノ天井ハ、鉄ノ格子ニ玻璃《はり》

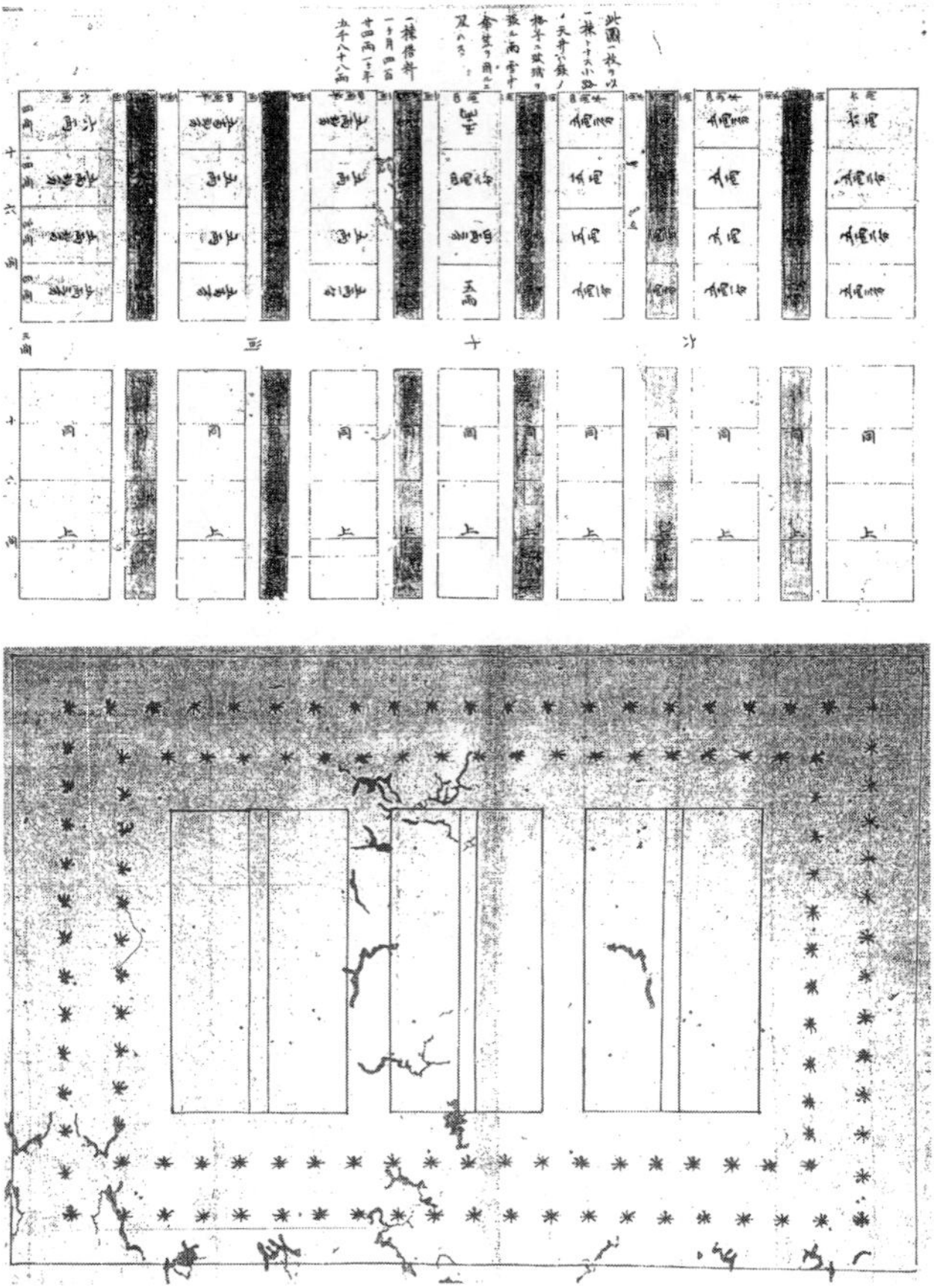

図2-2　「大僑舎」の図面

※上が平面図（一棟分)、下が配置図（三棟分）となる。

（ガラスのこと――筆者注）ヲ張」るものだった。また、土地と建設費の半分は政府が援助することも検討している。

少なくともすでに明治三年初頭には、大隈ら財政畑の維新官僚のあいだでは、欧米の大都市をモデルとした新素材の建築による都市改造が議論されていたことになる。一見すると、こぢんまりとしたなんとも不思議な「大僑舎」だが、既存の東京の都市空間を、政府が規定する一定の建築によって更新していこうとする発想は斬新である。さらにいえば、当時はいまだ人びとのあいだに身分制度（この翌年の明治四年に廃止）が存在する中、この「大僑舎」は身分違いどうしの混住も認めており、ある意味その解体を先取りするような実態を備えている点でも非常に興味深い。

とはいえ、私見の限りではこれが実行に移された形跡はない。「大僑舎」の良さをまず民間に理解してもらい、参加してもらわなければならないという、つまりその実現や普及のほどがひとえに受け手（民間）の自由意志に任されている時点で、いちはやく首都東京の相貌を整えたい彼ら（大蔵系官僚）の願望をそもそも満足させられるものではなかったと考えられる。

†貸家会社という新機構

　このような先行した計画の中身とその限界をふまえる時、おのずと焦点となってくるのは煉瓦街計画では煉瓦家屋を迅速に建設・普及させることに対して、大蔵省はどのような仕掛けを考えていたのかという点である。

　結論を先に述べれば、井上の建白書で明言されていた「貸家会社」こそが、それに相当するものであった。ただしその細部を詰めたのは大蔵省内でも渋沢栄一だったとみられ、現在彼の手による「東京貸家造営会社」（「東京借家造営会社」とも。ここでは「貸家会社」と略記）の定款類《ていかん》が八点確認できる（前記「建築事務御用留」）。それらをもとに以下、いくつかポイントを紹介しよう。

　まず「貸家会社」とは、新政府の与える「殊恩《しゆおん》・特許之《の》権利」のもと、「煉瓦石を以《もっ》て、東京市中《しちゆう》之（民有地に建つ――筆者注）借家を建築造営するを本業」とされている。すでにみてきたように大蔵省がかくも煉瓦家屋の建設・普及に固執し、かつ実際に大火直後には東京全体への事実上の新築停止が宣言されていたことも踏まえれば、「貸家会社」というのは、これから進められるべき煉瓦家屋の建設・普及を独占する組織として構想されるものだったといえるだろう。

資金面でも政府のかかわりは深く、「貸家会社」は着工前に煉瓦家屋の見積もりを大蔵省へと提出することで、政府から建設費の半額を受けることができる。ただしこれはあくまでも貸与金であって、最終的には「貸家会社」が煉瓦家屋に居住する人びと（「借家人」）から取りたてた家賃による順次返済が見込まれている。このほか社債も発行する計画で、あらゆる人びと（「上は華族より農工商ニ至る迄……今日之国化《ママ》之歩を進めいく御趣意を奉認《ほうにん》致し候人々」）からの資金調達も考えられている。以上の資金運用を通じて、東京全域への煉瓦家屋の拡張をになうことが期待されているのである。

もっとも、ここで気になるのは「貸家会社」と一般地主との関係であろう。

後述のように煉瓦街計画の実行では、道路整備にかかる部分を除けば、用地買収はおこなわれなかった。官費支出を抑制するためにも、それは当初からの既定路線であったと考えてよい。つまり「貸家会社」は当然の成り行きとして、それまでの土地所有関係そのままの用地（たくさんの地主によって各々所有される、複雑に分割されている地所の集まり）に対して煉瓦家屋を建設していくことになる。彼ら地主たちとの関係、とりわけその所有権に関する問題は、どのようにクリアーされうるのだろうか。

実のところ、定款の内容はそれらを事実上、無視するものとなっていた。たとえば、「地主」には「衆人《しゅうじん》ニ益《えき》ある植物園等を作る先約」がない以上、みずからの所有地に「貸家会社」の煉瓦家屋が建つことを拒む権利はなく、また会社がいくら工事を延引しようとも地代は支払われない。さらに煉瓦家屋に借り手(「借家人」)が長期間入らなくても会社が地主に金銭的な補償をおこなうということもない。このほか、会社がみずから欲して「家屋を造営し或《あるい》ハ造営したる家屋を防護すへき目的を以、地面を借受」るケースすら想定されている。

要するに「貸家会社」とは、一般からの要請がなくても、あらゆる民有地を大した補償をせずに煉瓦家屋によって占めさせることが可能な組織体なのである。

†煉瓦街の姿かたち――「翻訳」という経路

大蔵省(井上、渋沢)が確立にこだわった「貸家会社」の構想は、建設・普及システム以外の側面でも、煉瓦街計画のあり方を大きく左右するものだったように思われる。たとえばそのデザインへの影響である。

前にも触れたが、煉瓦街・煉瓦家屋のデザインについては従来、お雇い外国人ウォートルスがほぼすべてを決めていたかのようにいわれてきた。しかし現存史料にもとづくと、そう解釈するのには無理がある。筆者は、むしろ「貸家会社」構想の影響を視野に入れた方がスムーズに説明できるし、また煉瓦街計画の意義を同時期におこなわれた他政策とのかかわりのなかに上手く位置づけられるようにも思う。

前掲の写真（写真2-1）をもう一度見ていただこう。これは、煉瓦街のなかでも最初に着工・竣工した銀座大通り沿いであって、もともとの理想形（「一ヶ町毎《ちょうごと》ニ連屋《れんや》」）が忠実に具体化されていると考えてよい。つまり、街区《ブロック》全体をカバーする規模の長屋形式の煉瓦家屋で、かつその内部のそれぞれの住戸は均一の間口を持つ姿であったことがわかる。

まず、なぜ長屋形式なのかという点である。この形式の利点は、たとえば戸建てならば壁が二枚いるところが一枚（共有壁）で済むといった経済性にある。ただし問題は一棟全体をいっぺんに建てねばならない。やはり「貸家会社」という建設行為を独占し、しかも地主たちの所有権を事実上超越しうる組織が構想されていたからこそ選択された（選択できた）形式であったといえる。

次いで、こうした長屋形式の煉瓦家屋に内包される住戸がなぜ均一であるのかについて。この点については、技術力の問題（施工の容易さなど）として理解することももちろん可能だが、筆者は「貸家会社」が理想としていた社会像とのかかわりに注目しておきたい。

そもそも当時の東京中心部（とくに煉瓦街計画が実行の手始めに考えられていた銀座エリアなどの旧江戸町人地）の社会的特徴のひとつは、地主の多くはみずからの所有地に住んでおらず（＝不在《ふざい》地主）、実際の住民の多くは借地人ないし借家人であることだった。もっとも、町触伝達《まちぶれ》や町運営《ちょう》などに必要な経費（町入用《ちょうにゅうよう》）の負担といった町政レベルにおいて地主の負うべき役割は少なくなかった。したがって、各所有地には家守《やもり》と呼ばれる不在地主の代行人が置かれ、この家守が住民たちを管理すると同時に、地主は彼を介して地代なども徴収するという、そうした社会システムが江戸時代をつうじて長らく構築されていた（吉田二〇〇四）。

しかしながら「貸家会社」の定款では、先述のように地主層（多くが不在地主）が軽視されると同時に、家守のような中間支配の存在も見当たらない。代わりに、会社が煉瓦家屋に住む人びと（「借家人」）と直接相対する関係が想定されている。たとえば「当会社（貸家会社――筆者注）借家番号帳」なるものを用意し、将来「軒別《のきべつ》何千戸」に達する「借家」をあまねく番号によって把握する方針で、かつ、ここでいう「借家」とは「何町何丁目第何区何地ニ造営する何号何番之家」と表されるものである。つまり建物（長屋形式の煉瓦家屋）ではなく、それに内包される各住戸を単位とするものだった。

考えてみれば、煉瓦街計画が考案された時期というのは、前年に従来の属地主義（都市であれば、町人地・武家地・寺社地といった区分）にもとづく身分制が廃止されて、新たに戸籍制度があまねく導入された頃にあたる。「貸家会社」構想は、まさにこうした制度的転換を背景に、都市をひと続きの均等な空間とみなし、かつ、政府が人びとを戸を単位として直接把握するようなフラットな社会を理想にしているといってよい。なぜ煉瓦家屋、またその内部の住戸がかくも均一なのかという問題の背景には、そうした大蔵省首脳らの社会認識が横たわっているように思えてならない。

ひるがえって、明治初年の横浜で発行された英字新聞 *The Far East* では、もともとの理想形がほぼ実現した銀座大通りでさえ「ロンドン郊外の裏通り」(“such as would be thought little of as a back street of a London suburb”)と揶揄されるなど、つまり「対外的な景観整備」の面において煉瓦街計画はとても成功とはいいがたい評価を受けていた。

しかしながら、その精彩を欠くこぢんまりとした煉瓦街のあり方自体が、じつは欧米の建築スタイルを、いわばローカルな価値体系に照らして「翻訳」する大蔵省——とくに井上や渋沢——の作業の結果であったと考えられるのである。

4 破綻の意味

†煉瓦街の建設経過

さて、ここからは計画が実行に移されてからの時期に議論を移そう。

大蔵省は、ほとんどの権限を手中に収めた明治五年（一八七二）六月以降、当然「貸家会社」を中心に煉瓦家屋の量産を目指していく。ただし会社の体制をすぐに整えるのには無理があったとみられ、実際にはみずからが主導するかたちでの急進が開始された。建築工事一切は大蔵省土木寮《りょう》建築局が任に当たり、そこではすべての建設費用を民間から調達することが目指された。「貸家会社」の定款同様、一時的にそれを官費で立て替えることも認める一方、若干異なったのは着工時から居住予定者（「願人」）が年賦《ねんぷ》（ローン）で支払う方式が取られた点である。

しかしながら、結局のところ、煉瓦街建設はスムーズには運ばなかった。本章の冒頭でも触れたように、煉瓦街計画は当初目指されていた東京府全域への拡大はもとより、大火に見舞われた地域の中でも、およそ西側半分の銀座地域に施工されただけで終焉を迎えるという経過がたどられた。

この間（明治五～一〇年）に何があったのだろうか。大蔵省の煉瓦家屋の建設・普及にかける熱意はそう大したものではなかったのか。

いや、そうではない。建設を進めれば進めるほど、「貸家会社」構想の無理が露呈し、さらには並行する他の重要政策との矛盾もまたあらわとなった果ての、余儀なき撤退であった。以下、いくつか順を追ってたどることにしよう。

左掲は銀座通りに建設された煉瓦家屋の内訳＝成績である。ここは大蔵省の主導のもと最初に着工されて、一街区全体をおおう長屋形式の煉瓦家屋が実現された地域であった（前掲写真2-1）。

注目すべきは、全三二四戸（長屋に包含される全住戸数）のうち「願人」、つまり大蔵省が居住予定者の目当てがあって建てているのは六一戸にすぎないということだ（これに「自費」＝建設費用の支出が最初から民費で行なわれる分をあわせても八四戸にとどまる）。じつに全体の七割強に当たる二四〇戸（左掲史料傍線部）は、いまのところ住み手も決まっておらず、すなわち目下投下している費用が将来的に回収できるかどうかもわからないまま、大蔵省がひとえに官費で建設した「空屋」であったのである。

京橋已《い》南芝口《なんしばぐち》迄大通り惣《そう》戸数
一、凡三百廿四戸　　建築之分
　内
六拾壱戸　　願人有之取建中之分《がんにんこれありとりたてちゅうの》
九戸　　自費官築之分
拾四戸　　自費自築之分

四拾九戸　願人無之空屋《これなきあきや》取建中之分
百九拾壱戸　同断《どうだん》、追々可取建候分

（前記「建築事務御用留」）

こうした空《あ》き家《や》の発生自体はこれまでにも知られてきた事実であり、そこでは、煉瓦家屋の質の悪さやライフスタイルとの齟齬のために、あくまでも人びとの側が居住を忌避した結果と受けとめられてきた。しかし、事実は異なる。居住予定者は着工時からいわばローンを組む必要があったが、大火に見舞われている人びとにとってこれはとても酷な条件だった。そのため入居がかなわなかったのだ。現に当時の戸長は、住民たちは現地を離れたくもないけれど仕方なく離散している旨の訴えを残している。

もっとも、いまひとつここで精査すべきは、こうした空屋の発生と当該地域の地主たちとの関係であろう。地主の多くは不在地主で、実際の居住者は借地人・借家人だった（前述）。つまり右掲史料中の「願人」の実質は、（不在地主から土地を借り、ローンを組んでそこに煉瓦家屋を所有する）借地人らであり、この内容だけでは地主がみずからの所有地に「空屋」の煉瓦家屋が建設されることにどのようなかかわりを持っていたかまでは正確には判断がつかない。

この問題は、ほぼ同じ頃（明治五年一〇月）に類焼場の戸長四名が連名で東京府に宛てた次の嘆願書を見ることで解決できる。

今般右等之《らの》もの共（ローンのままならない住民——筆者注）至急引払《ひきはらい》候《そうろう》ハ、……地代上《あが》り高皆無《だかかいむ》同様ニ相成《あいなり》……地主手元ゟ《より》町入費差出《さしだし》候義《ぎ》ニ付《つき》迷惑申立《もうしたて》候も有之……素《もと》より空屋ハ官之御貸家《かしか》作《さく》同様之訳《わけ》ニ付、普通之家作人より地代相払《あいはらい》候仕来《しきたり》ヲ以《もって》考候得《そうらえ》ハ建築中之地代ハ官ゟ地主え御下《さ》ケ渡被為在《わたしあそばされ》至当之義と奉存《ぞんじたてまつり》候

（前記「建築事務御用留」）

住民、すなわち店子が離散してしまえば「町入費」などもみずからの蓄えから納めねばならなくなるとして、地主のなかにはじかに今回の事業の「迷惑」を訴え出る者もあったことがわかる。そして、興味深いのは終わりの方で、戸長が「空屋ハ官之御貸家作同様」と喝破し、「建築中之地代ハ官ゟ地主え御下ケ渡」すべきと主張しているくだりである。

要するに、銀座大通り沿いで四分の三を占め、また普通に考えれば煉瓦街全体でも同じかそれ以上の割合に及んだとみられる（なぜなら、もともと銀座大通り沿いは比較的富裕な住民が多かったと考えてよく、その彼らでもローンがままならなかったならば、他のエリアではそれ

以上の割合に及んだ可能性はきわめて高い）空屋は、大蔵省がだれからの依頼にもよらずに事実上民有地を占拠しながら、かつ官費のみで建設したものであったのだ。また地主は、地代はもちろん、なんの金銭的補償もないまま、高額な煉瓦家屋のローンにたえられる新住民が現れるまで、ただ待つほかなかった。

考えてみれば、このやり方は、かつて「貸家会社」構想で目論まれていたのとまったく同じである。都市改造を急進させる手段の「貸家会社」を確立できない中、それでもなおしばらくは当初の構想に縛られていたというのが実情だったのだろう。

大火後一年にも満たないあいだに、天皇ないし新体制の到来による恩恵という、当初町触《まちぶれ》などを通じて喧伝されていた煉瓦街計画の性格はほぼ失われ、市中には「猥《みだり》ニ新規之建築ヲ誹謗《ひぼう》シ、或《あるい》ハ無根《むこん》之説（建設中止——筆者注）ヲ唱へ、衆人ヲモ煽動《せんどう》候様《よう》之者《もの》」さえ現れはじめていたのである。

†地租改正事業との矛盾

銀座一帯の工事は一八七七年（明治一〇）まで続けられたものの、銀座大通りが竣工するかしないかの時点で、つまり起工からまだ約一年半しかたっていない一八七三年一二月末、当時の大蔵卿《きょう》大隈重信はこれ以上の拡大（銀座地域の外側への着手）は当分見合わせる旨を達した。そして、結局そのまま終焉が迎えられたのである。

煉瓦街の建設は、それを強行した大蔵省周辺にとってはもちろん、東京がどうあるべきかの理想像に隔たりはあるにせよ、その都市計画を権威づけの手段ととらえる東京府をふくむ新体制全体に、以後、財源を安定的に確保する方策と、当面の限られた予算のなかで取り組むべき改造という、二つの大きな課題を突き付ける結果になった。なお後者の問題については次章（第3章）で、煉瓦街の程近くにまもなく誕生した「皇大神宮遥拝殿《こうたいじんぐうようはいでん》」を素材にくわしく取り上げることにしたい。

最後に、起工からたった一年半で迎えられた建設見合わせの意味を考えておこう。

これまであまり注意されてこなかったが、煉瓦街計画の策定・実行は、キーパーソンの井上馨と渋沢栄一がちょうど地租改正の断行にむけて全力で取り組んでいた時期に重なる。

地租改正とは一八七三年（明治六）以降、明治新政府がおこなった租税制度改革のことである。周知のように、江戸時代までの租税（貢租《こうそ》）は米による物納が基本とされるかたわら、生産者を納税義務者とし、またその制度にも地域的な違いがあった。たとえば、江戸－東京をはじめとする都市部では、そもそも地子《じし》（農村でいう年貢に相当）が免除されていた。対して新政府は、あらたに土地の価値（地価）に見合った金銭（地租《ちそ》）を各所有者に納めさせる全国統一の課税制度をもうけ、それによって凶作など不測の事態にも左右されない安定的な財政基盤の確立へと舵を切るのである。

なお、地租改正の実現にむけた作業は全国のなかでも東京から着手されたが、その過程では、たとえばそれまで土地の売買が固く禁じられて地価そのものが存在していなかった武家地に対しても地券を発行し、地租徴収を徹底せねばならないことなど、公権力にとって行政手続き上、クリアーするべき事柄は少なくなかった。また、そうした作業の進展は当然、市中の一般の人びとのあいだにも、さまざまな混乱と波紋を生じさせていくことになった（ちなみに、武家地〔跡地〕で引き起こされていった混乱や現象については第8章で取りあげる）。

さて、明治初年に新政府がおこなった諸改革のなかでも、以上のように間違いなく最重要部類に入る地租改正について、そもそも井上馨は、当時の政府の最高権力者といえる大久保利通とともに改正への口火を切り、また渋沢栄一は租税改革全般の実務上の責任者といって良い立場にあった。さらにいえば、煉瓦街計画のそもそもの発端である大火が起きたのは、東京府下の手始めとして当該エリア（第一大区）が地券発行への準備に入った頃のことである（滝島二〇〇三）。煉瓦街と地租改正とは、実のところ並走する関係にあったのだ。

このことをふまえると、大蔵省による「空屋」の建設強行に対して銀座エリアの地主らが「迷惑」を訴え、かつ地代などの補填を要求する動きが起きたことの意味は大きい。実際、それへの対応から一八七三年（明治六）一二月には地租減免、また一八七六年頃には「空屋」分の地代補填さえも公認する事態にいたっている（川崎一九五五）。

財政基盤の脆弱な新政府にとって地租改正の遂行・達成は、みずからの命運にかかわる。国家税収の大半をになう農民側の不平等感をいち早く和らげるためにも、都市部（東京）での速やかな実施が重視される中、煉瓦街建設はその進捗を遅らせ、ひいては新政府の内治を混乱させる最悪の事態に発展しかねない。

煉瓦街建設打ち切りは、こうした意味合いからも積極的にとられた、当然の帰結だったのである。

第3章　皇大神宮遥拝殿――宗教的権威の取り込み

1　展開のきざし

†煉瓦街計画頓挫の教訓

東京全体を視野におさめる煉瓦街計画が、結局は大火の類焼地かぎり――正確にはそのまた一部――で頓挫したことは政府関係者に次のような教訓を残したといえよう。計画実行のなかで露呈した財政的な限界、そして多くの人びとがひしめきあっているという東京の現実は、煉瓦街計画のように都市の広域を刷新するような、大規模改造の困難さを思い知らせた。とはいえ、前章でみたように、新体制の到来やその力量を人びとに示す有力な手段となりうる都市空間の改造を、このままストップさせるわけにはいかない。

経費をおさえながら、どうやって事を前に進められるだろうか。

端的にいって、頓挫以後、「東京市区改正」（日本初の本格的な都市計画と呼べるもので、多数の道路整備や公園・墓地の新設などが実現。拙著〔松山二〇一四〕第Ⅲ部を参照）が始動するまでのしばらくの期間（一八七〇年代後半〜九〇年頃）は、比較的小規模な、一定の区画や建築を対象とした局所的改造がこころみられていくことになる。

本章でおもに取りあげる皇大神宮遥拝殿《こうたいじんぐうようはいでん》（伊勢神宮・内宮《ないくう》を遥拝する施設）が明治東京で計画された背景は多岐にわたるものの、なかでも重要だったのは、当時の神道界のなかでみずからをその中心と認知させせようとする伊勢派の動きと、（そうした動きを利用しながら）伊勢神宮という天皇権威とじかに結びつく宗教的要素を首都改造の文脈に取り込もうとした大隈重信ら、政府要人の考えであった。

なお、従来の研究では、右の構想はもちろん、その結果東京の中心部＝「郭内」の日比谷に、伊勢神宮を象徴する施設が実際に創り出され、存在していたことについても、ほとんど注目されてこなかった。その理由は、当該神社が関東大震災によって壊滅的な打撃を受け、それからまもなく数キロ以上離れた、靖国神社にも程近い富士見町の地へと移転した（現・東京大神宮）ことから、いわば歴史の盲点になってきてしまったためと考えられる。

†道路整備の再検討から

皇大神宮遥拝殿に関する検討に入る前に、まずそれが生み出される以前の状況、具体的には煉瓦街計画における道路整備について確認するところから始めよう。前章ではその策定プロセスのみを扱い、具体的な中身については検討の余地を残していた。

図3-1がその詳細である。

一見してこれらの配置は、銀座地域（旧町人地）の既存道路を前提にしつつ、次いで、それを木挽町や当時外国人居留地のあった築地エリア（双方とも多くが旧武家地で構成）などへ延長するかたちで策定されたことが明らかである。

一方で銀座の内部については、基本的には江戸以来のものが継承されるかたわら、数寄屋橋と山下御門に囲まれる一帯（図3-1の円内）はそれまで東西方向の道路は直行していなかったのが、新たに西方に向かってまっすぐに正されている。

もちろん、右の道路のなかで最も広幅員に計画されたのは、新橋と京橋、さらには日本橋へと南北をつらぬく一五間《けん》の銀座大通りである。これは、鉄道によって開港場横浜とつながったばかりの新橋と、近世来の経済的中心である日本橋・京橋地域とを結ぶ、実質的にも「府下《ふか》第一之大道《のだいどう》」であった。しかしながらこの主軸を除けば、他の南北方向の多く

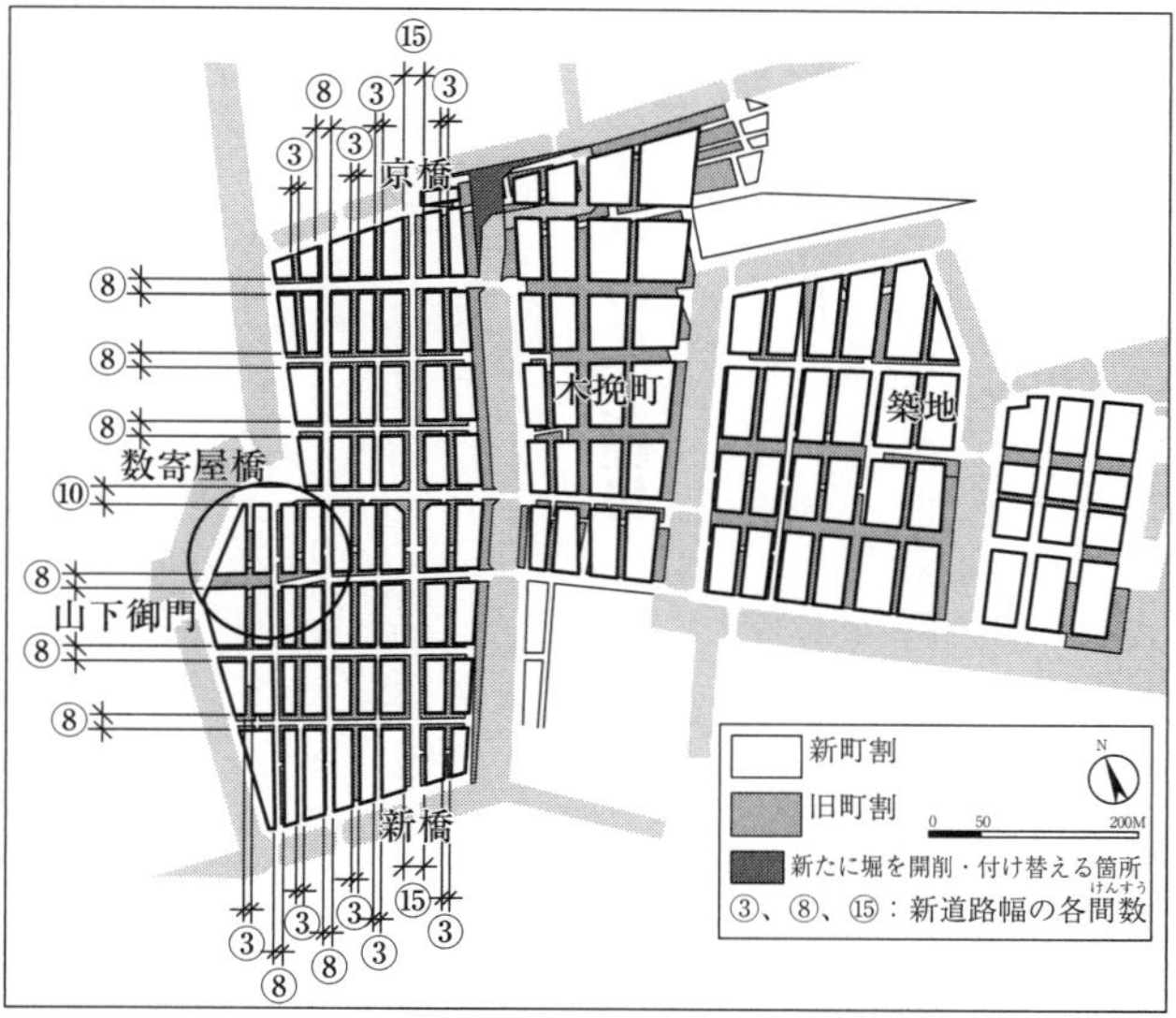

図3－1　煉瓦街計画における新旧の道路配置（出所：松山2014）

は相変わらず三間と狭小なままなのに対し、東西方向については、新たに一〇間へと大きく拡げられた数寄屋橋通りをはじめ、残りもすべて八間へと拡幅・統一されたのがわかる。

江戸時代の銀座は南北道路を規準とした土地利用（町割・屋敷割）がなされていたことを考えれば（玉井一九八六）、狭隘《きょうあい》な東西街路に対する以上のような改変は明らかに意図されておこなわれたものと考えてよい。

煉瓦街計画は、東京全体を視野におさめながら策定されるものではあった。しかし、この道路整備のような、その具体的な中身には、現存する文献史料からはもはや知りえない、計画を推し進めた新政府関係者たちの首都空間へのこだわり——計画のなかでもどこをとりわけ重視していたか——が刻印されている。西北方向に位置する皇居や官庁街予定地などの位置する当時の新政府の要衝、すなわち遷都にともない政府がみずからの拠点に定めた「郭内」（第1章図1-1の③の領域）のなかでも、その南東エリアがこだわりの対象であったのだ。そして煉瓦街計画の頓挫後、まさにそのエリアに皇大神宮遥拝殿が誕生することになるのである。

2「遥拝殿」の成立経緯

†皇大神宮遥拝殿とは

図3-2は、一八八三年（明治一六）作成の陸軍実測図から右記（南東エリア）一帯を抜き出したものである。現に、銀座煉瓦街の西方、東西道路の軸線の先にはこの一〇年足らずの間に政府と密接なかかわりのある施設が次々と生み出されていった様子がみてとれる。先述の官庁街（予定地）は一八七三年の皇居炎上で実現にはいたらなかったものの、応

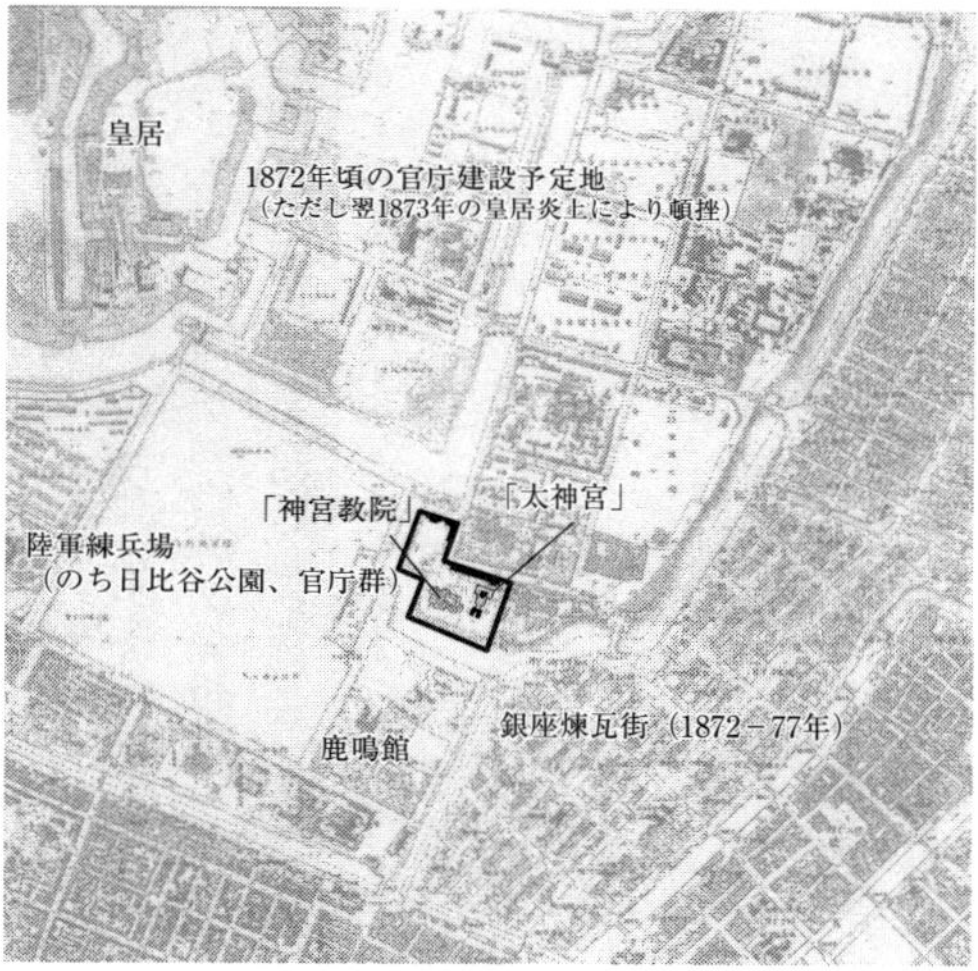

図3－2　1883年実測図より銀座・西丸下一帯の様子（出所：『参謀本部陸軍部測量局五千分一東京図測量原図』〔復刻版〕）

急的に赤坂御所に移された皇居に代わり、しばらくそこには「太政官《だじょうかん》代《だい》」（臨時の太政官）が置かれた。また山下御門の内側には、周知の、内外人交歓のための社交場である鹿鳴《ろくめい》館《かん》が誕生している。図では更地のように描かれている皇居宮殿も、すでに一八七七年には再建が決定しており、この図作成から数年後には完成をみる。この他、鹿鳴館と隣り合う広大な陸軍練兵場を中心として、のちに官庁集中計画が盛んに議論され、いわゆる霞ヶ関官庁街が形成されていったことはよく知られる（藤森二〇〇四）。

ところで、同じく図3-2からは、

銀座煉瓦街の西北端および鹿鳴館と、濠を介してちょうど三角形を描くような場所に「太神宮」、またその西隣に「神宮教院《じんぐうきょういん》」と記された一角があるのがみてとれる。果たしてこれらは何であろうか。

「太神宮」とは、正確には皇大神宮遥拝殿（以下「遥拝殿」と略す）、そして「神宮教院」とみえるのは、伊勢神宮の関係組織と、日本全国の神道布教をつかさどる半公的な機関であった神道事務局《しんとうじむきょく》が同居した施設（後述）のことである。なお前者（「遥拝殿」）は、当時一般には日比谷大神宮と呼ばれていた。

これらの機関としての働きについてはすでに多くのことが明らかにされている一方で（たとえば藤井一九七七）、こうした立地環境などに対してはこれまでさほど関心が向けられてこなかった。本章ではおもにその点に焦点を絞ることになるが、その前に大まかな時代背景をおさえておきたい。

†「遥拝殿」の歴史的背景

図3-3は一八七五～七七年作成とみられる（後述）、さきの図3-2における「太神宮」などの一帯をとらえた銅版画である。「……新築図」と題されるように、そもそも幕府の庇護のもと仏教が隆盛を誇った江戸時代にこのようなものは存在しない。ここは、江

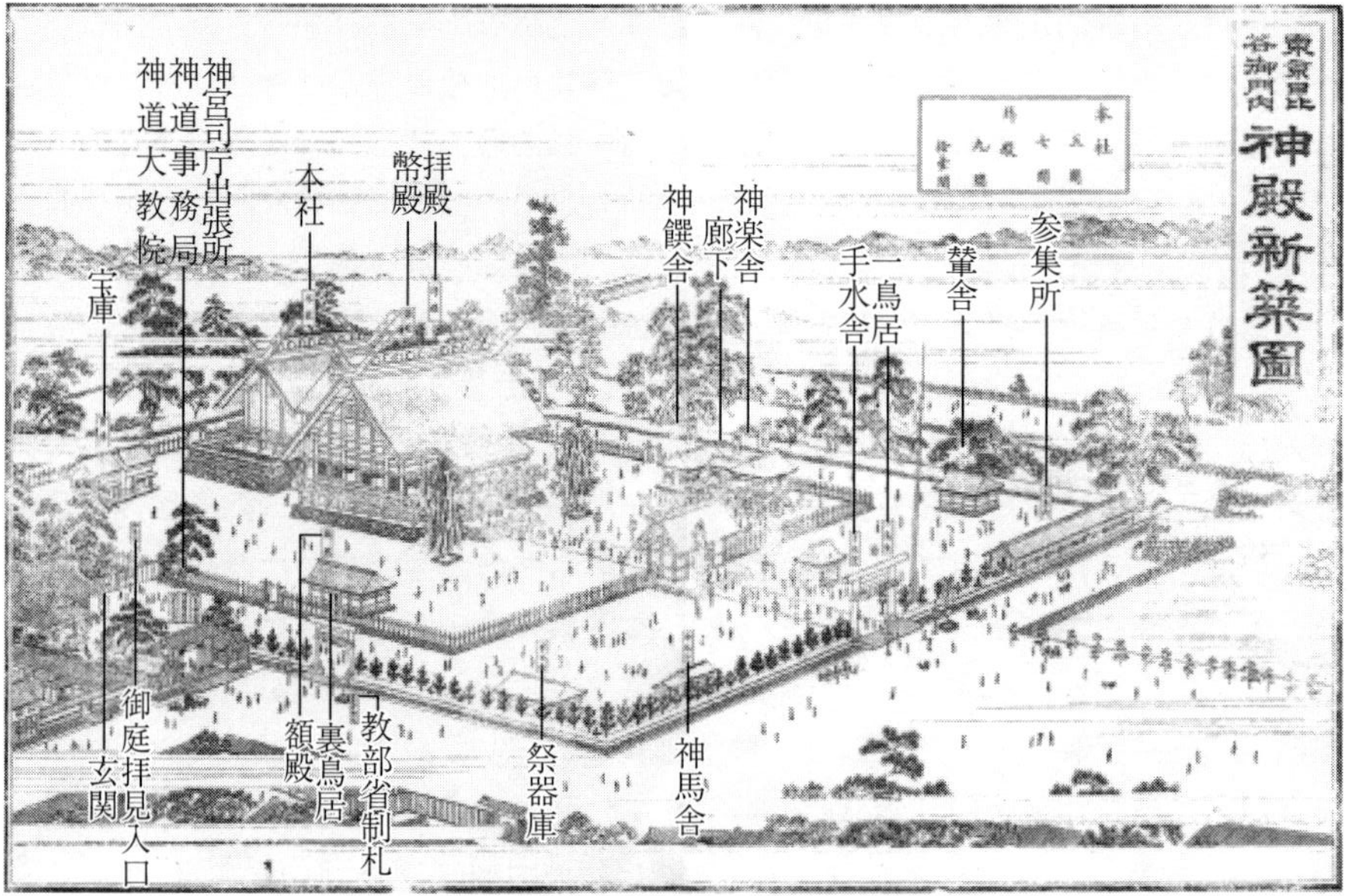

図3－3　「東京日比谷御門内神殿新築図」（千代田区立日比谷図書文化館所蔵）

戸城・内濠のさらに内側、大身の大名たちの屋敷が集中したいわゆる大名小路（現在の丸の内エリア）南端の常陸笠間《ひたちかさま》藩上屋敷（幕末当時）の位置に当たる。明治に入ってから、その大名藩邸跡地としての広さを活かしながら「遥拝殿」などが計画されていったことになろう。なお、図中の左側の「神道事務局」などの描写からは、藩邸建築が一部転用された可能性も認められる。

そもそも幕末維新期、尊王論は幕府統治を否定するいわば革命的イデオロギーだった。王政復古を宣言した維新政府の正統性は、天照大神《あまてらすおおみかみ》と血統的に結びついているといった天皇の宗教的権威に依拠しており、人びとがそうした意識をしっかりと内面化するための組織生成が目指された（安丸・宮地一九八八）。一八七七年までの間、政策として天皇を中心とする祭政一致（政教一致）が曲がりなりにも追求されてゆく。

ただし他方で、神道はもともと特定の教義や宣教システムを持っておらず、そのため新政府は一八七二年に教部省を設置し、仏教を取り込みながらの国民教化（大教宣布《だいきょうせんぷ》）運動をはかる。たとえば東京・増上寺《ぞうじょうじ》の本堂を大教院《だいきょういん》と位置づけ、全国各県下に中《ちゅう》教院、さらにあらゆる神社や各宗の僧侶の住房までをも小《しょう》教院に、天皇崇拝中心の神道教義布教が取り組まれた。しかし当然ながらこれは仏教勢力の反発を招いて破綻をきたし、早くも一八七五年三月末には新たに神道界側が大教院に代わる布教機関を東京に設けることになる。

それが、ちょうど図3-3にみえる「神道事務局」であり、またその祭神を祀るために「遥拝殿」が新造されるにいたる。

ところで、近現代日本宗教史のなかで「祭神論争」といえば、公的な神道布教の主体として天御中主神《あめのみなかぬしのかみ》・高皇産霊神《たかみむすびのかみ》・神皇産霊神《かみむすびのかみ》・天照大神の四柱神に、大国主神《おおくにぬしのかみ》をここに加えるか否かで神道界が伊勢《いせ》派（神宮教会派）と出雲《いずも》派（出雲大社教会）に二分される激しい教義論争が起こり、最終的には天皇勅裁《ちょくさい》（一八八一年二月）によって大国主神をまつる出雲派の主張が斥けられた事件として知られる。またこれに並行して、神道全般が皇室神道にもとづきながら狭義の「祭祀」と「宗教」に峻別され、前者は宗教ではなく国民道徳と同一なものだとする考え（いわゆる戦前の国家神道）へと結実してゆく。

そして、まさにこの「祭神論争」における対象そのものとなっていったのが、「遥拝殿」であった。

「祭神論争」についての一般的な理解は次のようなものである。ここには大教院の祭神（四柱神）が遷されたが、神道事務局の設置をつうじ、神道界独自の布教体制の確立、さらには各派の宗教的発展も進むにつれ、その多神教という性格からしても内部衝突・分裂は避けられなかった（原二〇〇一）。

もちろん、筆者はここで宗教史の領域に踏みこむつもりはなく、その能力も持たない。

ただ、すでに相当数の議論が重ねられてきたにもかかわらず、「遥拝殿」や神道事務局がどのような空間的具体を備え、またそれが「祭神論争」の展開などにどのような意味を持ちえたのか、これまでほとんど注意が払われてこなかったことには疑問を感じる。

そもそも神道事務局は、新政府主導の国民教化を受けつぐ唯一の機関ではあったものの、大教院時代と変わらずその経営維持は全国の神社・講社・教会が負担し、公権力は出費しなかった。一般に「半公的機関」と称されるゆえんである。つまりこれら施設の地所、および造営費用は下賜されたのではなく、もっぱら神道界側が当時賄っていたことが推察される。

しかしながら現実の都市のありさまに則してみれば、新政府の物理的な中枢へ浮上していたエリアに、すでに地券発行(武家地の払下げなど)も済む一八七五年以降、神道界はどのようにして新たな空間を獲得することができたのだろうか。

こうした空間の側面(誰が場所を用意したのかなど)をくわしく調べることで、たとえば維新期における神道界分裂の背景に内部における経済力の差(とくに伊勢神宮の優位性)の問題があったことや、さらには政府要人(大隈重信ら)の深い関与など、これまで十分着目されてこなかった事実が明らかになるのだ(次項以降で検討)。

†文献史料からみる経緯

出来上がったばかりの「遥拝殿」について、当時の新聞記事（一八八〇年三月二二日付。以下「新聞記事」と記す）は次のように伝えていた。

日比谷門内《もんない》有楽町なる皇太神宮の神殿は、神宮司庁《しちょう》（伊勢神宮の運営本体——筆者注）・神道事務局合併の建築にて、明治八年六月二日その立願を許可せられ、本年三月始めて落成を告げ……抑々《そもそも》神殿の営繕費は宮内省よりの寄附を始め、有栖《ありす》川《がわ》、東伏見《ひがしふしみ》、華頂《かちょう》……久邇《くに》の宮《みや》方よりの寄附、其他神宮及び官国幣社《かんこくへいしゃ》、府県社及び神道教導職並《きょうどうしょくならび》に全国敬神者等の協和尽力にて成立たるものの由《よし》にて、其場処《そのばしょ》を西北は皇城に近く、東西は市街に接する府下中央の地に定められしも諸人の参拝に便ならしめんが為《た》めなりといふ、されば神徳はいよいよ光りを添へ更に士民が敬崇の念を深からしむるに至るべし

（『東京曙新聞』）

右からは「遥拝殿」の成り立ちについていくつかの重要な知見が得られるように思うが、まずは「遥拝殿」という呼称に関する点から検証してゆくことにしたい。

「遥拝殿」、すなわち皇大神宮遥拝殿とは、伊勢神宮・内宮を拝むための殿舎を意味する。つまり、先述の一八七五年五月の大教院の解散後、それを受けつぐ「神殿」として出発していたはずが、いつからかおもに天照大神を崇拝する場へと転換していたことになる。これは、右掲で「皇太神宮の神殿は、神宮司庁・神道事務局合併の建築」とあるように、すでに落成までには表面化していたとみられる。いいかえれば、「神殿」造営のプロセスのなかで、もっぱら伊勢神宮を体現する面が突出したとの予測が立つ。

この点について、明治初年の国民教導政策に明るい『神教組織物語《しんきょうそしきものがたり》』は施設所有者の影響を次のように指摘する。

そもそも神道事務局の「地所建物ノ所有主」は「神宮」であって、「各府県下ノ分局長及《および》官国弊社教導職ノ会議」において「神殿ヲ造営スルニ就《つい》テハ、神宮所有ノ地ニ建テ、主神（大教院来の祭神——筆者注）ヲ借地ニ鎮《しず》メ奉《たてまつ》ル事ハ、全国教職ノ体面ニ関スルヲ以《もっ》テ、全体ノ地所半分ヲ事務局（神道事務局——同上）ニ献備セヨ」との申し入れが「神宮」に対してなされたものの、「然《しか》レドモ天下ニ金力ノアル神社トテハ、神宮ニ及ブベキモノナク」、そのまま神宮の意向にそって献備されずに造営は進められた。

つまり大教院が解体して神道事務局が設けられる際、事前に場所を確保したのは神道界のなかでもひとえに伊勢神宮だったのであり、またそのことに由来する神宮の発言力の大きさがここからはうかがえる。

　もっとも、伊勢側の史料にもとづくと、以上の経緯は微妙に異なる意味合いを持つ。神宮司庁所蔵「東京遥拝殿設立始末《せつりつしまつ》」からは「遥拝殿」設立の過程（一八七五年四月〜一八七七年一〇月）をくわしくたどることができる。これによれば、伊勢側が「場所を確保した」のは本来的には神道事務局の受け皿としてではなく、みずからの布教のためであったことが明らかとなる。

　それは、神宮少宮司《しょうぐうじ》で教部省七等出仕《しゅつし》でもあった浦田《うらた》長民《ながたみ》が主張する「大教宣布《だいきょうせんぷ》ニ付《つい》テハ、各府県人烟稠密《じんえんちゅうみつ》之地ニハ必《かならず》皇大神宮遥拝殿可取設《とりもうくべき》見込ニ而《て》、既ニ京都・大坂両府下へハ設立御聞届・着手候処《そうろうところ》、方今輦轂下《ほうこんれんこく》（天皇のひざもと――筆者注）其設無之《そのもうけこれなく》候而は人心帰向《きこう》ニモ関係シ、甚《はなはだ》不都合」（一八七五年四月、教部省への上申）という、すでに神道事務局の設立以前から伊勢神宮が独自に東京（「輦轂下」）への布教を目指していたことの、あくまでも結果だったのである。浦田は「全国ヲ挙《あげ》テ我《わが》神宮一教ノ下《もと》ニ収拾」を目論む「熱烈な伊勢神宮の信仰者」であり、また教部省廃止（一八七七年）の時期まで伊勢神宮の教化運動の主導権を握る人物だった。

　つまり伊勢側にとって神道事務局の「神殿」は事実上、先行して教部省の認可も得ていたみずからの「遥拝殿」に、後から合流・併設（「合併建築」）する副次的な存在に過ぎなかったのである。

†伊勢神宮のねらい

さらにいうと、浦田を筆頭に神宮側の「遥拝殿」にかける思いはただならぬものがあった。明治初年の神道布教推進の一方で、市井にはたんに営利目的の宗教施設も数多く誕生したことから（〔松山二〇一四〕第6章）、一八七六年三月、教部省はその取り締まりに向けてあまねく「諸《しょ》神社・分社・遥拝所ノ区別ヲ明瞭ニシ……建物模様《もよう》幷《ならびに》地面坪数等ニ至迄《いたるまで》、詳細絵図面相添《あいそ》」えて出願するよう全国に布達する（教部省布達第八号）。すでに「神道事務局神殿、合併奉祀《ほうし》」も検討されていた時期だが、浦田はこの布達の直後、祭主・久邇宮の代理として「神宮御儀《おんぎ》は他之《の》神社トハ格別」と教部省に主張し、京都や大坂のものも含め、太古からの事例に照らして、次掲のように、新たに「宮」号を「遥拝殿」に要求するのである。

> 御省本年第八号（右記の教部省布達第八号のこと――筆者注）ヲ以《もつて》諸神社・分社・遥拝所之別、府県へ御達有之《これあり》承知致《しようちいたし》候、右御達之旨ニ拠候得《よりそうらえ》は、兼《かね》テ三府へ建設願済《ねがいずみ》相成《あいなり》皇大神宮遥拝殿は分社ニ相当《あいあた》リ候処、神宮ニ於テハ上世《じょうせい》ヨリ瀧原宮《たきはらのみや》・同並宮《ならびのみや》・伊雑宮《いざわのみや》等

へ分霊ヲ奉祀シ遥宮《とおのみや》ト称シ来《きたり》候ニ付、右ニ準拠シ前書之遥拝殿ハ今後皇大神宮遥宮ト称シ候様致度存《いたしたくぞんじ》候、神宮御儀は他之神社トハ格別ニ候条《じょう》、特殊之御詮議《せんぎ》ヲ以右之旨御聞《きき》届被下度《とどけくだされたく》（以下略）

（「東京遥拝殿設立始末」）

教部省はこれを認めなかったものの、その後も「皇大神宮遥殿」や「皇大神宮分社」などの名称申請が繰り返され、結局は、以前に認可を受けたままの「皇大神宮遥拝殿」に落ちついた。

このような改称にむけた試みは、伊勢側が教部省による宗教施設一般の取り締まりをむしろ好機ととらえて、あらたに「遥拝殿」を内宮の「別宮」並みに積極的に位置づけることによって「他之神社」との差異、さらには神道界でのみずからの優位性を示し、人びとの信仰をひろく集めようとしたものと理解できよう。

他方、教部省がこれを拒んだ理由は文献史料からはつまびらかでない。ただし名称そのものはこの時認めなかったものの、後述のようにすでに最初の認可時点で神宮が提出していた図面類からは、「遥拝殿」が伊勢神宮に対してしか用いられない建築形式である神明《しんめい》造《づく》りの神殿設備などで調《ととの》えられる予定であることは一目瞭然といえる。つまり実態としては、却下された「皇大神宮分社」などと何ら変わりがない。教部省は建築にまつわる注文は一切付けていないことから、「遥拝殿」ないし伊勢神宮に対し、名称を認めないこと以上の規制をかける意図はなかったように思われる。

3 創り出される「輦轂の下」の光景——非文字史料をおもな手がかりに

†建築的特徴

以上のように、大教院に代わり全国の神道界を束ねる機関であったはずの神道事務局は、当初からその物的基盤を有する伊勢神宮の影響を強く受けずにはいられなかった。これは伊勢側が大教院の瓦解前後から単独での信仰収拾をすでに目指していたことも相まって、おのずと具体的なあり方も神宮をもっぱら象徴する方向へと流れてゆく。

さて、先ほどの銅版画（図3-3）に立ち返ることにしよう。

門前の標木《ひょうぼく》に「教部省制札」とある点などから、神道事務局の設置（一八七五年三月末）から教部省廃止（一八七七年一月）までの二年弱の間に作成されたものであることがわかる。つまり、これは落成（一八八〇年三月）のはるか以前に、いわば完成予想図として作られたものと考えてよい。一見して「拝殿」のみならず「本社」も調えられ、遥拝所以上の存在であることは明らかといえる。いずれも殿舎形式は切妻《きりつま》・平入《ひらい》りで、屋根に反《そ》りはなく、かつ千木《ちぎ》や堅魚木《かつおぎ》、円柱といった神明造りの特徴、すなわち伊勢神宮正殿にまつわる要素が多用されている。とくに「本社」の方は、正殿そのまま、棟持柱《むなもちばしら》を有しているように描き分けられていることにも気づく。

その一方で、「皇大神宮……」ではなく「神殿新築図」と題され、また画面隅の社務エリアに対しては「神道事務局」を中心とした名称説明も付されていることから、「神道界全般の「神殿」」を強調、流布するために作られた側面も否めない。画面に描かれた内容だけからは、はっきりとした作画の背景をつかむことは難しい。

しかしながら、じつはここに描かれる殿舎群には既存の雛形を認めることができる。

図3-4は、一八七五年七月、伊勢神宮が「遥拝殿」の造営を教部省に申請した際に付した図面類である。この時点では少なくとも「神道事務局神殿」の「合併建築」は未確定な段階にあり、これらはひとえに伊勢神宮を崇拝する「遥拝殿」のために計画されたものとして考えてよい。巨大な拝殿部分を備えた殿舎といい、その正面・側面の様子も先の銅版画のそれと酷似する。さらに境内に目を転じても、神楽舎や鳥居の様相、およびそれらの位置関係もよく当てはまっており、銅版画はこの図3-4の内容を踏まえて作成された

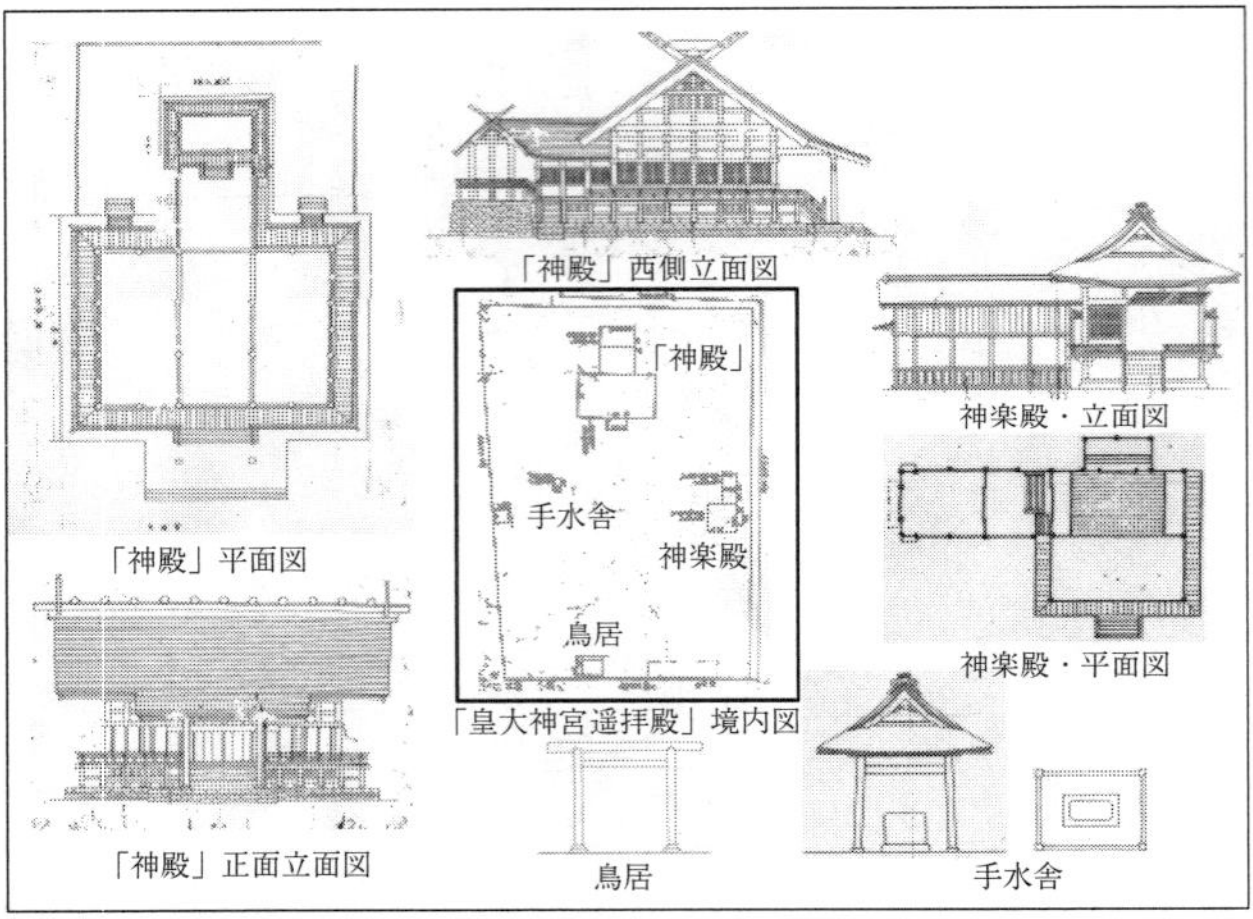

図3-4　神宮側が先行して申請していた図面類（出所：「講社取結・教院設置・邸内社堂」明治九年〔東京都公文書館所蔵〕所収図をもとに作成）

ものであることは確実といえよう。

　それというのも、これらの図面類は存在を知られてこず、先行研究では三府への布教という「同様の主旨」によるものとして比較的史料が豊富な大阪の事例をもって「東京のそれ（「遥拝殿」――筆者注）も、これと殆《ほと》んど相違がなかったと考えてよい」（岡田一九六〇）と推察されてきた。しかし実際には、大阪における境内・殿舎は、ここ東京の「遥拝殿」にくらべて狭小で、かつ、そもそも旧町人地内に既存の町家を転用しながら「出張所」や「教会所」なども併設した、かなり異質なものだった（松山二〇一四）。

　ひるがえって、この事実を当該期の

作図環境に当てはめて考えてみても、あらかじめ図3-4を踏まえない限り、先だって着工され、ある程度世にも認められていた大阪のそれと大きく異なる姿が落成をまたずに銅版画（図3-3）に刻まれること自体、不自然といえる。そしてこのことは同時に、銅版画が伊勢神宮の考えに近いところで作られたものであること、くわえて三府のなかでも東京の「遥拝殿」がきわめて特殊な位置づけにあったことを示す。東京の「遥拝殿」では、たとえば銅版画において参詣人が境内へと進入して描かれるように、かならずしも「上世《じょうせい》」（いにしえ）に照らすばかりでない、都市に対して宗教（神宮）が積極的に介入する新たな時代の局面の到来を感じとれよう。

銅版画の作成背景

ここで、銅版画（図3-3）が作成された背景について筆者の見立てを述べておきたい。神道側が「遥拝殿」の造営費をもっぱら賄っていたであろうことはすでに指摘したが、具体的には以下のような方法が用いられていた。

当初、伊勢神宮がみずからの布教のために申請した時点（一八七五年六〜七月）では「遥拝殿建築入費ハ、神風講社《じんぷうこうしゃ》中積金《つみきん》ヲ以テ出費」と、当然ながら神宮の教徒による組織（神風講社）が出資主体に想定されていた。しかしその後まもなく、神道事務局の「神殿合併奉祀」が教部省へと申請され（ただし当初、教部省は「聞置《ききおき》」と返答）、翌一八七六年九月になって正式に「聞届」られると、「神殿建築入費ハ、神官以下《いか》官国弊社全国神道教導職集金《しゆうきん》ヲ以テ営立」することへと転ずる。

要するに、大教院来の祭神が「遥拝殿」に合祀される運びとなり、それにともなって造営費の集金先も神道界全般、日本全国の神官たちへとひろげられた。むろんこの集金にあたっては、どのような「神殿」を建築するのか、くわしく説明される必要があったろう。懸案の銅版画はこの際の道具とされていた可能性がある。

この筆者の考えが正しいとすると、銅版画が描く「神殿」が伊勢神宮をもっぱら体現するものであることを、それをみた全国の神官たち、とくに他派の人びとは当時どのように受け止めたのだろうか。加藤悠希《ゆうき》氏の研究によれば、彼らはすでに神社と建築形式とを一定の関係（たとえば神明造なら伊勢、大社造《たいしやづくり》なら出雲）でとらえる知識体系を持ち合わせていたと考えてよい（加藤二〇一五）。先述の『神教組織物語』における「神宮」への造営用地「献備」の要求などは一種の反発の表れといえるのかもしれないが、現在のところ目ぼしい材料はない。しかし、銅版画の作成主体と判断してよい伊勢神宮がその影響力を念頭に置いていたとするならば、みずからを神道界の中心に認知せしめた巧みな手段と評価せねばならないだろう。

一般に「遥拝殿」の落成前後にもっとも加熱したとされる「祭神論争」の前哨戦には、「神道事務局神殿」を取り込む「遥拝殿」のあり方、そのイメージをめぐるおもに伊勢神宮関係者の戦略があったように考えられるのである。

†立地環境

ところで、「遥拝殿」の創建をめぐり、伊勢神宮が仕掛けたのは神明造といった建築形式ばかりではなかった。図3-5は、「遥拝殿」の落成時における、その周囲一帯との配置関係を示す。ここからは、北方《ほっぽう》に門をひらく敷地条件に対し、ことさらに進入路を延ばすことによって「遥拝殿」（図中では「神殿」）を南面させていることに気づこう。そしてこれは、ある明確な意図のもと、定められるものであったことが明らかとなる。

> 昨明治八年四月……当庁（神宮司庁――筆者注）出張所構内え神殿（「遥拝殿」のこと――同上）御許可相成候ニ付、本年五月ヨリ着手仕度《つかまつりたく》、然《しか》ル処神殿南面ニ営築《えいちく》候ニ付、諸人参拝甚《はなは》タ不便宜《べんよろしからず》候間、別紙図面（図3-6――同上）之通、元《もと》山下門内ヨリ当出張所構内へ木製ニテ橋梁ヲ架《か》シ、諸人参拝之便宜ニ取設《とりもうけ》度（以下略）
>
> （前記「東京遥拝殿設立始末」）

右掲は、神道事務局の「神殿合併」が依然正式には決まっていない一八七六年四月、神宮大宮司《だいぐうじ》の田中頼庸《よりつね》が東京府知事に出願した文書の一部となる。「遥拝殿」着工を翌月に控えながら、神宮側は「神殿南面」を理由に、敷地南方をふさぐ内濠への架橋をねらっているのがわかる（図3-6）。そして、これは具体的には「諸人参拝」のため、かつて山下御門が位置した方面からのアプローチを確保しようとするものであった（前掲図3-2）。

もちろん、建築を南面させるのは、とくに近代以降の宗教施設では一般的なことではある。しかし「遥拝殿」についていえば、いったんは敷地の「東の方の明地《あきち》へ西向《にしむき》に建築する事に定まッた」ことも伝えられていたように、どうも西方の皇居あたりへと向けさせる計画も有力であったらしい。さらに、この「遥拝殿」の立地をめぐっては『神教組織物語』にも「神殿造営ノ位置ヲ定《さだめ》テ、土ヲ運《はこん》テ地平セシハ……折田《おりた》年秀《としひで》、戸田玄成ラ来テ、東ノ方ニ南向ニ建ントテ、忽《たちまち》ニ位置ヲ改メタリ」とあるように、かなり革新的な判断のもとで旧山下御門エリアとの連関が画策されたとみて間違いない。

結局のところ、東京府はこの時点では架橋申請を聞き届けなかったものの、「遥拝殿」の「南面」はそのまま尊重され、また後年ふたたび神宮側が「日比谷太神宮の傍《かたわら》より山下町の方へ橋を架《かけ》たき旨《むね》出願」し、この際には「許可」が下りて「来月早々着手」されると

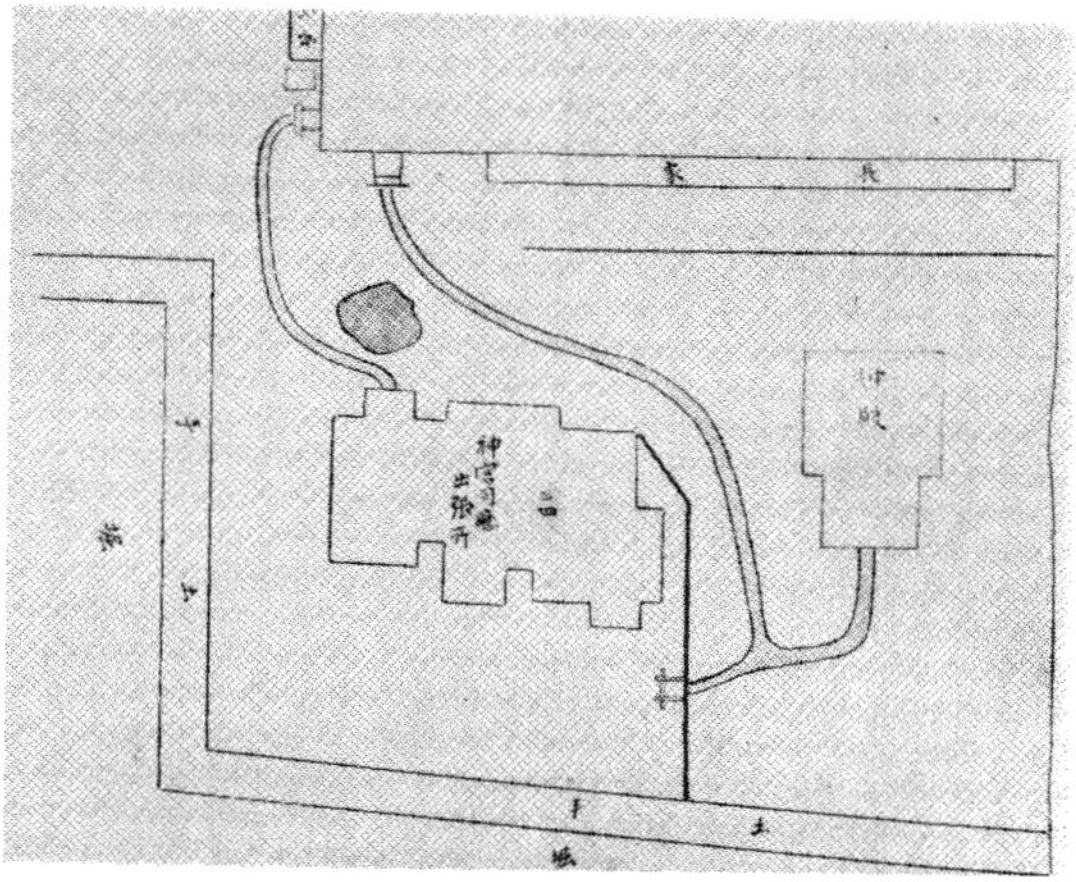

図３－５　落成時の配置関係（出所：岡田1960）

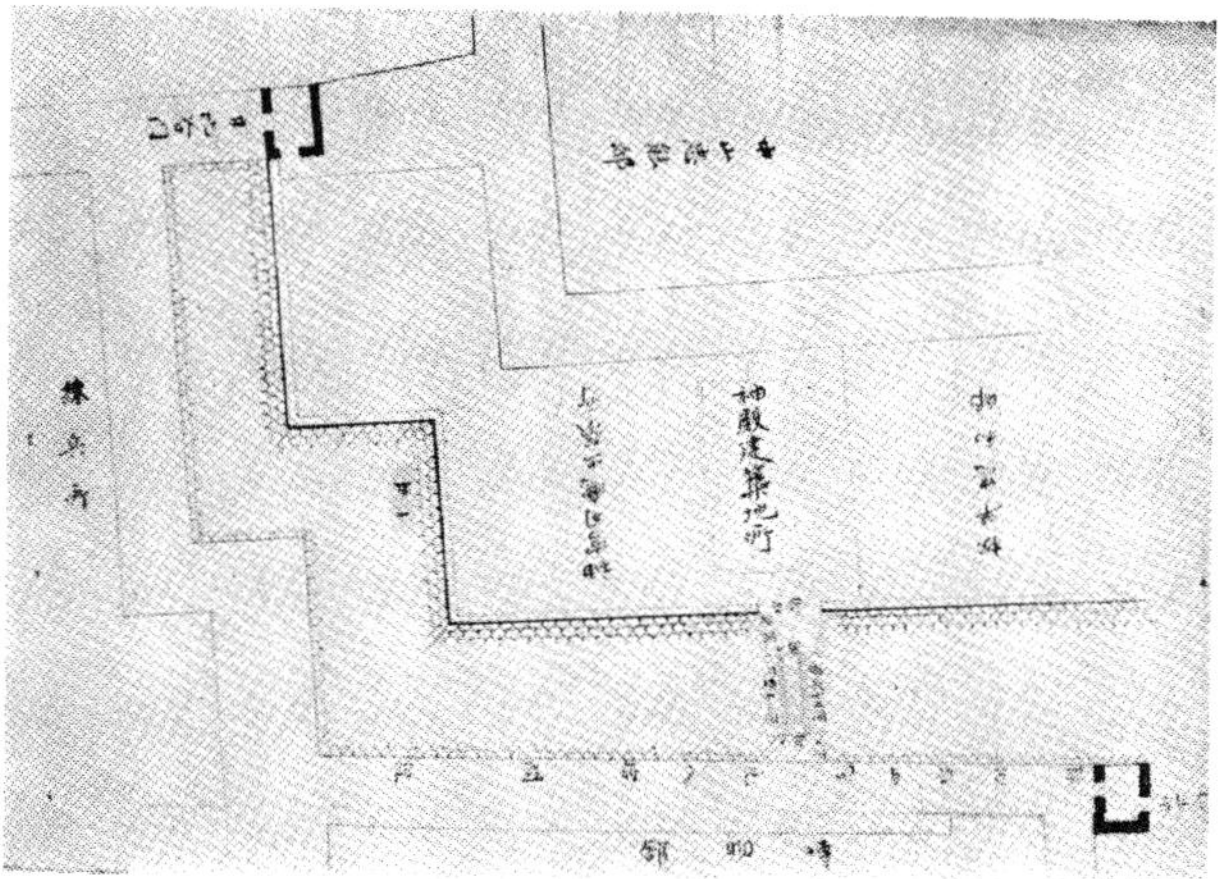

図３－６　計画された架橋の様子（出所：岡田1960）

の報道もいったんは流れていたことが確認できる。

†大隈重信との結びつき――誰が場所を提供したか

このような伊勢神宮の「遥拝殿」のあり方に対する強硬な態度や自信は、いったい何に裏打ちされるものだったのだろうか。ここで、もう一度「新聞記事」を振り返っておこう。

すでに神道事務局の経営維持が公費によらなかった点については指摘した。しかしながら、このことは「遥拝殿」造営をめぐる公権力側の関与を否定するものではない。たとえば「神殿の営繕費は宮内省よりの寄附を始め、有栖川、東伏見、華頂……久邇の宮方よりの寄附、其他神宮及び官国弊社、府県社及び神道教導職並に全国敬神者等の協和尽力にて成立たるものの由」とあるように、一般にはむしろ宮内省をはじめとする天皇周辺からの出金が強調され、また「遥拝殿」はそれらと深く結びつく存在として認知されていたことは明らかである。

そして、これはある程度事実でもあった。一八七七年七月、祭主・久邇宮が金三〇〇円を寄附したのを皮切りに、その二ヶ月後には天皇が聞き知った結果として宮内省が金一〇〇〇円を下賜していたことも確認できる。なお後者の金一〇〇〇円という額は、多少時期はずれるが煉瓦街計画における天皇の「施金」の半額に達するものだった。

さらに、(狭い意味での)神道界の外側からの「遥拝殿」に対する働きかけは、このような金銭面ばかりに留まるものではない。

次掲は、一八七六年八月八日に神道事務局が東京府に提出した願書の案文である。この内容そのものは、前述の、先行する伊勢神宮の「遥拝殿」へ「神道事務局神殿合併」を早急に認可するよう、かさねて神道事務局が願い出ている内容を示す。

御府下第壱大区三小区有楽町三丁目二番地神宮司庁《じんぐうしちょう》出張所構内へ皇大神宮遥拝殿建築之《の》儀《ぎ》、昨明治八年該庁(神宮司庁——筆者注)ヨリ教部省え相伺《あいうかがい》、正院ニ於《おい》テ御許可ニ相成候旨《むね》御指令有之《これあり》候ニ付、尚《なお》神道事務局神殿合併設立致度《いたしたき》旨同年教部省え相伺候処聞《きき》置《おき》相成候間、右神殿新築仕度《つかまつりたく》候条《じょう》、至急御許可有之度(以下略)

(前記「東京遥拝殿設立始末」)

注目されるのは、「遥拝殿」に関して明かされる、それがわざわざ「正院ニ於テ御許可」になっていたという事実である。

この時期の遥拝所建設一般の認可体制は、各地方庁(つまり「遥拝殿」の場合は東京府)への連絡ののち教部省が認可を下すというものであって、新政府の最高官庁である正院で議題とされること自体、きわめて異例のことといえる。そのうえ「御許可」を与えていた先が神道界全体のものではなく、前掲史料に記されるような伊勢神宮単独のねらいにもとづく、いまだ大教院由来の祭神の「合併建築」が決まらない当初段階の「遥拝殿」であったことは見逃せない。

ひるがえって、このように新政府中枢が伊勢側独自の「遥拝殿」造営について把握し、かつ「許可」も与えていたという理解に立つ時、にわかに重要な意味を帯びてくるのが正院の構成メンバーであり、当時大蔵卿の位置にあった大隈重信の次の発言であろう。

神祇官《じんぎかん》の国学者連中が、一つ神道を基礎とした新宗教を作ろうと云《い》うことになった。それはこのままにしておけば耶蘇《やそ》教が入って来るから、特に仏教に代わるべき、わが国固有の新宗教を作らねばならぬ。そうして勅命《ちょくめい》によって国民の信仰を定めようと云うのであったが、実はその時はわが輩も同感の方で……今、正直に白状すると、最初は一つやって見ようと思うたのである。大神宮を中心として皇祖皇宗《こうそこうそう》の神霊を祀《まつ》り、学校もそれを中心に教育して、一朝事有る《いっちょうことあ》際には大神宮の信仰によって民心――今の政府あたりの言葉を借りて云えば――を統一しよう等と考えていたのである。維新後列国《れっこく》がわが国を苦しめた際に、わが輩がその衝《しょう》に当たり、また長崎あたりで宗教の事にも関係したこ

ともあって、木戸、大久保等もわが輩の議論には敬服していた（以下略）

（『大隈侯昔日譚』）

これは、まさに神仏合同布教をめざした大教院が瓦解し、相前後して「遥拝殿」や神道事務局が設立されてゆく時期（一八七五年前後）について語ったものである。

大隈によると、いまだ「一朝事有る」ことも予想される中、新政府を支えてゆく手段として神道界を中心とする「新宗教」の創造、とりわけ「皇祖皇宗」を祀って「民心……を統一」させようという、ほとんど既述の伊勢派浦田長民に近い構想だった。そして、これは同じく正院を構成する「木戸、大久保」といった、つまり当時新政府を主導する木戸孝允や大久保利通らの賛同も得ていた、というのである。

じつのところ、この大隈の発言は大正期に入ってからの述懐であることもあり、これまでは後年になって政治的配慮が働いた結果ぐらいにしか受け止められてこなかった。しかしながら、先ほどの正院における「遥拝殿」造営の事前協議のほかにも、大隈と「遥拝殿」誕生とを取りむすぶ接点は見いだせるのである。

図3-7は、地租改正・地券発行にともない作成された「大区沽券地図」（一八七三年）より、まもなく「遥拝殿」などが位置する一帯を抜き出したものとなる。一見して明らか

なように、陸軍省や公家華族中山忠能（明治天皇の外祖父）の邸など、新政府関係の施設が集中する旧大名小路の南端、当該地の所有者として大隈重信の名を見いだすことが出来るのである。

すなわち、本章でここまで述べてきた一連の事柄の〝舞台〟をもともと所持していたのは、大隈その人だったのである。『神教組織物語』には「当春（一八七五年――筆者注）神宮ニテ二万余千円ヲ以テ、大隈参議ノ私邸ヲ買受《かいう》」けとの記載もあり、当初、伊勢神宮が東京における独自の布教拠点を求めた際、この地を彼が相対で売却していたことは間違いない。

冒頭に立ち返れば、この場所はまさに「郭内」の内側、とくに煉瓦街計画の前後から新政府の空間的中枢として浮上していたエリアに当たっていた。そもそも東京の煉瓦家屋化の発案にもかかわり、そしてのちに財政的限界から計画の縮小（一八七三年一二月）を決断したのも大隈であったことを思えば、みずからが所有する土地の重要性について、彼は十二分に認識していたはずである。

それからわずか一年あまりののち、大隈が回顧録で述べたような「遥拝殿」がここに造営される運びとなる。以上を総合的にとらえれば、当時の新政府主流を成す大隈の構想として、これから進められるべき都市改造、その計画の一環に、いったんは「遥拝殿」が組

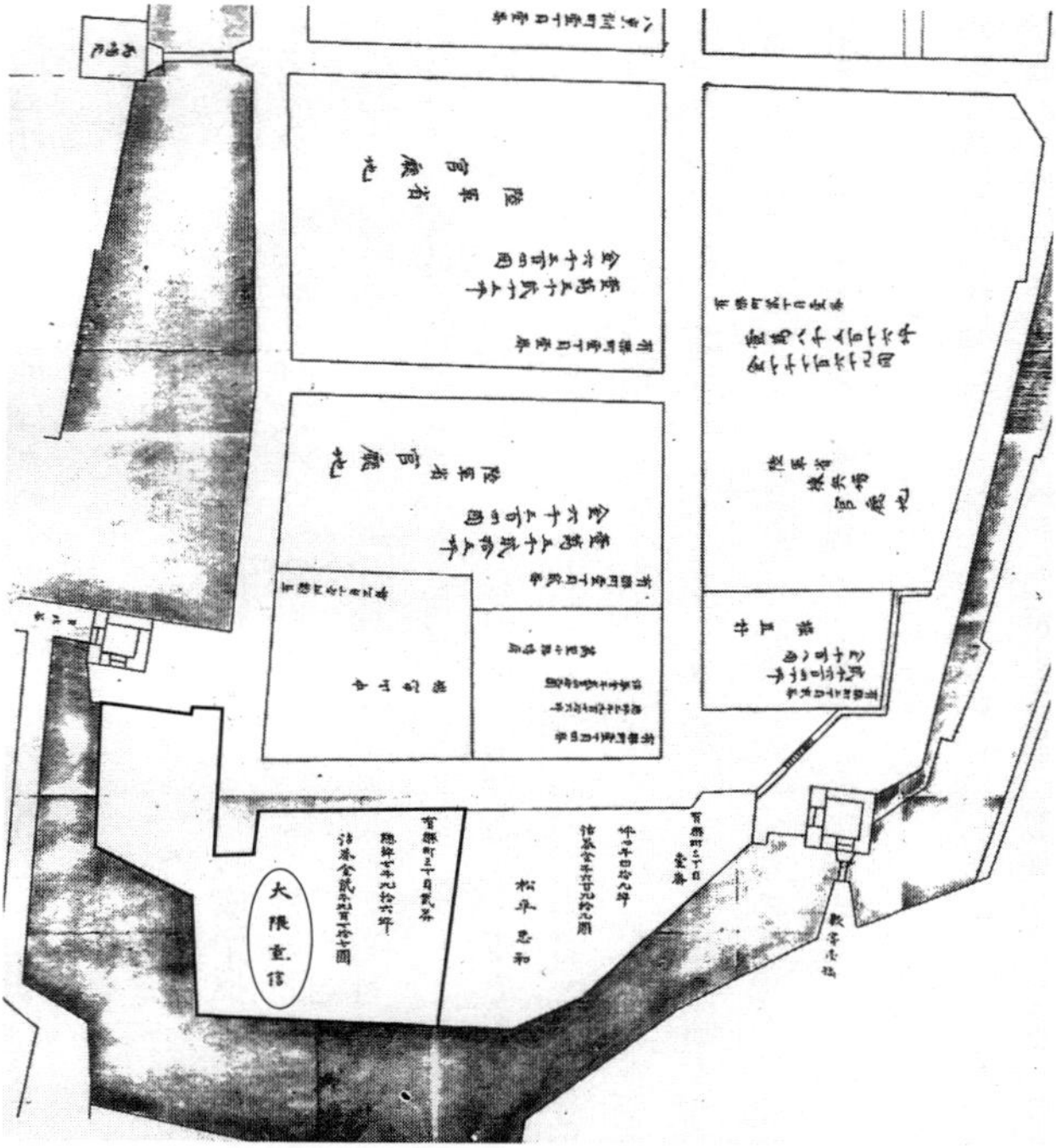

図3－7　1873年作成「第一大区沽券地図」（一部）

み込まれていた可能性はきわめて高いように考えられるのだ。

さて、このように「遥拝殿」創建をめぐる新政府中枢のかかわり、とくに大隈の陰の立て役者としての働きが認められるとするならば、次に問題となってくるのは「遥拝殿」をめぐる計画性であろう。つまり、煉瓦街計画以後の首都改造のなかで「遥拝殿」はどのような役割を期待されていたのだろうか。

†「遥拝殿」が醸成する空間

ひとつのヒントを与えてくれるのは「遥拝殿」の姿である。そもそも、この造営は明治に入ってからは煉瓦街計画など大蔵省建築局の技術者として登用され、のちに明治宮殿の設計にもかかわる立川小兵衛《たてかわこへえ》（知方《ともかた》）が任に当たった。この事実からも「遥拝殿」に対する政府の影響を垣間見ることはできるだろうし、また計画当初、伊勢側は神宮の「別宮」並みと位置づけながらも、古式に忠実にのっとるのはじつは殿内装束《でんないしょうぞく》ぐらいだったという事実を理解できてくるように思う。

すでに指摘したように完成予想図である前掲の銅版画など（図3-3・3-4）からは、建築の各要素《パーツ》は伊勢神宮を体現するものの、総体としては巨大な拝殿部分の付加や参拝人の進入許容など、一般の人びとに対する強い働きかけを感じさせるものだった。これらは純粋な天皇崇拝というよりは、むしろ「士民が敬崇の念を深からしむる」（「新聞記事」）ための作為に近い。

そこには、南に位置する銀座煉瓦街、さらには鹿鳴館といった西欧近代に由来する新奇な景観・建築と対置させることで、二五〇年あまりにわたる幕府統治のなかで遊離した天皇という存在を人びとに知らしめると同時に、その権威でもって首都改造、ひいては新体制の基盤確立を目指す計略が読みとれる。

現在のところ、本文中で触れた内濠を隔てた市街を意識した「南面」性や架橋の試みなども含め、どの程度まで政府ないし大隈の意図が絡むものであったかは史料的な限界からつまびらかでない。

しかし、大隈自身が語るように「一朝事有る」可能性もいまだ拭えず、かつ新体制の正統性が天皇の宗教的権威に依拠する維新期にあって、「遥拝殿」がその存続を支える具体的な手段となりえたことだけは確かといえよう。

第Ⅱ部

「郭外」再編
——貧富分離政策の展開

「鮫ヶ橋貧家ノ夕《ゆう》」(『風俗画報』276号、東陽堂、1903年〔明治36〕)
明治後期に東京の三大「貧民窟」のひとつにあげられた、四谷鮫河橋の様子。一日の労働から帰ってきた人びとや、路地には誰かの仕事道具の人力車なども描かれている。これより以前(明治初年中)、都市住民は貧富でより分けられ、うち「貧民」を鮫河橋のような周辺部(「郭外」に位置する)へと放置する政策が展開した。その延長線上に、このように零細で、しかし首都を下支えする人びとの貴重な生活空間が築かれていく。

†「郭外」の実相――第Ⅱ部への導入

第Ⅰ部では、明治新政府が江戸を「植民地化」し、そしてみずからの首都、さらには帝都へと改造するためにおこなった事柄を中心に取りあげた。

新政府は樹立からほどなく、京都以外に政権基盤を移すことを模索し、江戸にみずからの拠点＝東京をもうけることにする。裏付けとなったのは、広大な武家地の存在だった。政府は多くの武家地を没収する一方で、それらの再利用にあたってはすべてを対等に扱ったわけではなく、あらかじめ都市のなかに「郭内」と「郭外」という区分＝ふたつの領域をもうけている（第1章図1-1参照）。そして、前者に位置する武家地については諸官庁のほか、事実上の東京遷都にともない京都から続々とやってくる公家（公家華族）の住まいなどにも転用した。かたや後者の武家地に対しては、政府機能などを配置するというよりも、幕末に国許《くにもと》にもどっていた旧大名（大名華族）らを廃藩置県目前に、内政安定のための事実上の人質として再上京を命じた際にあてがう場所などとした。

要するに、新政府がみずからの拠点、さらには新都を築く対象とみなしていたのは、東京（東京府）のなかでもひとえに「郭内」だったのである。

新政府は、このような明治初年の動向をへて、まもなく東京の大胆な物理的改造にも乗り出していく。西欧のまちなみを模倣する煉瓦街計画（明治五年〔一八七二〕〜）はその先駆けといえる。立案にたずさわった官僚たちの思惑はさまざまなものの、この計画の根幹に〝新政府による新政府のための首都づくり〟という共通認識があったことは、そのおもな舞台が「郭内」一帯だったことからもわかる。「輦轂之《れんこくの》下《もと》」（天皇の膝元）のまちを創るという帝都化への志向もあわせもつこの計画は、結局のところ、財政上の問題などから頓挫をきたす。しかしながら「郭内」ではその後も、同様の事業が継続していく。

たとえば、大隈重信の所有地（賜邸）に一定の政策的判断のもと創建されたとみられる皇大神宮遥拝殿（一八八〇年〔明治一三〕落成）は、ながらく幕府の拠点であったこの都市を首都ないし帝都へと改造する手段であるという点で、見かけこそ違えども、本質的には煉瓦街計画とよく似た存在だった。当時の新聞記事によれば、遥拝殿は「西北は皇城に近く、東西は市街に接する府下中央の地……神徳はいよいよ光りを添へ更に士民が敬崇の念を深からしむるに至る」、つまり人びとが新政権、そのなかでもトップに据わる天皇への崇敬を高めるように仕向ける、一種の統治装置だった。

以上のように、すでに遷都前後から東京のなかでも「郭内」こそが、この歴史都市を新政府の首都そして帝都へと改造するための拠点という、特別な意味が与えられた領域だった。

そして明治初年以来の必然的な流れとして、公権力が「郭内」の土地を官有地や政府首脳の屋敷（いずれも旧武家地）などのかたちで数多く確保していたことがさらなる原動力となって、その後も当該エリアでは維新期をつうじ、あるいはそれ以降も、さまざまな改造事業がおこなわれていくのだった。

＊

さて、これに対し、第Ⅱ部・第Ⅲ部でおもに光をあてていくのは、このような「郭内」を中心とする首都・帝都改造の動きの、むしろ埒外に置かれた「郭外」というエリアについてである。

そもそも維新期の東京、とくにいわゆる外濠《そとぼり》の外側に位置するような都市周辺部（ここでいう「郭外」に相当）に関しては、そこが西欧化・文明化事業の主たるターゲットにならなかったことなどから、これまでは江戸がそのまま連続（あるいは、ゆるやかに衰退）するイメージで語られることが多かった。これらのエリアでは維新変革の影響はほとんどみられず、一八八〇年代後半（明治二〇年代初頭）まで、つまり本書でいうところの維新期をつうじて幕末期江戸と変わらない社会や生活空間（とくに諸職人や小商人などの〝庶民〟の暮らし）が継続していたとの言説が構築、流布されてきた（小木二〇〇六）。

しかし、このイメージでもって全体をとらえてしまうのは明らかに問題がある。たとえば幕末の土地利用状況(「はじめに」の図0-2参照)をみてもわかるように、都市周辺部ないし「郭外」の実状は、街道沿いには町人地が展開するものの、多くは武家地で構成されていた。いうまでもなく、それらの武家地では「小商人ら〝庶民〟の暮らし」などというもの自体が、そもそも歴史的に一度も存在したことはなかった。

ごく当たり前な歴史的事実であるにもかかわらず、これまでの取り組みでは、大方を占めた武家地(跡地)への関心・視点がすっかりと抜け落ちてしまっていたのである(なお、こうした既往研究の問題点について、よりくわしくは〔松山二〇一四〕序章を参照)。いったいこれらの地域は明治初年時点でどのような状態にあり、また維新期をつうじていかなる展開をたどったのだろうか。

本書ではすでに第Ⅰ部で「郭外」の武家地に旧大名の再上京先(東京邸)が置かれた事実についてはふれたものの、その後の推移については検討を加える必要がある。また一口に武家地といっても、大名屋敷ばかりでなく、幕府直属の家臣団である幕臣に下賜されたもの(幕臣屋敷)も実際には多かったのであり、それらも視野に入れた議論のたて方を第Ⅱ部・第Ⅲ部ではおこなっていきたい。

まず、この第Ⅱ部では、明治初年をおもな対象に、この時期に投じられた政策と軌を一にする動向について取り上げる。

本書冒頭（「はじめに」）で述べたように、当該期はいまだ公権力が都市の大半を占める土地（武家地）のあり方を一方的に決めえた時代である。これまでほとんど注目されてこなかったものの、「郭外」においてもこの時期の武家地処分を足がかりに、「郭内」とは別種の再編策がさまざま試みられていた事実が浮かび上がってくる。

以下では、明治初年にあらたにおこなわれた人びとの配置替えの問題（第4章）、またそうした配置替えの一環でもあった桑茶令の実行過程について（第5章）、そして、この時期の動向に欠かせなかった旧江戸町人層の協力者、いうなれば明治維新の末端におけるブローカーの横顔（第6章）についても取りあげることにしよう。

第4章 貧富による動員と排除——桑茶令と場末町人地の移転

1 桑茶令とはなにか

†「大失敗」の桑茶令

桑茶令というものをご存じだろうか。

これは、第二代東京府知事の大木《おおき》喬任《たかとう》が主唱した、開墾をつうじた一種の都市改変策である。大木といえば旧佐賀藩士で、第I部で取りあげた遷都論争の際には京都（西京）と東京（江戸）の二京並置案などもとなえていた。この問題で当初大坂への遷都を主張した大久保利通や、同じ佐賀藩出身でも大隈重信といった同時代を生きた志士・政治家らに比べると、現在の一般的な知名度において大木は劣る。しかし、近現代東京の発展のあり方を左右したという点では、見逃せない人物といえる。たとえば、ちょうど大木の府知事在任中（明治元年一二月四日〜同二年七月一五日〔一八六九年初中期〕）には都市の大半を占める武家地の処分が進展したが、その初期の方針を決めるうえで、彼はかなりの影響力をおよぼしたとみられるからである。

彼はのちの一八九八年（明治三一）に当時を振り返って、次のように述べている。

己《おのれ》が参与《さんよ》から東京府知事の兼任（当時の東京府は政府と一体的関係にあり、府知事も官僚が兼務——筆者注）を命《(ママ)》せられた当時、第一に処置に困ったのは、旧大名《だいみょう》及《および》幕府《ばくふ》旗下《はたもと》の士の邸宅である……是《こ》れが東京府の大部分を占めて居ったのである。で、己は此《こ》の荒れ屋敷へ桑茶を植へ付けて殖産興業の道を開かうと思った。今から思ふと馬鹿な考へで、桑田変じて海となる（漢詩にある、世の中の移り変わりの激しいことのたとえ——筆者注）と云ふことはあるが、都会変じて桑田となると云ふのだから、確かに己の大失敗であったに相違ない

（「奠都当時の東京」）

これによると、東京の大半を占める武家地のうち荒廃しているところを、適宜、桑や茶

の畑に変えて「殖産興業の道」につなげようというのが、彼の桑茶令に関するもともとのアイデアだったという。

桑茶畑と聞いてピンと来ない人もいるかもしれないが、生糸《きいと》(いうまでもなく、桑を餌とする蚕の繭からできる)と茶は、当時の日本列島からの輸出品目の筆頭にあがる物産だった。桑茶令の施行は外貨の獲得などにもつながり、財政基盤の形成にもがく新体制全体にとってもプラスになると大木が考えたことは確かだろう。

さらにいえば、もしかすると彼の念頭には幕末の佐賀藩があったのかもしれない。たとえば第一〇代藩主鍋島直正《なおまさ》による藩政改革では、茶も主力品のひとつとする産業育成・交易が取り組まれて、藩財政は大きく改善した(ちなみに佐賀では明治期に入ってからも、武家地跡地で桑の植え付け事業がおこなわれている〔「佐賀旧城蹟開墾願書」〕)。

こうした幕末佐賀における体験が、大木を介して明治初年の東京へと持ち込まれた可能性がある。現時点では史料的な限界から推測の域を出ないものの、興味深い点といえよう。もっとも、右で述べられているように、大木によれば、この政策は「大失敗」だった。

†「奇策」の再検討

桑茶令については従来、支配する側(武家)の屋敷を農産物の生産地に変えるという発想のユニークさや、うわべの変化（変転度合いの大きさ）にばかり注目が集まってきた（鈴木二〇一二）。その際たいてい先ほどの大木の後年の述懐が引用されながら、明治初年の混乱を物語る面白くも、しかし事実上取るに足らないエピソードとして語られてきた。くわしい考察はこれまで皆無に等しい。

しかしながら一般的にいって、ある政策の歴史的評価を、たとえそれを主唱した人物によるものとはいえ、ひとりの主観（しかも後年の述懐）のみに頼ってしまうのは危険である。この桑茶令の場合、実際にさまざまな人びとや数多くの地所・地域を巻き込みながら、明治二年（一八六九）八月から二年半ほど（同四年末まで）をかけて施行された。そのうえ、主たる対象となったのは武家地のなかでも、第Ⅱ部でターゲットとする「郭外」のそれであったとみられる。

この点について今後の話をわかりやすくするため、あらかじめ説明しておこう。

桑茶令布達の文面には「東京中朱引内外《じゅうしゅびきないがい》諸屋敷上地之《あげちの》分、桑茶園仕立可申《したてもうすべし》」（『東京市史稿』市街篇五〇巻）とあり、これだけをみると、東京中の没収（上地）した武家地一般を等しく対象とするものであったかのように読める。しかし、すでに第1章で論じたように、「郭内」ではそれ以前の再幸（明治二年三月末）のころから政府官員らの屋敷確保が急速に進み、「重職」に就く者でさえそこでの獲得は難しくなっていた（松山二〇〇四）。桑茶令の立案および施行にあたって当局者が念頭に置いていたのは事実上、「郭外」に位置する武家地であったとみてよい。当時の都市図（たとえば明治四年「東京大絵図」）をみても、「郭外」を中心に桑茶園が多数誕生していた様子をみて取ることができる。

本章では、これまでほとんど検討されてこなかった桑茶令を素材に、まずはその立案の背景を確認するところからはじめる。そしてそこを足がかりに、これまで知られてこなかった、同時期に公権力が進めた諸施策どうしの深いつながりや、さらには「郭外」武家地を舞台・媒介としながら明治初年の東京が変質を遂げていくひとつの大きな流れ――貧富分離の動き――を、浮き彫りにしていきたい。

2 桑茶令という制度について

†立案の背景

左掲は、『大木喬任関係文書』に所収される、大木の東京府知事就任からまもなくの明治二年（一八六九）中に、府の上層部で作成されたとみられる意見書（以降、「意見書」と記す）の一部である。

一、当時諸藩《しょはん》上地跡へ桑茶植付致候義《いたしそうろうぎ》ハ、左之《の》見当ニ有之《これあり》候事

一、当府下、方今《ほうこん》ニ至り必止（ママ）窮困スル所ハ、人別多ク候而手業《てわざ》少きト徒手遊《いたずらにてすさび》・惰業《だぎょう》ヲ事トセルトニ依り候義論ス迄も無之、依而《よって》第一着眼スル所ハ府下……業《なりわい》無之《これなく》而は一日之生活も難出来《できがたき》ト云々事ヲ真実ニ了得致《りょうとくいたし》候様之義ト、第二ハ府下之人員ヲし而減少ならしめ、第三ハ其ノ残ル所ノ人民ヲし而業ヲ多クせしむへきニ有之ベク候。右ニ付桑茶園ヲ起シ成就致スニ於而は多分之業前《さきに》多ク相配ルベキ歟《か》之見当ニ候事

一、タトヘバ上地跡三百万坪ト致シ其内《そのうち》成就之桑茶園百八拾万坪ト致シ候ても、壱人五拾坪之手業有之とも三万余之人員ハ手業有之と見込之事

一、当時之貧困ヲ救之為《ため》貧民ニ割付之説も有之候得共《そうらえども》、手入《てい》レ万端難被行《おこなわれがたく》……桑茶之成功無覚束《おぼつかなく》ニ付、三年後之成功ヲ待て貧民之業ヲ多からしむ之目的ニ有之候事

一、田畠ニ可致説《いたすべきせつ》も有之候得共、是《これ》ハ手業甚少ナク貧民之為不相成《あいならざ》ル義、ナス迄も無之《これなき》事

（「三田麴町高輪三ケ所救育所ヲ設ケ救民ヲ撫育スル云々ノ意見書」）

概要はつぎの通り。

現在の東京府下は人口が多いわりに仕事が少なく、また人びとが博打（「手遊」）などに流れがちであるために困窮する状況にある。仕事がなければ人びとは一日の生活を送るのも困難なのであって、それに向けた方策として、府下の人口を減らすこと、また減らしたのちに（依然、府下に）残った人びとが従事する生業を増やすために桑茶園をおこすことが構想されている（二条目）。そして、たとえば没収した武家地の半分をそれに当てれば、三万人あまりの手仕事が創出されるとの目算もなされている（同三条）。

もっとも、桑茶令の対象者をどのように絞り込むかなどについては議論がわかれていたとみえて、「貧困」救済そのものに力点を置き、桑茶園の仕事を「貧民」に分配する案（同四条）や、そもそも桑茶ではなく「田畠」とする説（同五条）もあったらしい。しかし、うち「貧民」への分配については、当初からそれを実施しては桑茶事業の成功はおぼつかないので、三年後をまってからおこなうべきとの考えが示されている。

以上からは、少なくとも次の事柄が指摘できるだろう。

この時期の東京府当局者にとって、府下が「窮困」状態に陥っていることは大きな懸念事項だった。彼らの眼からすると、確かな生業を持たない（ようにみえる）たくさんの都市住民の存在そのものが問題だったのである。そして、あらたに住民らを何かしら貧富に応じて区分し、それぞれに適した生業などを割り当てる方針のもと、その具体策として「府下の人口を減らすこと」(東京府の外部への「貧民」の放逐、後述)と並んで考案されたのが桑茶令だった。

桑茶令は、後年に大木が語ったようなある意味単純な都市復興策ではなく、府下に住むあまたの人びとの大規模な配置転換とセットで構想されるものだったのである。

†「郭外」武家地の反転

さて、東京府による貧富区分などへと議論を進める前に、そもそも桑茶令が明治初年という特殊な時代状況のなか、どのように構想可能だったのか(実現にむけた手はず)について考えておきたい。少し込み入った話になるが、これは次節でとりあげる他政策にも通じるポイントである。

桑茶令では、没収した「郭外」武家地をその用地にあてることが構想された(また実際にそのように具体化していった)。だが、当時の制度に照らせば、こうした利用はかなりの無理筋といえる。

なぜなら、桑茶令の立案・実施の時点(明治二~四年)では、いまだ近世以来の身分制度とそれにもとづく土地利用区分が敷かれていた(「はじめに」を参照)。つまり〝没収しった武家地〟とはいえ、そこは原則的には武士身分以外が利用できないことに変わりはなかったはずだ。

ところがである。「意見書」に明らかなように東京府が桑茶令のおもな対象者（桑茶畑の従事者）に想定していたのは町人層であって、また、実際の府の達しにも「桑茶植付度《うえつけたき》見込之者《みこみのもの》は身分に拘《かかわ》らず」（『東京市史稿』市街篇五一巻）との内容が確認できる。

これは、いったいどういうことなのだろうか。

この点について貴重なヒントを与えてくれるのは、横山百合子《ゆりこ》氏の研究（横山二〇〇五）である。

横山氏によると、近世来の身分制度は明治初年へと持ち越されたが、その実践面にはある種の変化が起きていた。公権力は、（当時もうひとつの喫緊の課題であった戸籍編製などにむけても）人びとを身分におうじて属地的に区分する――たとえば町人は町地に居住しなければならない――という既往のルールは堅持しようとする一方で、その現実社会への適用ではきわめて恣意的な運用をおこなっていくのである。たとえば、ちょうど桑茶令施行のころには、いったん府下の土地全体を、それまでの武家地・町人地などの区分（土地ないしエリア境界）を一部では大幅に見なおしながら、「町地・武士地・開墾地」の三種類へと再編する動きもみられたという。

ここにある「開墾地」とは、まさに桑茶畑のことを指すとみてよい。すなわち、公権力（東京府にくわえて、依然、武家地の処分に影響力を持つ新政府中枢をふくむ）は桑茶令の施行にむけ、没収した「郭外」武家地の一定部分を、まるでオセロゲームのようにその性格を反転させることにより、既存の制度と矛盾しない専用の場（開墾地）をつくりだしていたとみられるのである。

なお、以上のような公権力の判断が実際にどの程度おこなわれたかを把握することは史料的な限界から難しい。ただし次のデータはある程度参考にはなる。

桑茶令終了から一年半ほどをへた一八七三年（明治六）時点で、武家地がどれほど農作物の生産地へと転換したかの統計によると、その総面積はじつに一〇二万五二〇七坪にのぼった（北原一九七五）。繰り返すが、その直前まで（つまり明治初年のあいだ）武家地をどのように利用・処分するかはいわば公権力の専権事項であった事実をふまえれば、すべてとはいかないまでも、このうちのかなりの部分が桑茶令による結果とみてよいのではないだろうか。

3 「富民」・「貧民」の区分と配置先——連動する諸施策

†貧富調査

さて、話を戻すことにしよう。「意見書」からは明治二年（一八六九）当時、東京府上層部が都市住民を何かしら貧富に応じて区分しようとしていたことがうかがえた。ここでいう貧富とはいったいどのようなものだったのだろうか。

注目するのは、東京府がおこなった人口調査である。まず同年四月には、町人の全戸数・人口数が調べられた（なおこの時点では、東京府はいまだ府下の武家地を直接管轄する立場にはないので〔政府に代わり、それを完全な管轄下に置くのは約半年後の同年一一月以降〕、当該期の調査はおのずと町人層に限られる）。ついで同年八月には、それらをあらたに貧富にもとづき区分したが、それは次のような内容だった。

市中町人《しちゆうちようにん》貧富之《の》差別人数高

東京市中

一、惣《そう》人数　　五拾万三千七百余人

内

富民　　地主・地借《じがり》（借地人〔家屋所有者〕——筆者注）　拾九万六千六百七拾人

程

貧民　床《（ママ）》借（借家人――同右）　弐拾万千七百六拾人程

極《ごく》貧民　同御救《おすくい》戴《いただき》候者（飢饉時などにおける公的扶助の対象者――同右）　拾万三千四百七拾人程

極々《ごくごく》貧民　同救育所《きゅういくじょ》入相《いりあい》願《ねがい》候者　千八百人程

（『東京市史稿』市街篇五〇巻）

東京府が、再幸（明治二年三月末）からも程ない激動期にあって、このような調査を遂行していたこと自体に、まずは驚かされる。そのモチベーションは何であったのか――みぎの内訳からは、やはり府下住民を貧富ごとに把握したいという強烈な意志がみて取れる。人びとは、今でいうところの不動産（土地もしくは家屋）の所有者であるかないかで大きく二分され、「富民」は全体の約四割、残りのじつに三〇万人あまりは「貧民」以下に位置づけられている。また「貧民」についても、公的扶助にあずかった経験の有無（公権力にとって出費を要する人間かどうか）などによって段階付けられたことがわかる。

現代的な感覚からすると、たとえば借家人層を一律に「貧民」に位置づける前記の判断はいくぶん奇異なものに感じられる。とはいえ、「意見書」にみられた「貧民」などの言葉は、まさにそのようにとらえるべきであって、当時の府当局者たちは眼下の人びとをひとえに資産を有するかどうか、あるいはみずからにとって経済的に有意かどうかで、一方的に階層化をはかろうとしていたのである。

†「富民」の動員——場末町人地の中心部への移転

「意見書」の内容にもとづけば、桑茶令の対象者は、まずもってこの区分でいうところの「富民」（ただし確かな生業を持たない、もしくは喪失している者）であったと考えられる。

ところで、桑茶令がちょうど施行されていたころの東京では、それと共通する性格を持つ東京府主導の別の事業が展開していた。それは、零落する場末の町人地を中心部近くへとあらたに移転させるものである（松山二〇一四）。表4-1・図4-1に、対象になった町々の内訳と新旧の分布を示した。

みぎは、以下ふたつの点で桑茶令と共通している。

第一に、施策の対象地（場末町人地の移転先）が「郭外」の武家地であり、かつ、それを実施の過程で別の属性へと反転させたものだったことである。具体的には、「郭外」武家地のなかでも中心部に近い（「郭内」の縁に位置する）ものをあらたに町人地へと引き換えることで、町人層（場末町の住民）の受け入れを可能にしていた。

分　布 (図4－1に対応)	移転先＝地域／ 町名／近世段階の利用	移転してきた町々
A	神田／美土代町１丁目／役屋敷（瓦解直後は鹿児島藩邸）	三田古川町、麻布永松町、麻布今井町、元鮫河橋北町、神田竹町
B	芝／露月町／幕臣屋敷（２筆分）	小石川境町、小石川金杉町（麻布今井町、三田古川町、神田佐久間町）
C	桜田／南佐久間町１丁目／大名屋敷と幕臣屋敷（４筆）	神田佐久間町（一部）
D	桜田／今入町／御用屋敷	麻布今井町、入寺町、赤坂氷川町
D	桜田／今入町・新桜田町／御用屋敷	（芝新網町、芝金杉浜町、芝仲町）
E	西久保／西久保明船町／幕臣屋敷（12筆）	明石町、船松町２丁目、芝車町、芝伊皿子七軒町、三田功運町、三田台町１丁目
F	小石川／小石川新諏訪町／幕臣屋敷（１筆）	小日向三軒町、小日向正智院前町、小日向茗荷谷町
G	下谷／神田栄町／大名屋敷（１筆、小笠原藩中屋敷）	牛込肴町代地、牛込袋町代地、神田平河町、神田松永町など
G	下谷／神田元佐久間町／同上	神田佐久間町１丁目（一部)、神田柳屋敷など
G	下谷／神田亀住町／同上	神田八軒町、神田六軒町、柳原大門町、上野町代地など
H	下谷／下谷車坂町（一部）／幕臣屋敷（14筆）	神田平河町
I	下谷／下谷中御徒町１丁目（一部）／幕臣屋敷（11筆分）	神田平河町、神田松永町
J	下谷／下谷御徒町１丁目（一部）／幕臣屋敷（２筆分）	神田松永町

注）上記の地域・町名は『東京府志料』明治５－７（1872-74）年の記載による。

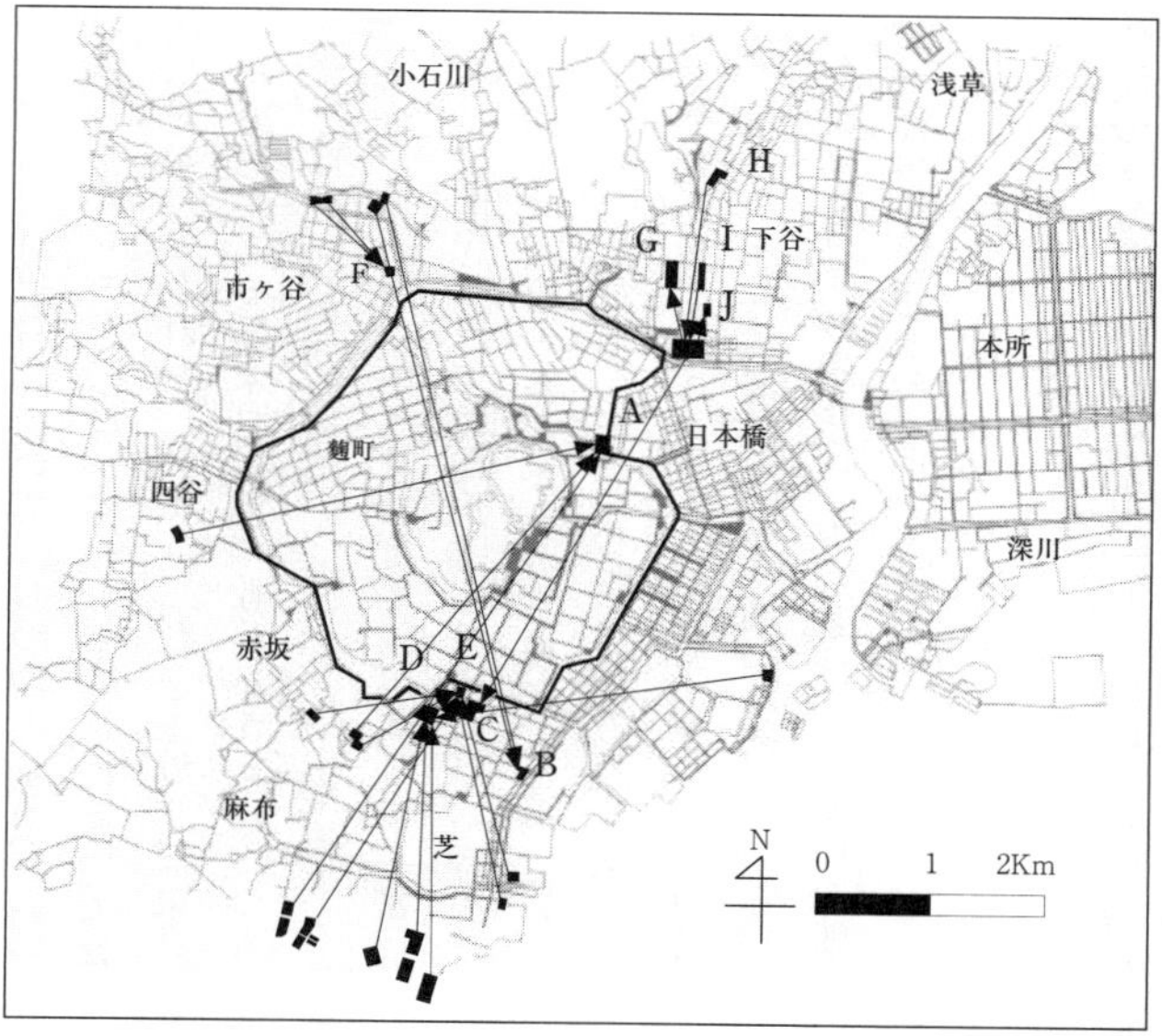

表 4-1（右掲）・図 4-1（上掲） 場末町人地の移転により、中心部近くの「郭外」武家地に新たに開かれた町とその分布（出所：松山2014）
＊図中の太枠内が当時の「郭内」域。

第二に、対象者について。じつのところ、この施策は該当の場末町人地の住民すべてを対象とするものとはなっておらず、それは地主および地借(借地人)層に限られ、借家人層は対象外とされた。つまりこれを主導した東京府の思惑は、表向きには当該期の激動のなかで窮困する場末町人地の救済をかかげつつも、実際にはさきの区分における「富民」だけを都市中心部(「郭内」)の近くへと配置変えさせるものだったのである。

なお、以上の、いうなれば場末町人地の「富民」移住事業は、桑茶令と直接連動するものとして構想されていた形跡が認められる。

東京府は府政の参考とするために、このころ上層の町人たち(旧名主層)への諮問をおこなっていたが(牛米一九八四)、その回答文面には、場末町人のうち「地主江《え》は可然《しかるべき》場所ニて替地相致《あいいたし》、小民ニて旧住居難離《はなれがたき》もの江は無税ニて開墾為致《いたさせ》候」との内容が含まれる。要するに、うち「富民」には適当な場所(当然、それは中心部寄りを念頭に置くものだったと推測できる)への移住、もしくは、住まいを離れがたい場合にはそのまま場末での「開墾」従事を構想するものだった。

こうした考えは、府政にかかわる人びと一般(東京府の当局者から、前記諮問対象になった旧名主層に至るまで)に共有されるものだったのではなかろうか。彼らは、既往の都市住民のうちもっぱら「富民」を対象に、その内容の是非はともかく積極的な救済策や都市改変策への動員をはかっていたといえる。

ちなみに、こうした明治初年の動向は後世へと深刻な影を落とすものでもあった。具体的には、一八九〇年あたり（本書でいう維新期・以後）から顕著になる、都市下層の人びとが高度に集住を遂げた「貧民窟」の形成に対してである。

一般に明治東京の三大「貧民窟」のひとつに数えられるものに、四谷鮫河橋《さめがはし》がある（松山・伊藤一九九九）。じつは、その一帯のなかでもとくに零細とされたのが、明治初年に、住民のうち「富民」のみが中心部への移住事業の対象になる一方、「貧民」は当地に残された、元鮫河橋北町のあたりだった（図4-1・表4-1A）。

従来、「貧民窟」の形成をめぐっては、日清・日露の両大戦などにともなう産業化が主因として語られる。しかし以上からは、明治初年における公権力がおこなった貧富の峻別や分断など一連の対応もまた、その後鮫河橋をはじめ、明治後期にかけて（当時の）都市周辺部に「貧民窟」が数多く形成されていく、ひとつの土壌であったことがうかがえるのだ（第Ⅱ部扉参照）。

†「貧民」への対応――救育所収容、下総原野などへの放逐

さて、「貧民」は明治初年、桑茶令や場末町人地の移転策の対象者からは事実上、疎外

されていたことがうかがえた。とはいえ、公権力は彼らに対して何の対応もおこなっていなかったのだろうか。

じつのところ「意見書」には、次のような前段があった。

一、高輪救育所《たかなわきゆういくじよ》ハ、当分乞食躰《こじきてい》之《の》内《うち》老幼《ろうよう》癈疾《はいしつ》之《の》者《もの》ヲへらび之ヲ入ル（中略）

一、三田《みた》救育所ハ已（明治二年——筆者注）当五月より起立致シ府下之貧民ヲ入レ候事ニ有之、当時ニ至り種々の手業《てわざ》ニ取掛り罷在《まかりあり》（中略）

一、麹町《こうじまち》救育所、当時夫々《それぞれ》の手業等可為致《いたさせべく》候積《つも》りに而《て》、工場取起シ罷在（中略）

一、小金牧地《こがねまき》ハ愈《いよいよ》当年中凡《およそ》壱万人丈位ハ引移シ候積りニ罷在候（以下略）

みぎからは「救育所《きゆういくじよ》」「小金牧地《こがねまきち》」という固有名詞が見いだせる。結論からいえば、これらはいずれも「貧民」を収容ないしは府外へと放逐するためのものである。東京府は、桑茶令とまさに並行するかたちで、「貧民」のための場を構想し、そして実際に創り出していたのだ。

明治初年の貧窮民政策については北原糸子氏の研究（北原一九九五・一九七五）にくわしい。以下ふたつの段落の内容は、この北原氏の研究に依拠している。

まず、「小金牧地」というのは、現在の千葉県北西部に置かれた東京府直轄の開墾地のことである。この開墾地は、もともとは幕末来、多数発生した政治的浮浪士への対処の一環で、彼らを開墾農民へと転換させるためのものだった。だが、実際にこの地へと以後放逐されていった人びとのじつに三分の二は江戸‐東京の町人層であって、さきの貧富区分でいう「極貧民」以下の人びとだった。なかでも都市雑業層（日雇《ひよう》、車力《しやりき》など）で、当該地の開墾形態に見あう「家族」を形成する者が主たる対象となったらしい。放逐先はまもなく小金牧地から佐倉《さくら》などへもひろげられて、最終的には六五〇〇名以上が下総原野《しもうさげんや》に送り込まれていった。

ついで「救育所」というのは、同じく「極貧民」「極々貧民」層でも、開墾労働に向かない者を収容する施設で、東京のなかの麴町・三田・高輪に三箇所が設置された。前者ふたつの対象者は寄る辺ない身の上の老人や寡婦などであったのに対し、高輪には、人別帳《にんべつちよう》から除かれ、居所を定めず放浪する無宿《むしゆく》や野非人《のびにん》、乞食ら、あらゆる意味で社会の最底辺に追いやられた人びとが収容された。救育所では、いちおう収容者の経済的自立が目指され、各種授産《じゆさん》事業（失業者らに仕事を与え、生活を助ける取り組み）が試みられた。もっとも、下総開墾へとあらためて送り出される者や、なかには明治二年（一八六九）七月に東京府がおこなった北海道（うち当時府の管轄下にあった地域）への開墾移住を強いられる人もいた。人数の把握は時期による変動もあって難しいものの、以上三つの救育所で最大時五〇〇〇人ほどが収容されたという。

ところで、東京府が主導で進めたこれら「貧民」固有の場の創出をめぐっても、さきの「富民」に対するもの（桑茶令や場末町人の移住事業など）と同じく、「郭外」武家地が重要な基盤――媒介地、あるいは舞台そのもの――であったことに注目しておきたい。たとえば府外《ふがい》開墾場（小金牧地など）の場合、そこへの放逐対象となった「貧民」たちはいったん所定の「郭外」武家地（旧大名屋敷を転用した「開墾会社東京授産邸」）に集められて、しばらくの期間、開墾従事にむけた訓練などのために留め置かれた。救育所についても、うち二箇所（三田と高輪）が「郭外」の旧大名屋敷を転用したものであった（第6章参照）。

4 仕組まれた「衰退」

†「郭外」のバックヤード化

以上からは、大きく二つの事実が浮かびあがる。

これまで、（幕末来の社会変動にともなう）ある意味単純な「衰退」現象とみられてきた武家地の農地化や市中人口の減少が、貧富分離を共通のバックボーンとする東京府主導の一連の施策――桑茶令、場末町々移転、府外原野の「貧民」放逐など――をきっかけに、もしくはその結果として起きるものだったということ。同時に、そうした施策はおもに「郭外」における武家地処分を通じておこなわれるものだった、ということである。

第Ⅰ部で論じたように、維新政府は都市域の過半を占める武家地をいわば空間的資産として手中におさめる一方、活用にあたっては「郭内」と「郭外」という区分をもうけた。新政府がみずからの拠点、さらには新都を築く対象とみなしていたのはこのうちひとえに「郭内」であり、「郭外」には廃藩置県の直前、大名華族の再上京先が設定された。

もっとも、本章の検討からは新たに、「郭外」では開墾地のかたわら、「貧民」の囲い込みや府外へと放逐する施設などもつくり出されていたことがわかる。「郭外」は、歴史都市江戸のなかに新政府が新都を築くのを下支えし、あるいはその過程で生まれたひずみや矛盾（公権力が一方的に無用の烙印を押した人びとをふくむ）がさまざまなかたちで押し出されるバックヤードへと化していく。

明治初年の諸政策とその波紋

繰り返しになるが、このような展開は、政府が事実上の専権をにぎる武家地が存在し、また社会の基本的な仕組みとして人と空間が紐付けされる関係（町人は町地へ、武士は武士地へなど）が持続する明治初年という時期だからこそ、容易に達成されるものでもあった。したがって、ここで取りあげた施策は、身分制度の終わりなどとともに、いずれも比較的短い年数で終焉を迎えた。

とはいえ、この期間に実際に起きた事柄が、直接・間接に後世に与えた影響は無視できないものがある。膨大な面積にのぼる武家地がすでに農地に転換していた事実や、「貧民窟」形成への余波についてはすでに本文中で指摘した。また、下総の府外開墾場に放逐された人たちがその後強いられた苦労はいわずもがなである。北海道原野に関しては、たった一年のあいだでそこに渡った人びとのじつに半分近くが病死し、生き残った者はまもなく東京府に戻される経過がたどられた。

他方で、本章で手がかりとした桑茶令については、その実施過程からは東京と地方（生産地）とのあいだで人や財が移出入されるルートが構築されたり、さらにはそのことが皇室における「伝統」の発明（養蚕）などにもつながっていく展開がみえてくる（次章参照）。

近現代における動向をよりよく理解するためにも、今後とも明治初年について検証すべき事柄はまだまだ多い。

第5章 桑茶令とは何だったのか——移入される人材・技術・資本

1 桑茶令の担い手は？

†理念はいかに、どの程度実現したか——第4章で残された課題

佐賀藩出身の大木喬任が第二代府知事であった時代、東京府下ではおもに「郭外」に位置する武家地を、主要な輸出品である生糸の原料となる桑および茶の開墾場へと変える政策（桑茶令）がおこなわれた。すでに前章で指摘したように、これはたんなる都市復興・勧業策ではなく、いまだ身分制度を維持させつつも、府下に住む数多くの人びとをあらたに貧富の程度によっても配置替えしようとする、新政権による東京統治の一環であった。

実際、桑茶令に並行して、同様の理念にもとづく諸政策が連動していた様子もうかびあが

った。

もっとも、これは一般的にいえることだが、ある法令が出されたからといって、その文言は自動的には現実化しない。桑茶令の場合、当局者以外の人びと、なかでも生産者（農業技術者、労働者）のかかわりは必須であったといえる。

従来、桑茶令の具体化をめぐっては、「屋敷地（武家地）から農地へ」という外面のイメージが先行し、幕末維新の混乱にちなむ自然の成り行き（荒廃）であったかのようにとらえられてきた。しかし、いうまでもなく桑や茶は雑草などではない。それまで武家地として利用されていたところを一転開墾し、苗などを植え付け、さらにそれらを育成させていくためには、それ相応の技術や資本、労働力が投下される必要があったはずなのだ。

†指導者（中間層）の検証

では、いったい、これらはどのような人びとによって担われたのだろうか。

本章では、東京にあらたに出現した開墾場の一地主を手がかりに、桑茶令具体化の担い手のなかでも指導的立場にあった人物の姿や、なぜその人物が当該事業にかかわることになったのかなどの背景にせまることにしたい。

なお、あらかじめふれておくと、右のような人物のもとにはより末端の作業に従事する労働者たちがいたと推測されるものの、その実像については手がかりとなる史料を見いだせておらず、未詳である。東京府がそもそも目当てにしていたのは市中にあふれる「貧民」層であったが（前章）、そうした当初の構想がどの程度実行されたのかどうかも、現時点では残念ながらわからない。

2 白山の開墾場――武家地の統合と旧拝領主の一掃

†研究手法について

たとえば、明治のごく初年の状況を表すものとしてよく知られる「東京大絵図」（明治四年〈一八七一〉）をみると、すでにこの時点で数多くの開墾場が「郭外」を中心に誕生していたことに気づく。しかし、これらの誕生のいきさつを一挙につかめるような包括的な記録（文字史料）は現存していない。

したがって以下では、開墾場のなかでも一際《ひときわ》大きく、当時代表的なケースだったとみられる現在の文京区・白山《はくさん》界隈に視点をすえ、そこに関するさまざまな歴史資料の断片をつなぎあわせながら、全体像の把握を目指すというアプローチをとることにしよう。

†対象地の概要

図5-1は白山界隈（現在の文京区白山一丁目あたり）の幕末期の様子、一方、図5-2はその明治初年となる。

一般的に「郭外」には江戸時代をつうじて数多くの武家地が展開したが、この界隈も例外でなく、多数の幕臣屋敷と馬場などで構成されていた（図5-1）。ところが幕府の瓦解後、明治新政府による東京統治が始まってからまもなく、複数の幕臣屋敷が互いの境界を無視するかたちであらたに統合をされて、界隈の内部には巨大な桑茶畑が二ヶ所生み出されたことがわかる（図5-2）。

当該期の地籍図（後掲図5-3。東京都公文書館に所蔵される一八七三年（明治六）「第四大区沽券地図」の一部。本章における史料の所蔵先は言及のない限り、以下同じ）によれば、界隈の土地所有者に拝領主（幕臣）の名前はいっさい確認できず、彼らは江戸と明治のはざまでことごとく当地を離れていった様子がみて取れる。

†幕臣たちが去ったあとで

そもそも、この時期（明治元年）の幕臣の身の振り方としては、全体の約二割があらためて「朝臣《ちょうしん》」となり新政府にいわば再雇用されたのを除くと、過半は静岡へと下るか、旧領地への帰農などを選ぶほかなかった。このうち静岡とあるのは、江戸開城、そして最終的には彰義隊《しょうぎたい》による上野戦争をへて、新政府が徳川家に対して命じた移封《いほう》先のことである。これにより、あらたに静岡藩が立藩され、旧幕臣の多くはまもなく駿府《すんぷ》一帯をはじめとする、江戸－東京以外の地へと移住することになったのである。

　そのような歴史的経緯をふまえれば、以上のように幕末から明治初年のあいだに幕臣たちが白山界隈から姿を消し、界隈とのかかわりを断った（絶たざるをえなかった）とみら

図5－1　幕末期の切絵図における白山界隈（出所：『嘉永・慶応江戸切絵図』）

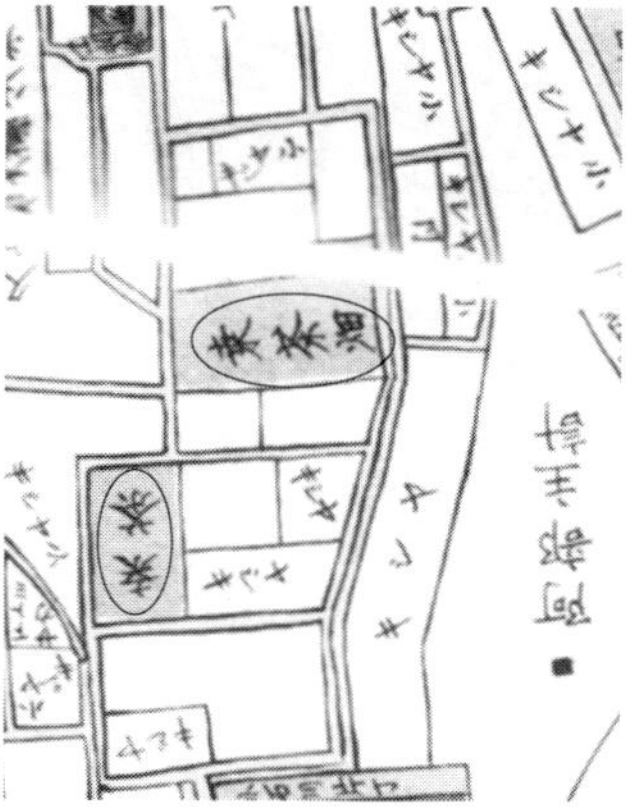

図5－2　1871年「東京大絵図」における当該エリア（図5－1の範囲）（出所：『江戸から東京へ　明治の東京』）

れることは、当時の幕臣屋敷（武家地）に共通する、ありふれた出来事であったといえるだろう。

その一方で、ここ白山界隈では内部に巨大な桑茶畑が創出され、そして、そこには私見のかぎりではそれまで当該エリアとまったく関係がなかった人物の参入が確認できる。図5-2中央の桑茶畑は、幕末時には七区画分の幕臣屋敷と馬場だったところで約四五〇〇

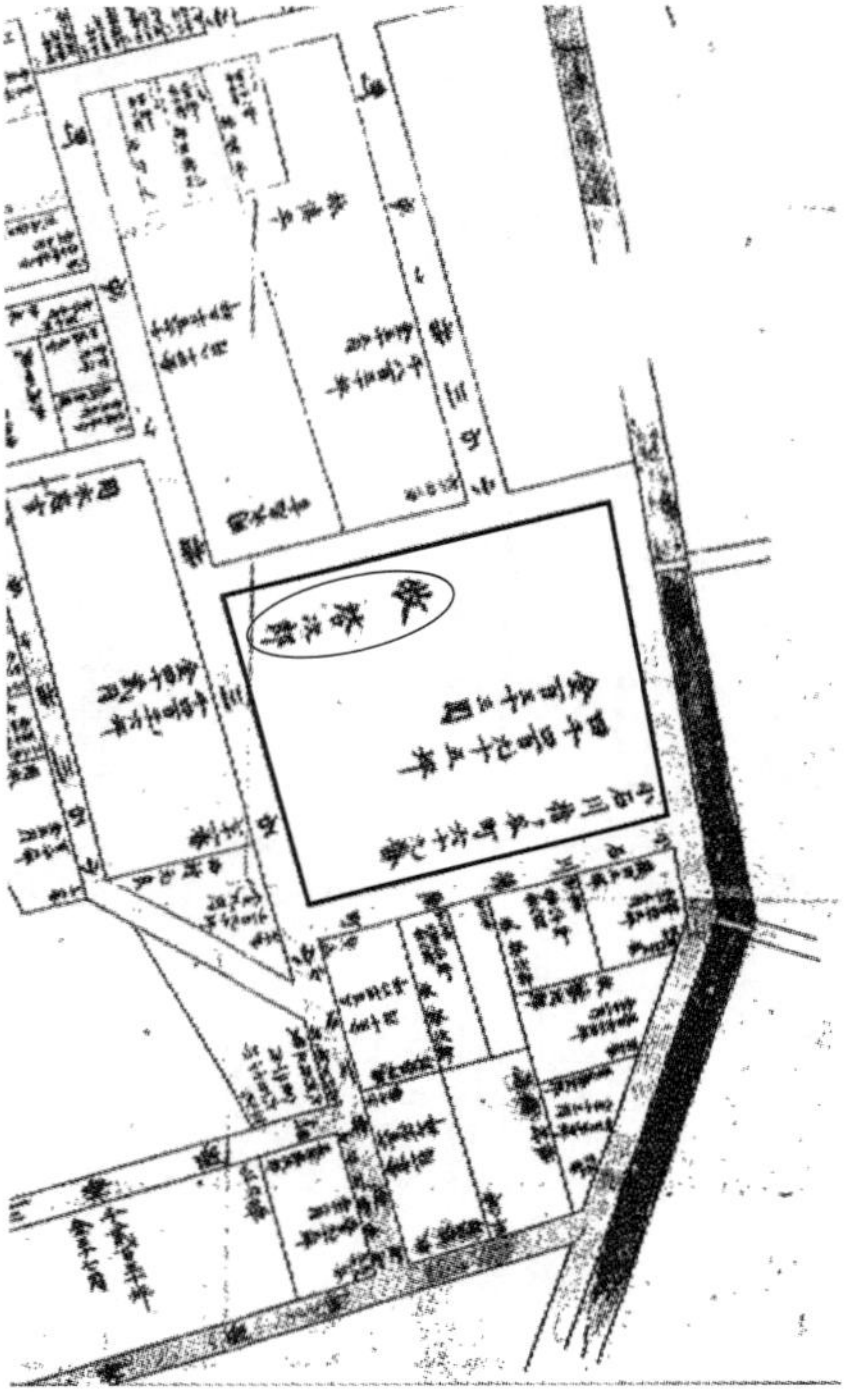

図5-3　明治初年地籍図における当該エリア（図5-1の範囲）

坪もの広さに及んだが、その所有者は「牧啓次郎」という名前の人物であった（図5-3）。

3 牧啓次郎という人物について

†信州須坂の出身

この牧啓次郎について、東京都公文書館に所蔵される東京府関係文書をいろいろと調べていくと、「信州須坂《すざか》」に居宅を持つ一方、少なくとも明治四年（一八七一）には東京に出府《しゅつぷ》した人物であることが明らかとなる（「管民願伺届録」）。

彼はこの上京の前年には、養蚕《ようさん》および桑植付《くわうえつけ》の手法に関する著作（『蚕桑要略』国立公文書館所蔵）も著している。そこには、「新養蚕場と雖《いえ》とも、信州・奥州本場の如く種繭ニ出来《でき》候《そうろう》て昨巳（明治二年――筆者注）の相場ニて生繭壱〆目の価《あたい》金七両……位《ぐらい》ニ相成候事」と、今まさに桑茶令施行で誕生しつつある、東京の新開墾場を念頭に置いたとみられる記述を認めることができる。

さて、牧啓次郎の出身地である信州須坂といえば、幕末から明治・大正期にかけて日本列島有数の生糸の生産地帯だった。そもそも「牧」という名の家は、幕末には須坂藩御用

写真5－1　須坂市に現存する牧家の大規模町家（明治初期建造の元・牧新七家）　※筆者撮影

達の呉服商で、明治期に入ってからは山一製糸を興すなど、日本の製糸業の発展に大きく寄与したことで知られる（写真5-1）。史料上の限界からくわしくはたどれないものの、牧啓次郎もその系譜に属す人物であった可能性はきわめて高い。

以上から、図5-3にみえる牧啓次郎は、桑茶令をきっかけに白山界隈とあらたにかかわりを持ち、当地での桑栽培を主導した人物とみてよいだろう。なお、牧は当該の開墾場（前掲図5-2で「桑茶畑」などの表記が確認できる箇所）以外にも、界隈に一〇区画あまりの地所（いずれも元武家地）をあわせて取得していたことも確認できる（前記「第四大区沽券地図」）。

†東京府行政への在地の生産者・商人らのかかわり

ところで、桑茶令の実行をめぐり、このように農業生産のノウハウにも長けた関東近隣の在地商人層のかかわりがみえてくると、おのずと疑問がわいてくるのは新体制（桑茶令を立案した東京府首脳ら）と彼らとの間柄であろう。たとえば牧啓次郎でいえば、彼はどのようないきさつで東京での開墾にたずさわることになったのだろうか。

この点もひとえに史料上の制約から、現時点ではよくわからない。ただし、東京府が当時並行してすすめていた他政策の内状は大いに参考になる。

市川孝正氏の研究（市川一九六二）によると、府は、桑茶令と救育所（前章の終わりの方で言及）の設立に続き、翌明治三年（一八七〇）三月には授産事業を開始し、以上三つを明治初年（～明治六年頃）における救貧対策の根幹に据えたという。最後の授産事業というのは、深川に新設する工作場（東京府深川授産所）などにおいて、おもに女性の「貧民」層を対象に機織《はたお》りの技術を習得させるものだった。

注目したいのは、この深川授産所の運営形態である。本官（東京府少属・授産場掛）にも任命されるかたちで運営の衝にあたったのは大川雲平という人物で、彼は旧足利《あしかが》藩域の小俣《おまた》村の名主役もつとめた旧家の出身だった。市川氏によると「一地方的機業家＝地主＝質商」に過ぎない大川に、東京府が授産所の経営をまかせたのは、じつのところ、府知事・大木喬任との個人的なつながりのためであったという（大木が、大川家の親戚である水野家と姻戚関係）。府は大川に対し、授産所に必要な工作物や指導員を足利から東京・深川へと調達することを認める一方、施設の下働き（授産対象者とは異なる）には救育所に収容される貧民を使役する許可なども与えた。

牧啓次郎もまた、この大川のように当局者とのあいだに事前の、なにかしら個別のつながりを有し、ある意味白羽の矢が立てられるかたちで、桑茶令の具体化にむけた指導や開墾場運営をまかせられたのではないだろうか。

別の言い方をすれば、新政権による東京統治の一定部分は、その理念とは裏腹に、このような比較的細々とした旧来の関係の「寄せ集め」のうえに成り立つようなものだったのではあるまいか。

後年の事柄をすこし先取りしていえば、制度上、桑茶や授産所などの試みはいずれも案外早くにピリオドが打たれ、その後短い断絶ののちに性格のまったく異なる体制が立ちあがっていく（たとえば救貧事業をめぐっては、明治五年八月に渋沢栄一を取締役、そして三井組や小野組などの新政府御用商人たちを頭取とする営繕会議所《えいぜんかいぎしょ》〔のち東京会議所〕が設立され、その配下にある養育院《よういくいん》が主体へ）。そうした展開は、その前段階におこなわれていた事業がこのように有力者とはいえ在地の一個人を頼るようなかたちで運営されるものだった事実をふまえれば、ある意味必然の流れであったようにも理解できるのだ。

4　開墾場のその後

†構築されるつながり

桑茶令の具体化に話を戻そう。

牧啓次郎が白山の開墾場を取得する以前に、彼が江戸－東京とまったく接点を持っていなかったかどうかはかならずしも定かでない。ただし取得を機に、彼およびその周辺の人物が東京と地元・信州須坂を行き来するにしたがって、双方のあいだでさまざまな結びつきが急速に築かれていったことは確かである。

先述の明治四年の出府とほぼ同じタイミングで、彼は親族とおぼしき人物（牧枡之助）とともに本銀町《ほんしろがねちよう》四丁目で生糸および蚕卵紙《さんらんし》製作の「出店《でだな》」を開店していたことが確認できる（「御沙汰書抜萃」）。また、彼の妹や娘についても、東京府が「蚕業熟練《さんぎようじゆくれん》」と評価したことにより、宮内省への出仕・上京が決まっている（同上）。

ちなみに、この宮内省出仕の背景には、興味深い歴史的事実が隠れている。

なぜ、信州須坂にいた啓次郎の妹らは、わざわざ急ぎ上京して出仕する必要があったのか。結論からいえば、じつはちょうどこの年（明治四年）に、現在では皇室の伝統のひとつに数えられる御養蚕《ごようさん》（皇后による養蚕作業）が始まっており、その指導のためであったと考えられるのだ。

さきほど、明治初年の東京府による統治政策の実現が、一部の知己《ちき》の在地商人によって支えられるものであったことを指摘したが、それは、こうした宮中に関係する事柄に関してもある程度いえることなのかもしれない。

他方で、啓次郎については、さきの生糸・産卵紙製作のなりわいをつづけるかたわら、一八七五年（明治八）には、みずからが所有する白山の地所（前掲図5-3）の排水施設の整備などにも取り組んでいたことが史料上、確かめられる（前記「管民願伺届録」）。

桑茶令自体は、すでに制度上のピリオド（〜明治四年末）が打たれていたころだが、彼は依然、桑栽培にむけて一生懸命に取り組んでいた模様である。

以上のように、牧啓次郎が桑茶令の実行にかかわったことで、彼につらなる須坂の人びとやそこでつちかわれていた技術、さらには資本が、明治初頭の東京、とりわけその現場となった広大な武家地（跡地）へと投下されていく構図がみて取れるのだ。

†挫折する桑栽培

しかしである。結局のところ白山の桑栽培は長くは続かなかった。開墾場誕生から十数年をへた一八八〇年代初頭（明治一〇年代なかば）の実測図によると、一帯は「水田」の表記がなされている（図5-4）。また、当時の土地台帳に記された界隈の地主のなかにも、もはや「牧」姓の人物は見あたらないことから（「東京地主案内区分町鑑」国会図書館所蔵）、桑園からこの水田への変化のあいだに、少なくともこの白山界隈からは牧啓次郎（ないしその直接の関係者）は手を引いたとみてよいだろう。

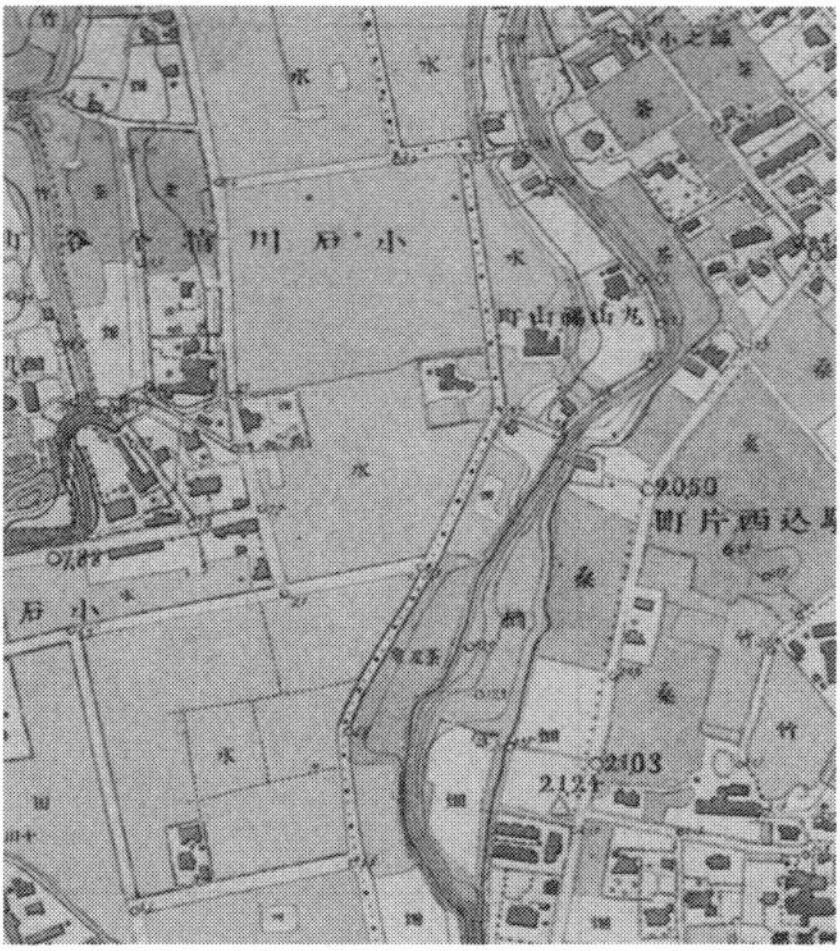

図5-4　1880年代初頭の実測図における当該エリア（図5-1の範囲）（出所：『参謀本部陸軍部測量局五千分一東京図測量原図』〔復刻版〕）

この背景には、牧のどのような判断があったのだろうか。

そもそもこの界隈は比較的低湿で、桑に向いた土地柄とはいえず、栽培がうまく軌道にのらなかったための消極的選択（撤退）であったかもしれない。あるいは、ちょうどこの当時はいわゆる松方デフレ下にあって、繭をふくむ農産物価格の下落が起きた反面、東京の土地はその資産価値を急激に高めた時期にあたっている。むしろ経済合理的な判断から、積極的に選ばれた結果（転出）だったのかもしれない。その場合、土地売却によってあげられた利潤はむしろ地元へと還元された可能性も考えられるだろう。

いずれにしても、桑茶令という特異な政策の影響は、早くも一八八〇年代には消えかけようとしていた。

†近代都市への地ならし

もっとも、ごく短期間であったとはいえ、このかんに生起した事柄の持つ意味は決して小さくない。

以上にみてきた白山の開墾場のケースからは、その実現を主導した関東近隣の在地の人間を媒介としながら、関係する人びとや技術、資本が東京へと移入される構図が確認できた。明治初年の諸政策の実践の過程で構築された、こうした中央と地方をまたぐさまざまな回路は、その後の東京の展開を根底で支え、また場合によれば地方のあり方も左右する一要素となったはずだ。

さらに、現場そのもの（元武家地）のあり方についても、たとえば牧の去った白山界隈では明治中後期にかけて、まさに彼の所有した地所などを中心に花柳界が形成されていく（伊藤ほか二〇〇八・二〇一八）。まがりなりにも幕臣の屋敷地（図5-1）であったところが、このかんに桑園から水田、さらには花街へと、目まぐるしく変転したことになる。

　ほんの数十年前までは武家以外の居住すら許されなかったところが、この明治初年の先鞭をへることで、まがりなりにも経済活動の場へと地ならしをされて、もう後戻りをすることはなかったのだ。

第6章

謎の新地主をめぐって——薩摩藩邸・救育所・小義社

1 いわくつきの土地と謎の新地主

†地籍図を手がかりに

明治初年の東京の地図、なかでも土地所有の様子がわかる地籍図のたぐいを見ていると、江戸から明治への時代の流れや、思いがけない人物の名が目にとまり、興味が尽きない。江戸の都市域の過半が武家地によって占められていたのが、明治維新にともない、それらの多くが新政府に没収され、たとえば霞ヶ関《かすみがせき》の官庁街などへと生まれ変わっていったことはよく知られる。都市の中心部に位置した武家地（跡地）はこうした官用地としてばかりでなく、事実上の東京遷都によって京都から続々とやってくる公家の住まいなどにも転用されたし、かたや周辺部のものは、幕末に国許《くにもと》にもどった大名が廃藩置県《はいはんちけん》目前に再上京を命じられた際、あらためてあてがわれる場所などにもなったことは、すでに第1章で明らかにしたとおりである。

その一方で、明治初年の地籍図をながめていると、それぞれの土地の所有者（地主）として名前の記された人びと、なかでも「郭外」の武家地跡地を比較的大規模に所有した者のなかには、右のような流れを知っていればある程度納得のいく人物（旧大名など）にくわえて、実際のところ簡単には素性の知れない者もけっこうふくまれる。

筆者にとってずっと気がかりだった人物の一人に、福島嘉兵衛がいる。彼が本章の主人公となる。

†大名屋敷（薩摩藩邸など）から救育所へ

具体的に述べることにしよう。

図6-1は、地租改正事業にもとづき一八七三年（明治六）に東京府地券課が作成した地籍図（「第二大区沽券地図」）のうち、現在のＪＲ田町《たまち》駅の北側広域（東京都港区芝二丁目〜同五丁目一帯）をクローズアップしたものである。まさに図中央に、地主として「福島嘉兵衛」の名を認めることができる。

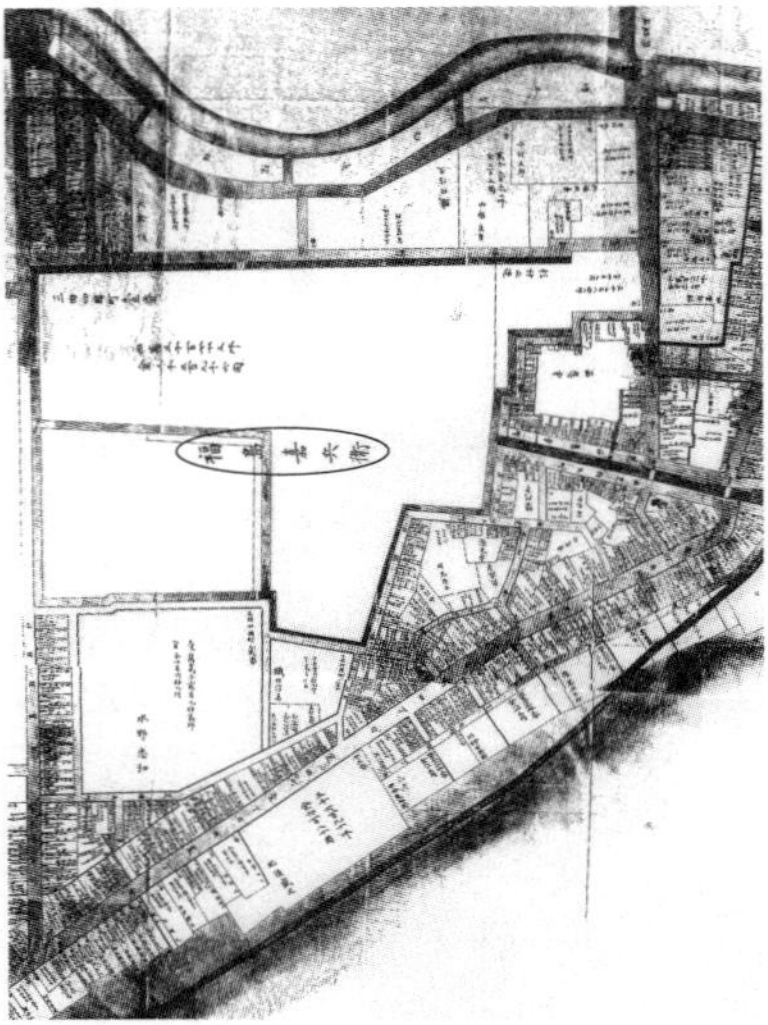

図6－1　明治初年地籍図における福島嘉兵衛の所有地とその周辺

当該地所は四万五〇〇〇坪あまりにおよぶ広大なものである。しかも注目されるのはこの土地の前歴で、幕末期には薩摩・徳島・挙母《ころも》・鳥取新田《とっとりしんでん》の、以上四つの藩の大名屋敷がちょうど位置したところにあたる（図6-2）。うち大半を占めていたのは薩摩藩邸であり、じつのところ、そこは維新変革のなかでもとりわけ画期となった事件が起きた場所でもある。

慶応三年（一八六七）一二月二五日の薩摩藩邸焼き討ち事件、つまり江戸幕府の打倒を目指して数々の挑発行動をおこす薩摩藩浪士《ろうし》組《ぐみ》に対し、市中取り締まりの庄内藩士らが襲撃して藩邸を焼失させた、まさにその現場なのである。この事件を直接の引き金として幕府は討薩をかかげ、そしてまもなくの慶応四年一月には京都に進軍をはじめて一連の戊辰戦争へとつながっていくことは、一般にも知られていよう。

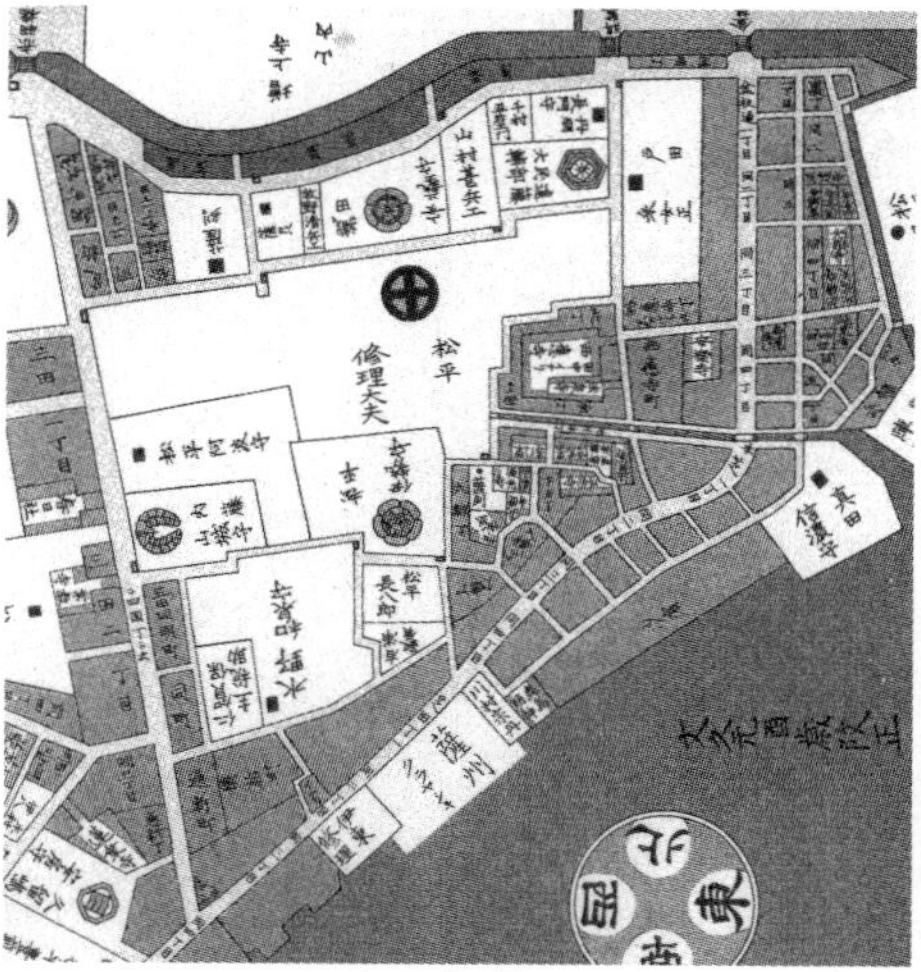

図６−２　当該エリアの幕末期の様子（図６−１の範囲）（出所：『嘉永・慶応江戸切絵図』）
※図中、「松平修理大夫」「松平阿波守」「内藤山城守」「松平伊勢守」のところがそれぞれ、薩摩・徳島・挙母・鳥取の藩邸にあたる。

もっとも、福島が追って所有することになる土地にからむ数奇なエピソードはこれだけにとどまらない。倒幕後、新政府による東京統治が始まっていくが、当該地所はそれから数年間にわたり、東京府が直接利用する土地となっていた。

そもそも、この時期（正確には廃藩置県直前の時期）における一般的事実として、政府が旧大名（大名華族）に対して「郭外」への再上京を命じていたことについては前述した。当該地所も地理的には「郭外」に属しており、そうした利用（大名華族の東京邸）に復してもよかったはずだが、実際にはそうはならなかった。

右の理由は定かでないものの、その後の現実として、あらたな利用主体におさまった東京府は明治二年（一八六九）四月、当

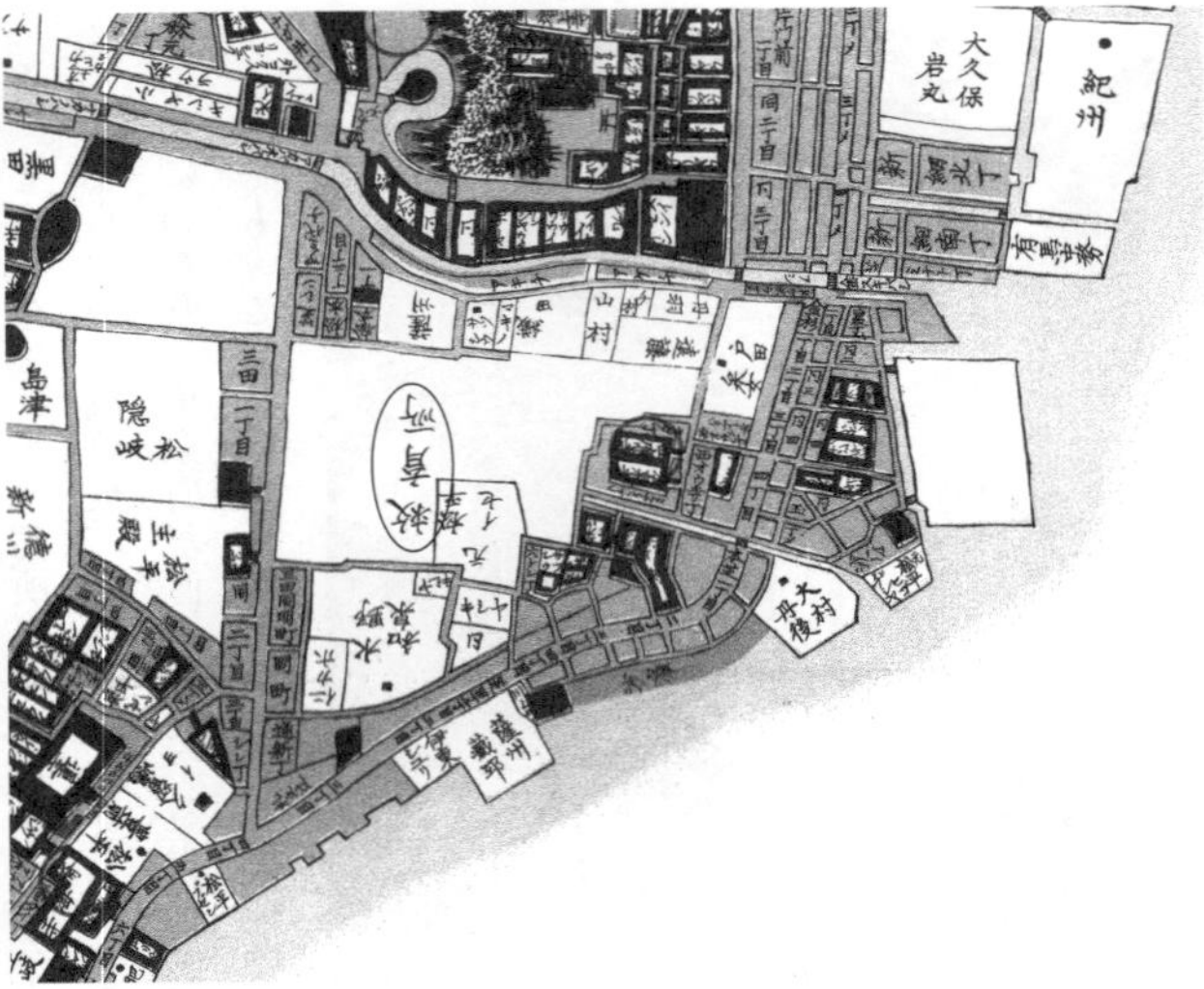

図6－3　明治4年（1871）「東京大絵図」における当該エリア（図6－1の範囲）（出所：『江戸から東京へ　明治の東京』）

該地所において第4章の終わりでふれた「救育所」（正確には、そのうちのひとつである三田救育所）をあらたに設けた（図6-3）。つまり、旧薩摩藩邸をふくむ複数の大名藩邸跡地は一転、「貧民」たちの収容・授産施設へと変貌した。

ただし府はこの救育所をたった二年あまり運営したのち、明治四年一〇月には閉鎖している。

†救育所がなぜ福島嘉兵衛の所有地に？

救育所が比較的短命だったこと自体は、明治初年の貧富分離策（救育所もその一環）の基盤であるところの身分制がちょうどこの時期に根本的な解体・終焉を迎えていた事実（第4章）をふまえれば、ある程度は自然な流れとして理解できる。

しかし、である。問題はそのあとだ。

救育所の閉鎖直後に当該地所を手中におさめたのは、他の政府関係機関でもなければ、おもだった地位につく人物などでもなく、すくなくともこれまではほとんど素性の知られていない福島嘉兵衛なのである（前掲図6-1）。

かつて旧薩摩藩邸などが位置し、それから明治年間を迎えていったんは「貧民」らの収容・授産施設ともなったこのいわくつきの巨大な土地を所有した福島とは、いったいどのような人物なのだろうか。そして、彼はここでいかなる活動を展開していたのだろうか。

かくして筆者は地籍図をきっかけに、明治に入って突如として「郭外」の武家地（跡地）に姿をあらわす新地主たちに興味をひかれ、そのケーススタディとして福島嘉兵衛に関する考察をすすめてきた。

史料上の制約は大きく、これまでに明らかになった事柄も分量的には多くはない。しかしながら、江戸時代と明治時代のはざま（一九世紀中葉）を生きた福島という人物の足跡からは、明治初年の「郭外」の土地（武家地）が帯びた意味や、さらには生活空間のレベルにおける明治維新の実相の一端が、たしかにうかびあがってくる。

2　福島嘉兵衛とは？

六組飛脚問屋、番組人宿

　これまでに筆者がみつけだすことのできた福島に関する史料のなかで、彼はもっとも早くには「六《む》組《くみ》飛脚屋《ひきやくや》仲間《なかま》」の一員として世に登場する。

　そもそも近世巨大都市江戸では、数多くの人足・奉公人が必要とされた。たとえば参勤交代制にもとづくいわゆる大名行列について、現在ではほとんどの人が各大名直属の家臣団で構成されていたようにイメージされるかもしれない。しかし実際には、それは国許と江戸を往復する荷物などを運搬するおびただしい数の人夫《にんぷ》をふくむものだった。

　こうした人夫供給を請け負う商人は、とくに六組飛脚屋仲間とよばれ、国立国会図書館所蔵の旧幕府引継書（町奉行所が執務参考資料として編纂・集約した文書群）にふくまれる「諸問屋《しょといや》名《な》前帳《まえちょう》」によると、福島屋嘉兵衛は安政三年（一八五六）に新規加入を果たしている（なお、この福島屋嘉兵衛と、明治に入ってからの福島嘉兵衛との同定根拠については〔松山二〇一五b〕を参照のこと）。

その一方で、福島はまもなくの安政六年、親戚関係にある政田屋甚兵衛（芝南新門前《しばみなみしんもんぜん》一丁目代地・家主）の休業に際し、その「跡《あと》」を「引受《ひきうけ》、家業相続《かぎょうそうぞく》」したともある。つまり、参勤交代に人足を供給するばかりでなく、以後はより広い分野にわたる労働者周旋をおこなう「番組人宿《ばんぐみひとやど》」（七番組）も兼帯していく。ちなみに、福島に家業を譲った政田屋甚兵衛に関しては、安芸・厳島神社の銅灯籠《とうろう》を寄進した江戸の人物のなかにもその名がみえることから（藤村一九七四）、比較的有力な人宿《ひとやど》だったと考えられる。

以上の時期、福島の居所は、西久保《にしくぼ》同朋《どうぼう》町（店借《たながり》）および芝湊《みなと》町（地借《じがり》）と、江戸のなかでも一貫して芝地域（前掲図6-2）にあって、このエリアが彼本来の拠点であったとみてよい。

もっとも、同じく「諸問屋名前帳」によれば、時代が最幕末（慶応三年〔一八六七〕）にいたると福島屋嘉兵衛は番組人宿をしばらく休業し、おって明治四年（一八七一）一〇月一二日に「再業願」を提出して聞き届けられている。この期間彼は江戸での家業を休み、いったい何をしていたのか。

このかんにおける福島の〝最大の業績〟は次節で取り上げることにして、まず彼の在り処《あ》《か》についておさえると、じつは江戸を離れ、活動の重心を関西方面に移していた。史料上で確認できるかぎりで、恒常的な居所は大坂（江戸堀《えどぼり》南通五丁目上原市蔵方同居）にあり、また江戸‐東京に戻る（明治四年、東京での再業）直前には、同地のみずからの「手代《てだい》」（土佐堀《とさぼり》一丁目嶋屋久蔵）のところにも身を寄せていた。

六組飛脚問屋もしくは人宿の普段の職能からして、福島が江戸以外の都市、とりわけ大坂などの大都市に拠点を持っていること自体は不自然なことではない。しかしながら次節で指摘する事柄と考えあわせれば、やはり、福島の居所をめぐるこれらダイナミックな動き（江戸→大坂→東京）は当時の、関西を震源とする政治的大状況を反映し、なおかつ彼自身がそれに密接にコミットしたためととらえるべきである。

†戊辰戦争における活躍

次に掲げる史料は、薩摩藩士の樺山休兵衛が著した、戊辰戦争における薩摩藩小荷駄方《こにだかた》（食料や武器などを搬入する部隊）の出軍記録の一部である。ここで「人足頭《にんそくがしら》福島屋嘉兵衛」と記される人物こそが、福島その人となる。

去年（慶応四年――筆者注）正月三日晩、京ゟ《より》伏見・鳥羽口戦争相始《あいはじま》り……翌朝（正月六日――同上）一役之《の》小荷駄奉行被仰付《おうせつけられ》、即刻ゟ東寺《とうじ》辺迄差越《さしこし》、種々手を廻し候処《そうろうところ》、人《にん》足頭《そくがしら》福島屋嘉兵衛名前之者尋《たずね》当り、則《すなわち》ゟ夫《ぶ》・卒《そつ》曳集淀口江《え》列越、弾薬・兵食等之運

送は勿論、諸分捕之《ぶんどりの》大・小砲兵器等邸中江持運《もちはこび》……古来御出入之《おでいりの》政田屋（先述の政田屋甚兵衛もしくはその関係者か――同上）も寄来《よりきたり》候故《ゆえ》、双方（福島屋と政田屋――同上）之人《にん》夫《ぶ》も許多《きよた》相集……福島屋夫《ふ》・通夫《とおしふ》四拾人余被召付《あまりめしつけられ》、則ち旗《き》旌《せい》・合符《あいふ》・挑灯《ちようちん》等誂《あつらえ》、其外《そのほか》日用《ひよう》の雑具差当《さしあたり》所持之品取合《とりあい》軍旅之用度相調《あいととのえ》（以下略）

（「東山道出軍小荷駄方日記」三）

概要は以下のとおり。

鳥羽伏見の戦いの幕が慶応四年（一八六八）一月三日に切って落とされたのち、薩摩藩では前線の監軍《かんぐん》樺山をあらたに呼び戻し、次の大坂進攻にむけ、兵器や食糧の前送・補給といった兵站業務、および輸送手段の確保などをつかさどる小荷駄奉行に任じる。いうまでもなく戦争は戦闘行為だけで成り立つものではなく、こうした裏方の働きこそが勝敗を決する重要な条件だった。樺山はそれらに必要な多くの人夫を確保するため、当時薩摩藩が本営を築く京都の東寺辺りでさまざまな手を尽くして福島を探し出す。

先述のように、福島は単純な肉体労働に従事する人びとの供給を請け負う特殊な商人（六組飛脚屋、人宿）であって、江戸の市中はもちろん、江戸と京都、あるいは大坂にまたがる人夫調達のネットワークを持っていたと考えてよい。こうした福島の存在を抜きにしては関西圏に豊富な人的基盤のない薩摩藩、ひいては新政府軍側は、うまく戦いを運べなかったといっても過言ではないだろう。弾薬・兵食等の運搬はもちろん、幕府軍側から奪い取った大砲や小砲（小銃）などの兵器類の持ち運びなど下働き一切を、福島以下、彼の手配した人夫らがおこなっていたことがわかる。

さらに、紙幅の都合上引用は避けるが、同一の史料からは鳥羽伏見の戦い後、岩倉具視の次男・具定《ともさだ》を総督、板垣退助を参謀として組織された新政府の東山道《とうさんどう》軍においても、福島の手下あるいは調達の通日雇《とおしひよう》たち（「福島屋夫」「福島屋大・小差」、「福島屋通夫」など）が一〇名から数十名の単位で頻繁に加わっていった様子も確認できる。

†「薩州の御用聞」「薩州元締」

要するに福島嘉兵衛とは、戊辰戦争において新政府軍、なかでもその主軸である薩摩藩側の戦いにきわめて深く関与した人物なのである。

この戊辰戦争時の功績が、前節でみた、彼がおって明治初年東京の広大な地所（「郭外」の旧武家地）、しかも旧薩摩藩邸を主体とする曰く付きの土地の新所有者になっていく重要な足がかりであったことは、想像に難くない。

ただし、この因果関係については精査が必要だろう。たとえば福島と薩摩藩のつながりは戊辰戦争に端を発するものだったのか、それとも、より以前からのものなのか。

この点に関しては、唯一、とある薩摩藩士の聞き書きが参考となる（上野一九七六）。鳥羽伏見から約二ヶ月後の、いわゆる江戸無血開城直前の偵察に加わった薩摩藩士・有馬藤《とう》太《た》は、後年、そのときを振り返って、「江戸の地理情況に精通し、かねて薩州の御用聞《ごようきき》をしている江戸の福島屋嘉兵衛という人足扱いの部屋の若い者四、五名をつけ」てもらったこと、また、福島屋の拠点のある芝界隈では嘉兵衛その人にも手引きをしてもらったこと、などを証言している。

つまり、福島は、薩摩藩にとって以前から利用している人宿《ひとやど》であって、彼と薩摩藩のつながりは戊辰戦争以前の江戸、より正確には双方の拠点（藩邸、居所）のある芝地域にさかのぼるものであったことがうかがえるのだ。

ちなみに、やや時期のくだった明治初年の東京府関係の文書のなかで、福島はみずからの肩書きを、実際に「薩州元締《もとじめ》」（薩摩藩邸などで種々の下働きに従事する人びとを総括する親分の意）と記している（「各裁判所府県往復留」）。

3 東京統治へのかかわり

†人材の寄せ集め

新政府軍が江戸入城を果たす慶応四年（一八六八）四月一一日よりも前に、すでに将軍は江戸を離れ、また鳥羽伏見の戦いの際は幕府方だった諸藩も複数、反旗を翻すにいたっていた。翌月の上野戦争で彰義隊を壊滅すると、新政府は江戸に鎮台府を新設するなど支配体制の構築に着手していく。一方で、いまだ東北方面で続く戦争の景況にしたがい、江戸はその統治拠点としてますます重要性を帯びるようになり、結果、同年七月には京都（西京）と同列の東の京、すなわち東京へと格上げされ、政府直轄の東京府がここに誕生した。さらに、初めての東京行幸《ぎょうこう》（改元して明治元年〔一八六八〕の一〇月）をへて、いったん京都に戻った天皇は、翌明治二年三月末には再び東京入りを果たす。この再幸《さいこう》をターニングポイントに、新政府が事実上の遷都、すなわち東京の首都化・帝都化へと大きく舵を切っていくことは第Ⅰ部で指摘した通りである。

ところで、このように時系列だけを取り出すと、新政府による東京統治はスムーズに進むものだったようにみえてしまうが、実際はそうではない。政治的浮浪士《ふろうし》（浪人ら）による政府要人の襲撃も続き、とても安穏としていられる状況ではなかった。なおかつ、たびたび指摘してきたように当初の政権基盤は京都にあり、人的基盤も脆弱だった。

このような明治初年東京の不安定な状況下で、新政府は統治をどのように前進させていったのだろうか。

すでに明らかになっているところでは、たとえば東京府設置の際、旧幕臣は再雇用をされ、おもに中・下級の官吏へとスライドした。ただ、それも規模としてはそれまで（旧幕臣総数）の約二割、五〇〇〇名ほどに限られる（ちなみに、他の大半の旧幕臣たちは、徳川家とともに静岡へと移住、もしくは帰農・帰商の道を歩んでいった）。彼らが新体制のなかで以後果たしていった役割は決して小さくはなかったとはいえ、そもそも機構全体をになう存在ではない。実際、治安部門については廃藩置県（明治四年〔一八七一〕七月）の前後に、薩摩藩や長州藩などから平定部隊が追加投入される一方、邏卒《らそつ》（巡査）にはおもに旧薩摩藩出身の士族が登用された。

要するに、新政府の東京統治は、旧体制下の集団の部分的取り込みと、縁故にもとづく調達という、人材の寄せ集めのうえに、まがりなりにもスタートを切るものにほかならなかったのである。

†福島がになった末端的業務

さて、このような認識に立つとき、本章冒頭で述べた謎、つまり福島嘉兵衛が明治初年中（正確には救育所廃止から地券発行までの間）に「郭外」の大地主におさまっていったことの背景がみえてくる。

結論からいえば、当時の新政府機関のなかでも、とりわけ薩摩藩出身者が重要なポジションを占める状態にあった（後述）東京府は、もともと当該藩とコネクションがあり、なおかつこの歴史都市に精通する福島を引き続き利用していく。彼は府行政の末端をになう一方で数々の利権にあずかっていき、さきの「郭外」の地所獲得はそのひとつの結果であった。

以下、具体的にみていこう。

現在確認できるかぎりで、彼がになった業務には次の二種類がある。

①廃止された救育所の入所者数百名の養育（「撫育《ぶいく》」）
②東京市中で取り押さえられた「無籍人《むせきにん》」の受け取り

まず、①について。そもそも東京府は三救育所（三田・麴町・高輪）の設置にあたり、市中を浮浪し、あるいは住まいがあっても生活が立ち行かないとみなす「貧民」たちを、授産などを施す目的で収容した。当時はいまだ身分制度が存続しており、三田と麴町は町人層、高輪は野非人《のびにん》らを対象とする施設だった。そして府はこれらを二年あまり運営したのち、明治四年（一八七一）九～一〇月にかけて閉鎖した。

閉鎖理由については従来、経済的事情のほか、喫緊の政治課題だった戸籍編製が一段落したことが大きかったとされる（北原一九七五）。そして、一八七三年（明治六）二月の養育院設立（後述）までの約一年半、東京からはこの種の施設がいったん消滅したかのようにイメージされてきた。

しかしながら、現実には、閉鎖の時期を迎えても各救育所にはいまだ無戸籍状態（具体的には、生まれた頃から無宿であったため、復籍《ふくせき》させようにも対象となる「家」などの当てがない）の者や、あるいは有籍でも元手がなく、簡単には戻る場所やあらたな居所をみつけられない人たちが数多くいた。そうした人たちの養育を、福島は一手にになっていく。その数は六一三名であった。

他方で、救育所が閉鎖され、福島によるこれら元入所者の養育が始まったあとも、類似の問題は発生しつづけていた。たとえば、東京府から正院への上申（明治五年二月中）によると、東京市中には「脱籍漂泊之徒《だっせきひょうはくのと》・乞食《こじき》」が二〜三ヶ月のあいだに、あらたに数百人は流入してくる状況だった。

そもそもこれら無宿状態の人びと(逸脱的社会層)は、すでに近世後期の段階から、盗みをはじめとする反秩序的な行動を起こし、とくに非常時には不安定な社会状況をますます悪化させる存在として、幕府は対応に苦慮していた(安丸一九九五)。これから東京統治を確立していかなければならない明治初年の新政府や東京府にとっても、それは同様か、それ以上であったにちがいない。

問題への対処法について、政府(太政官)はいったん「徒場《とじょう》」(前科者らの収容のために幕府が石川島《いしかわじま》に設置した人足寄場《にんそくよせば》のこと)への収容を提案するものの、府は徒場の空間的な余裕のなさなどを理由にこれを拒否している。

そして、くわしいいきさつは未詳なものの、こうした日々発生する問題に対して実際にとられた対応というのも、福島が引き受けるというものだった(前掲②)。府から警保寮《けいほりょう》(司法省付属、警察部門を司る)へのうかがいからは、少なくとも明治五年九月頃までのあいだ、彼には東京の各大区役所《だいくやくしょ》が取り押さえた「無籍人」の引き渡しがおこなわれていたことが確認できるのだ(「官省往復」)。

以上の福島の引き受けた人びと(元救育所入所者と、あらたな「無籍人」)の数は、彼の申告にもとづくと、最大時で八五九人にのぼるものだった。

†「小義社」の実相

いったい福島は、これだけ多人数にのぼる人びとの養育をいかなる手段や環境のもとでおこなっていたのだろうか。

行き場のない人びとを引き受けた福島のバックボーンには、もしかしたら人宿特有の義侠的精神があったのかもしれない。彼は引き受けた人びとを一括りに「窮民《きゆうみん》」と呼び、みずからの肩書きを「窮民引請人《ひきうけにん》」などと記す。とはいえ、彼の「窮民」養育事業は、こうした精神論だけで到底片付けられるものではない。それは、新体制による東京統治の一部を請け負うような性格のものであって、彼は当初から数々の見返りにあずかっていく。救育所の廃止以降のおもだった動きを年表風にあらわすと、次のようになる。

○明治四年（一八七二）一〇月一九日……元救育所（高輪、三田）入所者の引受と養育が福島に認可される。そのための助成として高輪救育所の跡地（添地をふくむ）の無償貸与、および市中一般の「大小便掃除《そうじ》汲取《くみとり》」も認められる。

○同一一月中……元三田救育所の地所も福島に無償で貸与。元入所者のうち働けない者は高輪の方に移動させ、残りは三田で「産業」にあたらせる。その際、救育所で使用されていた諸器械を活用。

○明治五年七月……「窮民助成積金」の公募がはかられ、浅草諏訪《すわ》町にその取集所が開設。福島は池上弥七という人物とともに、市中「乞食」らのさらなる受け入れを目的とした米売買市場の取建《とりたて》についても東京府に上申（ただしこれは認可されず）。

○同一〇月二九日……第四大区二小区は区内の下水浚《げすいざらい》について、福島と長谷部善七（元・江戸非人頭《ひにんがしら》の一人）に依頼する考えを東京府に上申、認められる。

○一八七三年（明治六）二月中……府下日吉《ひよし》町出火の際、福島の手下《てした》六三名が消火にあたり、東京府から消料を受領。当月頃から福島配下の人足が営繕会議所による下水浚にたびたび従事。

○同五～一〇月中……地租改正・地券発行にともない、元三田救育所（三田四国町一番地。前掲図6-1）の土地払い下げ交渉が進展し、福島に廉価で売却。一〇月八日、彼は正式にその所有者となる。

○同九月一二日……市ヶ谷陸軍省（旧尾張藩上屋敷。現在は防衛省が立地）の下水浚の請負が福島に認可。

ここからわかるように、福島は大きく三種類の利益をえていった。

ひとつ目は、土地である。元救育所関係の地所を無償で貸与され、そこをそのまま引き継ぐかたちで「窮民」養育にあたるとともに、みずからも手代一同とともに居住した。対象となったのは、冒頭でふれた三田のそれ（図6-1）ばかりでなく、元高輪救育所および双方の添地《そえち》跡地（旧川越藩下屋敷跡地、旧会津藩下屋敷ほか一箇所）をあわせた、じつに一一万四〇〇〇坪あまりにもおよぶものだった。なお、これらの拝借地のうち三田に位置するもの（図6-1、旧会津藩下屋敷（のち三田綱《つな》町））については、おって福島は廉価での払い下げの便宜も受けた。

二つ目は、養育事業に直接は関係しない、いわば純粋な利権である。具体的には、都市近郊農村向けの肥料として、江戸期から莫大な利潤を生む下肥汲取《しもごえくみとり》の権利をえた。これは市中の路上にある便所すべてを対象にできるものであって、福島は実際にたずさわることなく下請け（神田地域の町人四名）に出し、そこから四〇〇〇両をえた。このほか、詳細は不明だが、東京中から何かしら助成金をつのる行為（「窮民助成積金」）なども認められていたようである。

最後、三番目は、養育する「窮民」を使った市中清掃などの請負、および物品生産である。前者には、営繕会議所などの各種機関の依頼による下水浚が含まれた。また後者に関しては、右の年表風のものにはあらわれていないものの、福島が無償貸与を認められた土地（一部、近隣の海浜をふくむ）では次のような品目の生産や、器械・製作場などの設置があった。多くは救育所時代からの継続とみられるが、これらからは九ヶ月で六七九両ほどのあがりがあった。

茶製器械場／線香器械場／醬油製造／紙漉場《かみすきば》／傘細工場《かさざいくば》（以上、三田綱町拝借地之内）
高輪油絞《あぶらしぼ》り器械／鋳物方《いものがた》器械／海辺漁業海苔／団扇《うちわ》場／たばこ／紙漉場／拝借地《はいしゃくち》野菜物
其外上《そのほかあが》り物（以上、立地詳細は不明）

以上が、福島がになった「窮民」事業、およびそこから彼のえた利権の内訳である。

もっとも、『新聞雑誌』の記事（明治五年二月第三〇号）からは、彼はこれらの事業を一括して「小義社《しょうぎしゃ》」と唱える一方で、現時点で確認できているここまでに述べてきた事柄以外にも、さまざまな活動をおこなっていた様子（「窮民」への住宅および金銭の貸し付け、職業斡旋、「仕法規則書」の存在など）がうかがえる。

福島嘉兵衛の「小義社」については、筆者は今後とも史料収集を進めるとともに、幕府の人足寄場や後述する養育院などとも比較しながら、この施設の特徴をまたあらためて精査してみたいと考えている。

†東京府のなかの薩摩藩出身者

さて、福島がなぜこれほどの事業をにない、数々の利権をえていたのか。その背景に、前節でみた幕末以来の薩摩藩との固有なつながりがあったことは確かであろう。

そもそも、福島が「窮民」養育をにないはじめた時期（明治四年〔一八七一〕一〇月〜）というのは、東京府の行政組織のなかで薩摩藩出身者がいちじるしい台頭をみせた時期であった（小泉一九九一）。明治四年七月の廃藩置県の前後より、東京府においても政治情況の余波を受けた官員の大幅な移動がおこなわれ、そのうち知事職こそは幕臣出身の大久保一翁《いちおう》がおさまったものの、中・上層官員のほとんどは薩摩系がかためた。以後、彼らの強い影響力は府政の多方面にわたっていく。

福島の重用の背後に、具体的にどの人物がいたのかを知ることは史料的限界から難しい。ただし、ある程度左掲の史料は参考になる。これは、いわゆる留守政府の参議・西郷隆盛が、府参事の職にあった黒田清綱《きよつな》に送った書翰（明治五年三月二〇日付）の一部である。

郷田（薩摩系府官員――筆者注）儀《ぎ》、福島嘉兵衛と申す者の屋敷内へ移転の由《よし》、右に付いては、市中抔《など》にては、嘉兵衛策《さく》を以《もっ》て郷田を取り込み候《そうろう》抔と、風説《ふうせつ》もこれあり候。若《も》しや、風説通り嘉兵衛より貰い受け候事共《ことども》これありては甚だ以て相済《あいす》まず……得《とく》と御探索成し下されたく、是又《これまた》御願い申し上げ候。当分薩摩芋《さつまいも》（薩摩藩出身者の蔑称。ただし西郷はそれを逆手に用いている——同上）の評判、市中にて宜敷御座候《よろしくござそうろう》処《ところ》に乗《じょう》じ、其《そ》の際賄賂相受《わいろあい》け取る次第共相行われ候ては取る処もこれなく候に付き、何分此《こ》の儀は大切の儀と存じ奉り候間《あいだ》、三島君（三島通庸《みちつね》のこと——同上）へも御談合《だんごう》成し下され、事実慥《たし》かに相分り候様、御手を付け下されたくと願い奉り候（以下略）

（『西郷隆盛全集』三巻）

ここで西郷は、郷田が福島に籠絡されているという風評がたっていることについて、それが薩摩藩出身者に依然根強い反感をもつ江戸 - 東京の人びとのあいだに波紋を生じさせるものとならないよう心配し、黒田に対して、当時おなじく府参事の職にあった三島通庸とも協力して事に当たるよう、依頼している。

右の書き振りからいって西郷自身は福島のことをよく知らなかったようだが、しかしここで明かされている内容、つまり福島の屋敷内（元三田救育所添地の、三田綱町拝借地内）に郷田（府典事の郷田兼徳《ごうだかねのり》とみられる。この時期はとくに授産や救育など、福島の事業と近しい部門を担当する立場にあった）が同居しているという事実は、福島と薩摩系府官員とのあいだの特別なコネクションの存在を十分うかがわせるものといえよう。

4 今後の展望

明治初年に突如として現れた新地主の謎を、福島嘉兵衛に焦点をしぼるかたちでここまで追いかけてきた。最後に、得られた知見や今後の課題点などを簡単にまとめておきたい。

†「郭外」武家地をめぐるもうひとつの系譜

第一は、「郭外」の武家地が持った意味である。今回の福島の事例からみえてくるのは、一九世紀中葉の政治的大状況でいわば勝ち組の側に付き従った在野の人材、それもアウトロー的な人物が、新地主となる流れである。

西国出身者でおもに構成される新政府軍が戊辰戦争をたたかい、江戸－東京を統治していくにあたっては、関西・東日本の広域をカバーする人夫調達のネットワークを持ち、またこの歴史都市に横溢する逸脱的社会層を統御できる者は、必要不可欠な存在であった。このどちらの能力も兼ね備える人物——江戸の人宿などのうち、新政府主要メンバーと以前から固有のコネクションを築いている——は統治業務の末端で重用され、「郭外」武家地が事実上、その見返り（論功行賞《ろんこうこうしょう》、あるいは業務のための道具）のひとつとして下げ渡されていく。明治初年の地籍図（前掲図6-1）には、そうした構図が瞬間的に刻印されているのだ。

「郭外」武家地の下賜については、すでに第1章で大名華族の再上京にともなう系譜を指摘した。それに対して、以上はまったく異質なもうひとつの系譜といえそうだが、それがどの程度普遍的なものであったかをみきわめるためには、今回取りあげた福島以外の人物（その他の「郭外」武家地跡地の地主）についても検討を重ねる必要がある。

†福島嘉兵衛とその手下の行方

いまひとつの課題は、福島嘉兵衛のような人物はいつまで東京府などの行政にかかわるのかという点である。

この問題に関し、現在すでにわかっている事柄を記すと、「窮民」養育の見返りとして福島がえた利権をめぐっては、まもなく東京府内外の人びとからさまざまな反発を招くこととなった。そのこととの因果関係はかならずしも定かではないものの、一八七三年（明治六）二月には養育院が上野公園内に落成する。これは、ロシア皇子来訪にともない、旧幕臣の大久保一翁府知事から「乞食浮浪《こじきふろう》」一掃の方法に関する諮問を受けた営繕会議所（かつての江戸町会所《まちかいしょ》を引き継ぐ組織で、旧名主層のほか、渋沢栄一などが関与。つまり、東京府関係の組織のなかでも薩摩閥とは別系統）を中心に検討、設立された新施設だった。

養育院開設と相前後するかたちで、福島の「小義社」は一年半あまりで活動停止を余儀なくされ、彼の養育していた「窮民」の過半は元々居住していた町へ預けられたり、あるいは養育院へと送られる処置がとられた。また、福島に対して格安で下げ渡された土地のうち、少なくとも三田の土地（幕末には薩摩藩邸などが立地した旧三田救育所の地所）については、政府が一八七四年（明治七）にまもなく買い戻すという過程がたどられた（ちなみに、そこには官営の種苗会社である三田育種場《みたいくしゆじょう》が設立）。これにより福島は、文字どおり濡れ手で粟《あわ》をつかむように莫大な利益を得はしたものの（鈴木二〇〇九）、種々の事業を展開するために貴重な資本のひとつを失ったことになる。

しかしながら、以上によって新政府が彼との関係を完全に断ち切ったかといえば、どうもそうではないようで、たとえば一八七六年一二月には開拓使出張所《かいたくし》（芝・増上寺《ぞうじょうじ》境内）の関連施設の建設などを彼に請け負わせている。他方で、そもそもさきの「小義社」停止の際には、元の居住地などに返そうにもできない「無宿」たち一五八人は、じつのところ福島個人の手下とする判断（「嘉兵衛手人ニ申付」）が下されていた。

養育院が設立されたからといって、都市社会のなかで脱落・浮浪する層の問題が解決したわけではなく、依然、福島（のような人物）にこの種の問題への対応が一部委託される状態がつづいていた可能性がある。

東京府当局者にとってはもちろん、この歴史都市に首都、そして帝都を築いていこうとする新政府全体にとっても、こうした層をいかにコントロールできるかは、少なくとも自由民権運動の時期（〜一八八〇年代後半〔明治二〇年代初頭〕あたり）まできわめて重要な政治課題でありつづけたことは確かである（藤野二〇一五）。その意味でも、福島嘉兵衛なる人物の行方は、今後とも追究するべき価値がある。

第Ⅲ部

日常の生活空間へ

——もうひとつの首都化の系譜

昇斎一景「東京名所四十八景　筋違御門うち凧あそび」
（東京都立中央図書館特別文庫室所蔵）

明治初年の筋違広小路の様子。ここは江戸以来の広場のひとつで、凧遊びに興じる人びとや露店なども数多く描かれている。しかしこうした活動・存在は、まもなくの地租改正によって東京の路上から排除されてしまうことになる。第8章参照。

ここまで、新体制が江戸 - 東京という歴史都市をいかにつくりかえようとしたのか、またそうした政策や方針がどのような過程をへて、どの程度、具体化されていったのかを検討してきた。

第Ⅰ部では、維新新政が樹立後、江戸 - 東京へと遷都し、都市のなかでもとくに「郭内」を舞台として（都市の大半を占める武家地のなかでも、「郭内」に位置するものの没収・転用をつうじて）中央集権体制の首都、そして帝都を築いていく過程を論じた。

つづく第Ⅱ部で取りあげたのは、以上のいわば裏面で展開していた事柄である。人びとをあらたに貧富におうじて区分しようとする一種の貧富分離策が、より外側（「郭外」）に位置する武家地の開墾などとセットで構想されていたことや、新政府の中枢にいる人物たちと前々から縁故のあった特定の人物が統治の一翼（桑茶令、「貧民」・無宿らの収容策）をになっていく構図などについても明らかにした。

＊

さて、第Ⅲ部では、歴史の流れをとらえる視座を、こうした統治や行政のレベルから、日常の生活空間の方へと、大きく転換させることにしたい。

登場人物という点からあらためてここまでの内容（第Ⅰ部・第Ⅱ部）をふりかえると、おもに光を当てられたのは変革を機に、江戸‐東京の外部からやってきた新政府の要人やその関係者であった。以前からこの都市に住んでいた人びと、たとえば旧幕臣や町人層については、一部の例外（第6章の福島嘉兵衛など）を除けば、新体制の打ち出す政策によって一方的に翻弄されたり、あるいはそこから排除される対象（客体）としてしか描けていない。しかしながら彼らもまた、そのひとりひとりが今後の生存をかけて、みずからの境遇をなんとか改善させようともがく、主体性を持つ存在であったに違いないのだ。

以下の本文では、まさにそうした人びとの実践が主たるテーマとなる。

第7章では、下谷《したや》和泉《いずみ》橋《ばし》通り（別名・御《お》徒町《かちまち》通り）沿い（旧幕臣屋敷エリア）をめぐる争奪とその背景に注目する。じつのところ、一定の条件をみたす「郭外」武家地（跡地）は幕府瓦解後まもないころから、町人層をふくむさまざまな人びと・集団がこぞって移住、ないしは獲得を目指すフロンティアと化していく。その実態を、和泉橋通りを素材にくわしく検証することをつうじ、新体制主導の首都化・帝都化（第Ⅰ部・第Ⅱ部）とは異なる、江戸から東京へのもうひとつの都市再編の論理をあぶり出す。

つづく第8章では、こうした動向が土地制度改革の影響を受けつつも、以後、維新期（〜一八八〇年代後半〔明治二〇年代初頭〕）をつうじ、「郭外」各所の旧大名藩邸など（「新開町」）にもひろがっていくさまを描き出す。これらの「新開町」ひとつひとつが基盤となって、新しい種類の町場が生み出されるとともに、日本各地との接点もまた、近代東京のなかに多元的に再構築されていく。その様子を明らかにする。

第7章 旧幕臣屋敷の争奪——広場を拠点とした都市再編のきざし

1 交錯する動き

†下谷地域の概要

本章では、日常の生活空間のありようをつぶさに観察するなかから、江戸から東京へのもうひとつの都市再編の流れをあぶり出す。そのためのケーススタディとして、関連史料が比較的多く残される下谷《したや》の和泉橋《いずみばし》通り(別名・御徒町《おかちまち》通り)一帯を取りあげることにしたい。

図7-1は、幕末期の屋敷種別である。上野東叡山寛永寺《とうえいざんかんえいじ》のふもとにひろがるこのエリアには、近世をつうじて中下級の幕臣の拝領屋敷(幕府から下賜された屋敷)を中心に、数

多くの武家地が寄せ集まるようにひろがっていた。こうした構成は、この地域固有というよりも、少なからず他のエリアにも当てはまるものといえる（「はじめに」図0-2参照）。

他方で、神田川沿い（図7-1下部）の町人地においては水運なども活かした商業が発達するかたわら、その南岸に位置する柳原土手沿い、および、上野山下《やました》（同上部）の公道

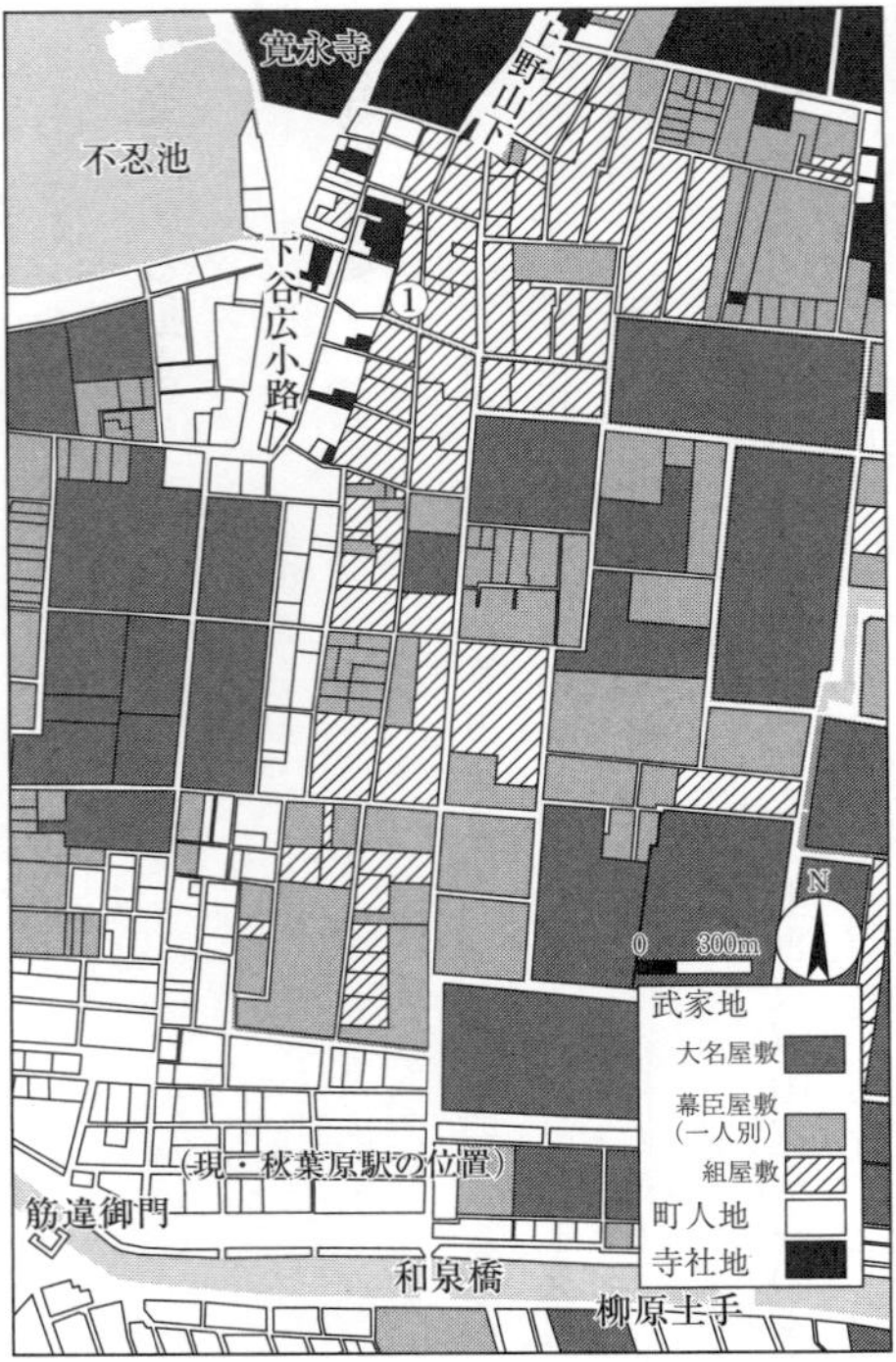

図7-1　幕末期における下谷一帯の屋敷区分（出所：松山2014）

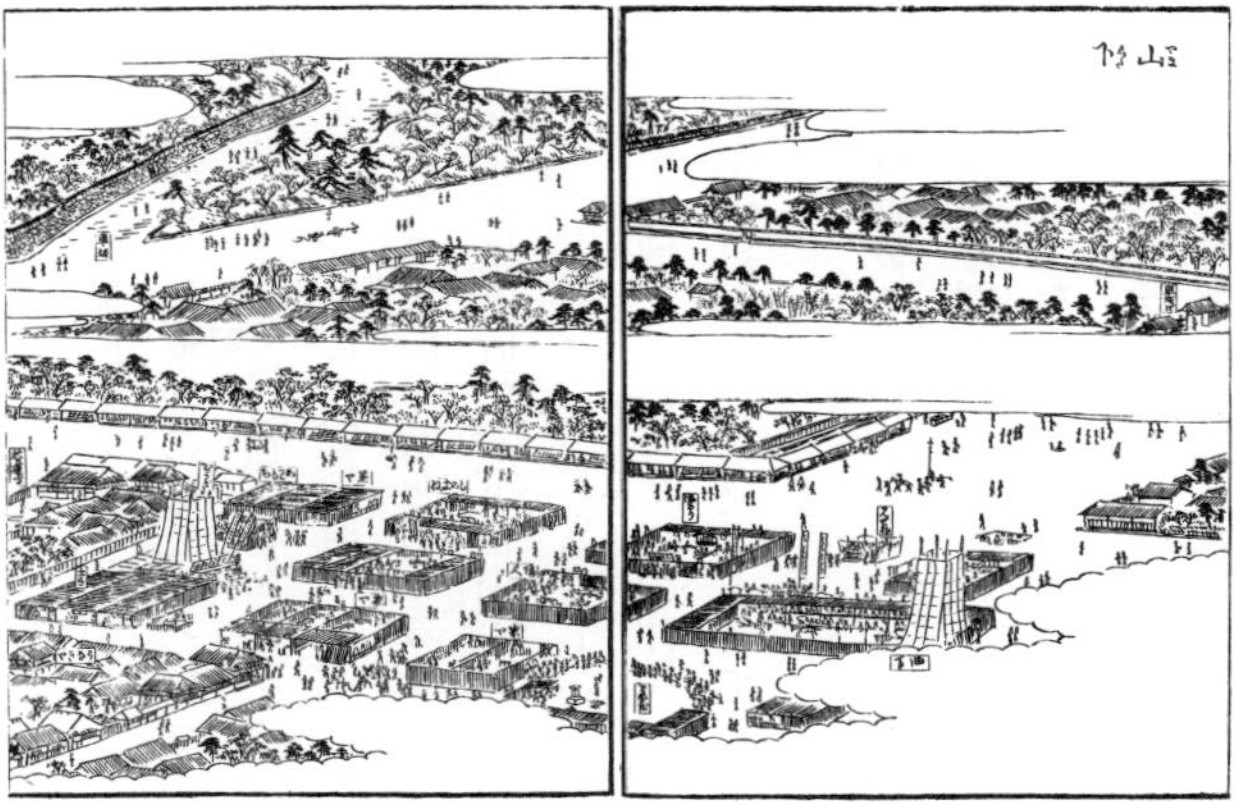

図7−2　上野山下の様子（出所：市古・鈴木校訂2009）

（図7−2）は、江戸有数の広場として、一般の人びとの遊興・消費の中心地ともなっていた（小林二〇〇二、横山二〇〇五）。

幕府終焉の影響

さて、幕府の終焉が、幕臣屋敷の集中する当該エリアのあり方に深刻な打撃を与えたことは確かである。

すでに第6章でふれたように、全幕臣のうち二割ほど（約五〇〇〇人）があらたに朝臣《ちょうしん》化して新政府の中下級官員へとスライドする一方、残り大半は徳川家とともに駿府へと移住するか、もしくは帰農・帰商の道を歩むほかなかった。

下谷和泉橋通り沿いにおけるその様子については、御《お》徒《かち》・山本政恒の日記にくわしい

(吉田一九八五)。山本の場合は駿府移住組であったため、慶応四年(明治元、一八六八)九月中、彼の拝領屋敷(位置は図7-1の①)は新政府に没収された。家作に関しては、新政府は「郭外」武家地のそれについては従前の拝領主の自由としたため(なお「郭内」では、土地・建築もろとも没収する対応がとられた。第1章参照)、山本はそれを二束三文で他人に売り渡すとともに、庭の樹木は残らず焚き尽くしたという。

このような幕臣屋敷をめぐる変転は、周辺のいとなみにも深刻な影を落としていく。たとえば北方に位置する下谷山崎町《やまざきちょう》(おって明治後期には、東京の三大「貧民窟」に数えられる下谷万年町《まんねんちょう》のこと)は、彰義隊と官軍の上野戦争ですでに町内の過半が焼け落ちていたところに、地域一帯から多くの住民(幕臣ら)がいなくなったことで事態改善の目処がたたず、家屋の再建なども遅々として進まなかったと伝えられている(『東京市史稿』市街篇四九巻)。

幕府の崩壊にともなう武家地の空洞化が、その周辺の町人地などにもマイナスに波及し、都市の広い範囲がしばらくのあいだは衰退していた——これはおそらく多くの方々が明治初年の東京、なかでも中心部から外れる「郭外」エリアに対して、抱いているイメージではないだろうか。

しかし、である。残された史料をくわしく紐解いていくと、現実にたどられた歴史過程はもっと複雑で、起伏に富むものであったことがわかってくる。

たとえば、以上のようないわば負の連鎖のかたわらで、この難局をむしろ好機に変えようと虎視眈々とねらう人びとがいた。朝臣化した、つまり新政府にあらためて仕えることを選んだ旧幕臣たちである。

2 「朝臣」たちの戦略

†再拝領という機会

そもそも新政府は、朝臣化する幕臣（以下、「朝臣」と記す）に対しては旧幕府と同様、屋敷所持という特権を認めた。彼らは「郭外」（第1章の図1-1を参照）に位置する武家地のうち一箇所を、あらためて拝領することが可能になったのである。

もっとも、政府がおそらく想定していたのは、もともとの屋敷（各「朝臣」が、幕末時点に幕府から下賜されていた武家地）が「郭外」にある場合はそれを安堵《あんど》する（ひきつづき拝領させる）ことであったとみられるが、実際にはそうはならない。「朝臣」のなかにはこれを機に、より条件のよい、むしろそれまでの役職ならば見込めなかった武家地をなんとか手に入れようと画策する人物が多数出ることになったのである。

具体例を出そう。これは明治三年（一八七〇）二月に、図7-1上部にある「上野山下」のすぐ東側にある武家地を「拝借」する、永井清覚という「朝臣」（職位は弁官附。新政府官員のなかでも下層の仕官）が、東京府へと提出した嘆願書である。

右地所（永井が現在「拝借」する武家地——筆者注）は徳川家元徒大縄地《もとかちおおなわち》ニ而……地面奥坪之内七拾坪余、文化五辰年父永井正覚借地住宅仕候《しゃくちじゅうたくつかまつりそうろう》……然《しか》ル処明治元辰年地主赤萩貫吉上地《あげち》仕候ニ付、父時ゟ《より》年来借地罷在《まかりあり》候ニ付、右地所何卒引続拝借《はいしゃく》仕度《たく》、且又《かつまた》可相成儀《あいなるべきぎ》ニ御座《ござ》候ハヽ、残り地坪之分も当分御預《おあず》ケ被下《くだされ》候様奉伺願《うかがいねがいたてまつり》候処……御預ケ之旨被仰付儀ニ付難有仕合《ありがたきしあわせ》奉存住居罷在候……同年（明治二年——同上）六月受領町《じゆりようまち》屋敷《やしき》（永井がもともと別の場所〔地域未詳〕に拝領していた屋敷——同上）上地仕、右拝借・御預共之地所と御引替拝領仕度奉願置候……何卒年来住居之地所、殊《こと》ニ小給者《しょうきゅうもの》之儀ニ御座候間、厚御《あつくご》憐愍《れんびん》を以其儘《そのまま》御差置《さしおき》被下候様、偏《ひとえに》奉願上候（以下略）

（「順立帳」明治三年三九）

右の内容を正確に理解するためには、まず江戸武家地に関する制度や実態について最低限押さえておく必要がある（宮崎一九九二、松山二〇〇一）。

元来、武家地は、幕府が臣下である幕臣らに対し、その役職におうじて下賜するものである。たとえば和泉橋通り一帯を意味するもうひとつの地名である「御徒町」は、幕府がもっぱらこの一帯の屋敷を下級の幕臣層（御徒）に拝領させたことに由来する。このように、幕府にとっては同職の幕臣が一定エリアに集住していることが理想であり、さらにいえば、それは巨大都市江戸（とくに都市域の多くを占める武家地）の編成原理のひとつであった。

しかしながら、この理想の実現・徹底は、それぞれの幕臣に対して負担を強いるものでもあった。たとえば、彼らは役替えが命ぜられるたびに基本的に拝領屋敷を変える（別の屋敷へと移る）必要があり、生活面で大きな支障が生じてしまう。

実際、時代が下るにつれ、幕臣のなかからは面倒を避けるために、次のような行為をおこなうものが多数出ることになった。すなわち、与えられた拝領屋敷には（形式上はもちろん所持しつつも、実際には）住まずに、むしろそれ以外の武家地（他の幕臣の拝領屋敷など）の内部に個人的に土地を借りるなどしてそこに恒常的な住まいを維持したのである。

このような幕臣らの行為に対し、幕府は慢性的な武家地不足（彼らに条件のよい武家地を十分に下賜できない状況）もあって全面規制はしなかったものの、しかし決してそれを表立って認めることはしなかった。いくら各武家地内部が拝領主以外の武家によって利用されていようとも、そうした実態面にあわせて理想をまげることは体制崩壊につながりかねないとして、最後（瓦解）まで、役職に応じた武家地の下賜・編成システムを維持する姿勢を貫いたのだった。

†拝借人から拝領主、そして土地所有者へ

さて、さきの嘆願書の概要は次のとおりとなる。

「朝臣」の永井およびその父親は、いずれも当該武家地（徳川家元徒大縄地）の拝領主ではなかったものの、すでに文化五年（一八〇八）の段階から、この他人が拝領する屋敷の裏側一画を借地して住宅を建て、長年そこに居住していた。ところが幕府瓦解によって本来の拝領主であり、永井からすれば土地を借りる関係にあった幕臣（赤萩貫吉）が屋敷没収されたのを機に、「朝臣」に転じていた彼は新政府に対して引き続きの「拝借」にくわえ、赤萩から借りていた部分以外（屋敷の表側）の管理委任（「御預ケ」）も願い出たところ、公式に認められた。さらに明治二年（一八六九）六月にいたり、彼は他所に拝領する屋敷の自主返納と引き換えに、当該屋敷全体の正式な拝領を願い出た。当局からすぐには回答

がなかったとみえて、このたび（明治三年二月）永井は、これまでの経緯や長年の居住歴などをあらためて説明しつつ、再度この件を嘆願しているのである。

結論からいえば、この永井の願いはまもなく認められた。すなわち彼は、旧幕期には決して表立っては認められなかった他人の拝領屋敷内の「拝借」公認を新政府から引き出したのを皮切りに、最終的には屋敷全体の正式な「拝領主」へと昇格していくことに成功したのである。

もっとも、同時にここで注意する必要があるのは、こうした実践や成功は、当時ありふれたものだったとみられることだ。紙幅の都合から本書では引用できないものの、永井と同じような要望をする「朝臣」が、この下谷和泉橋通り沿いには相当数いたことを示す東京府作成の地図史料なども現存している（松山二〇一四）。彼らに対しても新体制は同様の判断（幕府が理想としたような同職にもとづく編成ではなく、既往の居住実態を追認するかたちでの屋敷下賜）をおこなっていったと考えられるのである。

ひるがえって、以上の明治初年における一連の動向や判断が後世に与えた影響面についてもふれておくと、「拝領主」への昇格に成功した「朝臣」は、その後まもなくの地租改正（明治六年）により、ほぼ自動的に土地所有者（地主）へと引き上げられていく。彼らの資産形成において、当該期の屋敷獲得が大きなアドバンテージとなったことは想像に難くない。

明治初年の大変動は「朝臣」たちにとって、まさに千載一遇の好機でもあったのである。

3　町人社会の侵食

†もうひとつの現実

ところで、「朝臣」たちはなぜ「下谷和泉橋通り沿いの武家地」を獲得しようとしたのだろうか。

たとえば永井の場合、長年の居住歴などがあるとはいえ、ここは首都化のすすむ中心部(「郭内」)からは一定程度離れている。出仕などのアクセス面からすれば、「郭外」のなかでもかならずしも条件のよい場所とはいえない。このたびのチャンス、つまり新政府からのあらためての屋敷下賜というタイミングを最大限活かすのならば、心機一転、他所(別の「郭外」武家地)の獲得をこころみてもよかったようにも思えてしまうが、そうした形跡はまったく認められない。

この謎を解くために別の角度から史料を探していくと、じつのところ当該エリアでは並行して、それまで当地とは無関係だった人びとが新規参入する状況がうまれていた事実が浮かびあがってくる。そして、そのことが先の「朝臣」たちの実践にも何かしら影響を与えていたようなのだ。

これらのうち、まずは新規参入の様子からつかんでいくことにしよう。

次掲は明治元年（一八六八）一二月中、もともとは本郷五丁目代地の地借（借地人）で、明治元年現在では和泉橋通り沿い武家地の「住人」と称する庄兵衛ほか三名が東京府に提出した上申の一部となる。

> 下谷和泉橋通……御武家方、駿州御移住又《また》は帰田上田（ママ）などニ而《て》過半ハ御立退有之《おたちのきこれあり》候ニ付……御売払之家作其儘《おうりはらいのかさくそのまま》ニ而買取《かいとり》候者有之候所追々商店相開《あいひらき》、種々之品《しゅしゅのしな》売買ニ而繁栄相成候ニ随《したが》ひ、諸町ゟ《より》商人共《ども》右御徒町之内江《え》引越、諸品売買ニ而此節は凡商ひ店《およそあきなだな》八九拾軒も出来（以下略）
>
> （「順立帳」明治二年四九）

ここからは、「朝臣」（永井）の嘆願書からは少しもうかがえなかった、当該エリアのもうひとつの現実があらわとなる。

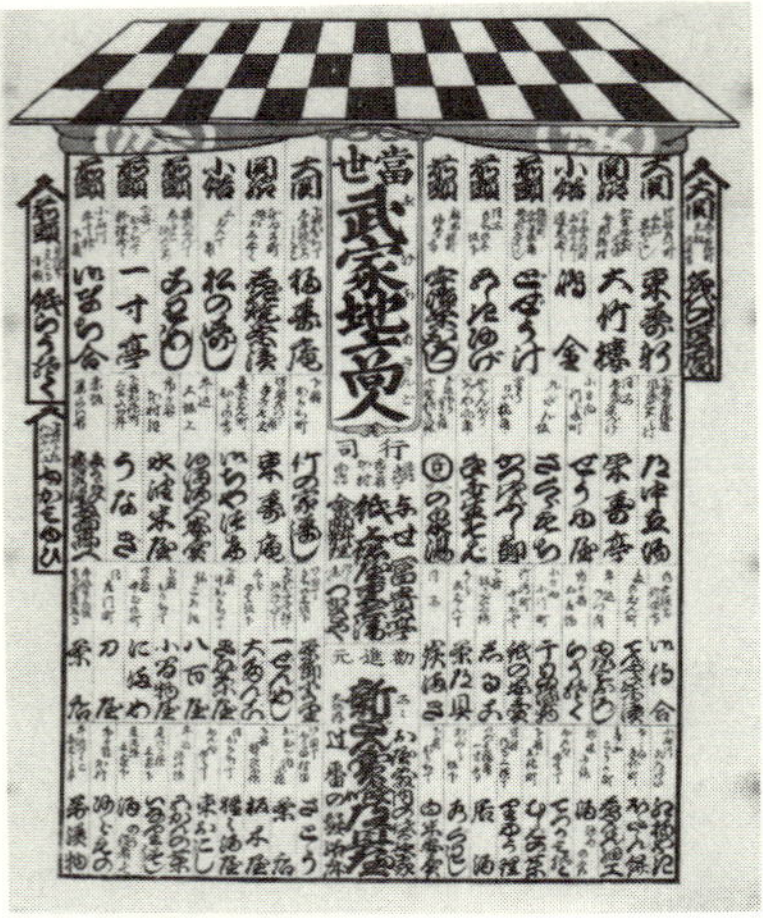

図7-3　「当世武家地商人」（江戸東京博物館蔵／東京都歴史文化財団イメージアーカイブ）

駿府移住などのために多くの幕臣がみずからの邸内建物を売り払うなか、それらを建ったままの状態で買い取る人びとがおり、そしてそこには商店が開かれていく。種々の品物が売買されて繁栄が築かれるにしたがい、さらに多くの町々からも商人が転入するようになり、現時点（明治元年一二月）で商店が八〇〜九〇軒も出来ている、というのだ。

本書でここまでにも再三指摘してきたように、この時期にはいまだ身分制が存続し、武家地や町人地などの区分も持続していた。武家地における商売は、江戸開城のころに一時的な混乱（制度上の弛緩）はあったものの引き続き厳禁であって、右の状態は明らかに違法である。しかしながら、それと相反する事態が和泉橋通り沿いでは急速に進んでいたことになる。

もっとも、このような事態は他のエリアでも、ある程度散見されるものだったらしい。

東京市中で明治元年夏頃に流通したとみられる番付に、「当世武家地商人《とうせいぶけちあきんど》」（図7-3）というものがある。文字どおり、これには市中の武家地に開業したばかりの商店の数々が掲載されているが、それらの所在からは和泉橋通りをふくむ下谷地域のほか、牛込や小石川、四谷といった、おもに「郭外」の方で開業が顕著だったことがわかる。

なお、和泉橋通り（御徒町）に関する記載は次の通りであり、比較的小規模な商いが中心であった様子がうかがえる。

むしばの薬／白米安売／太平あんころしるこ／料理ずし／竹の家すし／三百文の丼／小間物屋／風流とろ汁／弁当茶づけ

†リノベーションされる表長屋

先の庄兵衛たちは、現状が違法である（みずからもそれに反している）ことをわかったうえで大胆にも東京府に上申書を提出しているのだが、その真のねらいについては後述することにし、まずは事実として浮かびあがった「郭外」武家地における商店開業のイメージをつかむことにしたい。

そもそも武家の住宅は、町人のそれとは大きく異なった成り立ちをしている。屋敷中央に「御殿」と呼ばれる母屋《おもや》が位置し、そこには主人（ここでは幕臣）とその家族らが住む一方、表通りに面しては「表長屋《おもてながや》」と呼ばれる長屋状の附属する別棟が建ち、家来の住まいや物置などとして利用されるのが普通だった。

一口に商店の開業といっても、これらのうちのどの建物・部分を利用するかたちでおこなわれたのだろうか。

この点を考えるうえで参考になるのが写真7-1・7-2である。これは下谷と同様、近世をつうじて幕臣屋敷の多かった芝地域（「郭外」）の一画を、時期をへだててとらえた写真である。幕末〜明治中期のあいだに、（旧）幕臣建物で何が起きていたのかがわかる、きわめて稀少なものだ。

幕末の方（写真7-1）からは、閉鎖的な姿をした表長屋の建ちならぶ様子がみてとれる。ところが、明治に入るとその様相は一変する（写真7-2）。堅牢にみえたそれらは改造されて、たくさんの店が開かれている。

皮肉にも、通りに面して表長屋（小さな部屋がいくつも連続し、ある意味商店へと改造しやすい）が配されるという武家屋敷のあり方自体が、明治期以降、町人たちを素早く受け入れる素地となっていたのである。

写真7－1・7－2　武家地の表長屋の転用と商店化（芝の幕臣屋敷、同地点での変化）

※写真7－1（上掲。フェリーチェ・ベアト撮影）が幕末期、写真7－2（下掲。出所：石黒敬章編『明治・大正・昭和　東京写真大集成』新潮社、2001）が明治中期の状況。

下谷和泉橋通りにおいても、これとほぼ同じ出来事（表長屋の商店への転用）が起きていたと考えてよいだろう。そうでなければ、幕府瓦解から一年もたたないうちに、八〇～九〇軒もの商店が開かれるということは難しかったに違いないのだ。

†並存のあり方

ところで、前節でみた「朝臣」たちと、こうした町人らの転入とは、どのように並存していたのだろうか。

現在、和泉橋通り沿いの武家地のうち一一箇所について、明治初年時のくわしい利用状況がわかり、うち三箇所では実際に「商売」がおこなわれていたことも確認できる（「順立帳」明治三年三九）。

たとえば、太政官《だじようかん》御門開番をつとめる「朝臣」が拝借する屋敷では、本人所有の「表長屋」が「町人ニ貸置《かしお》」かれている。また、大学校勤《づとめ》の「朝臣」がおなじく拝借中の屋敷では、その父が所持する「住居」の「表通《おもてどおり》ニ而《て》茶渡世《ちやとせい》」がいとなまれていた。ひとつの武家地のなかを区切るかたちで、表長屋などの建つ表側は町人層が利用し、母屋のある中央・裏側は「朝臣」が利用するという、ある種の並存状態が築かれていたとみてよい。

他方で、このような状態は、一定の経済関係の存在をうかがわせるものといえる。すなわち「朝臣」は屋敷表側を町人層に利用させる代わりに、なにかしらの見返りを当然えていたはずだ。

本節のはじめで、「朝臣」たちがなぜ当該エリアの屋敷獲得にこだわるのか、その積極性の謎についてふれたが、そのひとつの背景には、町人層の転入にともなう当地の商業的価値の高まり（家賃など副業収入がえられること）への期待が想定できる。

4　さらなる展開——東京各所からの参入

†自己主張する町人たち

和泉橋通り沿い武家地をめぐるこのような「朝臣」と町人らの並存関係は先述のように違法であり、まもなく問題化することになった。

もっとも、興味深いのはその過程である。問題化をしかけたのは当事者であって、また「武家地」という当該エリアの性格からすれば「朝臣」よりも分の悪いはずの町人たちの側であった。以下しばらく、彼らの言い分をみることにしよう。

前掲の、庄兵衛ほか三名が東京府に提出した上申書には、じつのところ次のような続きがあった。

諸町《しょちょう》之商人引移《ひきうつり》商売仕《つかまつり》候儀《そうろうぎ》、未《いまだ》御免之《ごめんの》御沙汰《おさた》も無御座《ござなく》候処……夫々《それぞれ》家作造作（転出する幕臣の建物——筆者注）など御売払ニ而《て》買取候者共一己《いちみ》之《の》存意を以《もって》、当時住居候商人共ゟ《より》地代店賃《だいたなちん》取立諸品《しょしな》売買為致候得共《いたさせそうらえども》、火之元守方其外《まもりかたそのほか》非常異変等之節弁別《べんべつ》可仕様《つかまつるべきよう》之町法《ちょうほう》相立不申自儘《じまま》之取斗而已《とりはからいのみ》及承《うけたまわりにおよび》候ニ付……取斗世話方私共江被仰付被下置《おおせつけられくだしおかれ》候様奉願上候。右ハ、追々御興廃《こうはい》御所置《しょち》御治定之上は受領地（「朝臣」の拝領屋敷——同上）御差除《さしよけ》、其余《あまり》商人住居《しょうにんじゅうきょ》私共江《え》御請負方之儀御仁恵之御許容御座候

節は……御地代上納方ハ勿論《もちろん》町法規則相立《あいたて》（以下略）

まず、庄兵衛らは、みずからをふくむ町人層の転入が違法なものであることを素直に認める一方で、幕臣から建物を買い取り、そこに商人を誘致する人びと（建物所有者層）の横暴さ、具体的には地代家賃を徴収しながらも非常時対策を怠るなどの行為を告発している。ちなみに、この建物所有者層がどういった性格の者なのか知りたいところだが、ここには書かれていない。ひとつの可能性としては、新政府への出仕を選び、当該エリアに居住しつづける「朝臣」層であるが、現時点では確証がない。

もっとも、庄兵衛らのねらいは、建物所有者層の横暴をただすことではない。具体的には次の二点を東京府に上申している。

第一に、彼らに代わって自分たちこそを、和泉橋通り一帯の商人住居の運営主体（「取斗世話方」）に任命すること。第二に、今後通り沿いの武家地（「朝臣」に拝領させる屋敷の位置）が確定したあかつきには、それ以外のところをすべて商人住居（＝町地）に引き換え、そこの請負についても自分たちに命じてほしいこと、それが認められたならば当局への地代上納などもおこなう旨を、ここで述べているのである。

要は、違法状態の追認どころか、商人住居にまつわる主導権の奪取（建物所有者層から実際に商いをおこなう自分たちへ）と、住居の位置する土地の性格変更（武家地から町人地へ）およびその領域拡張までをも、府に要求しているのである。その豪胆さには、率直にいって驚く。

†参入希望の続出

しかしながら、じつはこの種の申し立てをおこなっていたのは、なにも庄兵衛らばかりではなかったのである。東京各所のグループが和泉橋通り沿いの商人住居・町地開発に参入しようと、相次いで名乗りをあげていたのだ。

表7-1は、その七グループ（計一〇名。東京府への上申は明治元年〔一八六八〕一一月～翌二年九月まで散見）の内訳である。また、それぞれの願書をもとに、おおよその開発希望範囲を図7-4に表した。

彼らはすべて町人であり、家持《いえもち》（居付地主《いつきじぬし》）や地借《じがり》（借地人）など比較的豊かな階層の者が多い。願書に記された居所によると、大半は下谷地域に本拠を置く人物ではなく、また、庄兵衛らのグループを除くと、これから当該エリアにはじめて参入する者たちである。

つまり、彼らのほとんどは、通り沿いの人気（旧幕臣建物を利用した商店開業の動きなど）を目の当たりにし、今後もさらに多くの町人層が移り住んでくることを見越したうえ

表7－1　開発を希望した七つのグループの人的構成、申請の概要

範囲 (図7－4参照)	願人10名の 居所	居住 形態	職種 など	申請内容の概略	開発 形態
(不詳)	浅草源空寺門前	(不明)	家主	「町地ニ奉願上…手元ニ而人足《にんそく》差入《さしい》」れ「町人共江《え》貸附《かしつけ》」	請負
A	本郷5丁目代地 下谷長者町1丁目 本所亀沢町 馬喰町2丁目	地借 地借 地借 地借	(不明) (不明) (不明) (不明)	「当分之内」は、先住の「商人」や異変の取締り。 認可が降りた際には「商人住居」の「請負」を希望。 「御地代上納方」、さらに「町法規則」の作成・「家守」の増員などもおこなう。	請負
B	葺屋町	地借	問屋 炭薪 渡世	「相当之御上納」をもって、「新規町屋《まちや》敷《しき》御受負」	請負
C	深川海辺大工町	地借	(不明)	最も広域の「町地御免」を希望。冥加金2000両上納、および開発認可後の翌年からの地代上納を約束。	請負
D	本所柳原町3丁目	家持	(不明)	「今般《こんぱん》御願場所は新規貸附開発同様の地所」。開発認可の半年後からの地代上納を約束。	請負
E	神田松永町	(不明)	家守	「相当之御代金ヲ以《もつて》私え御払下ケ」を希望。「町家《まちや》家《か》作《さく》」普請。	払い下げ
F	神田旅籠町3丁目	地借	(不明)	「払下ケ」の場合3200両、また「請負」では毎年1125両の上納を約束。「御聞《きき》済《ずみ》之上は惣躰町家」。	払い下げ (請負も可)

で、それらの受け皿づくりや経営をになおうと画策しているのである。

たとえば、最も広域の開発を願い出たのは深川海辺《ふかがわうみべ》大工町《だいくちょう》の地借であって、冥加金《みょうがきん》二〇〇〇両（現在の貨幣価値でいうと一億円前後）と認可翌年からの地代上納と引き換えに、和泉橋通り沿い全体をゆうに超える範囲の「町地御免」を要望している。

先述の庄兵衛らがあくまでも「朝臣」の拝領した後の残地開発を申し出ていたのに対し、右の要望は「朝臣」の存在を事実上、無視した要求といえる。いまだ身分制ゾーニングが持続している当時にあって、仮にこれ（通り沿い全体の町地化など）が認められたならば、「朝臣」は他所へと立ち退かねばならないからである。

ともあれ、下谷和泉橋通り沿いの武家地では、幕府瓦解後まもないころから町人層の転入と商店開業が進み、繁栄が築かれはじめていた。

当初、「朝臣」らと新参の町人層のあいだで、インフォーマルな

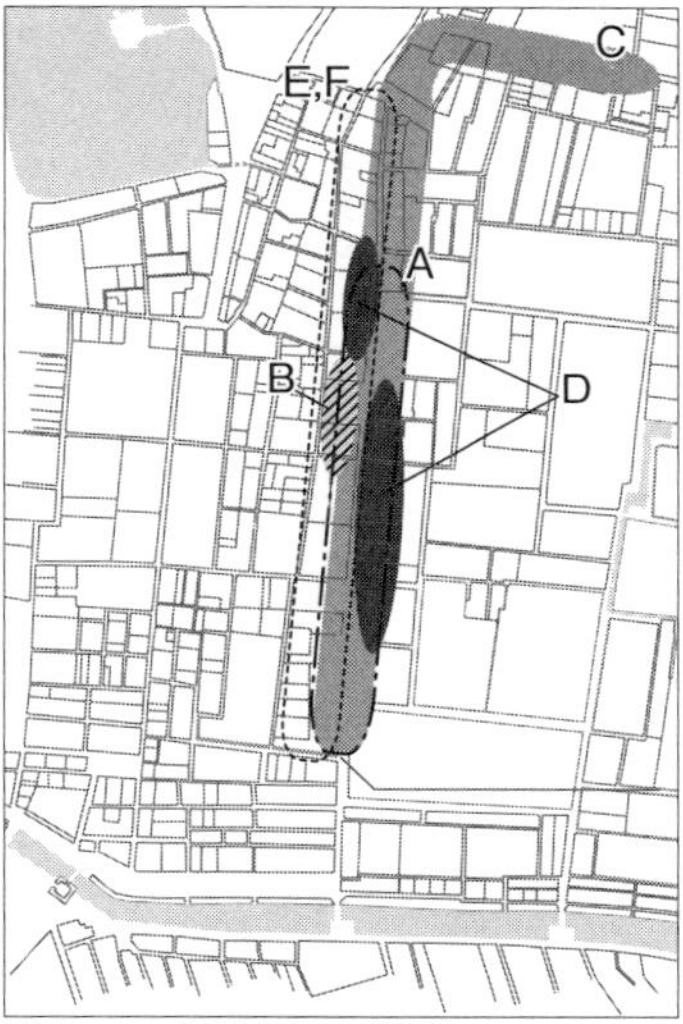

図7－4　開発希望の範囲
※図の範囲は前掲図7－1とほぼ同じ。

ものながらも共存関係が築かれていたとみられる一方、町人社会の侵食がさらに進展するにしたがい、通り沿いの利用をめぐって双方（「朝臣」と町人層）のあいだ、さらには町人グループのあいだでも、争奪戦のような状況が出現していたのである。

5 もうひとつの都市再編の論理

†広場へ

さて、以上からは、もうひとつの、より根本的な疑問がわいてこよう。東京各所の町人層はなぜ、これほど積極的に下谷和泉橋通り一帯へと転入したり、あるいは新規参入を目指したりしていたのだろうか。そもそも彼らの動きがあったからこそ、当該エリアの商業的価値が芽生え、そして「朝臣」らもますます屋敷を獲得しようとしていたとみられる。すべての始まりは、むしろ町人層の側にあったといっても過言ではない。そのモチベーションたるや、はたして何であったのだろうか。

この点について、残念ながら先の町人層グループ（表7-1）に関する史料の中身は限られる。ただし、代わって貴重な手がかりを与えてくれるのは、それらの後に続くかたちで和泉橋通り沿いへの転入を試みていく外神田町人地に関する記録である。

少々、前提となる経緯を説明しておこう。

明治二年（一八六九）一二月に外神田エリアでは大火が発生し、当該の神田平河《ひらかわ》町に対しては他所への移転が命ぜられた。その際、平河町には移転先希望を自由に申し出るよう下知されており、同町の顔役たち（「地主代」を兼ねる差配人五名）は町内の意見をまとめ、次掲のような希望地（記載順）を出していたことが明らかとなる。

ここには、全町移転を余儀なくされた町とその住民たちが今後の再起と繁栄の可能性を、当時の東京のどこに見出していたのかが、ストレートに表れている。それは、明治初年の大変動をなんとか乗り越えようとする町人層一般も、ある程度共通して抱く考えでもあったはずだ。

「上野山下東側武家地」・「神田泉橋《(ママ)》通大病院御屋鋪続《つづき》」・「柳原土手通《どおり》冨田家御屋鋪」・「同所（柳原土手通――筆者注）東之方細川家御屋鋪」・「同所同断（柳原土手通東之方――筆者注）御郡代《ぐんだい》御屋鋪」

まず確認できるのは、和泉橋通り沿いの人気の高さである。一・二番目にあがっているのが、まさにそれであり、前者は通りの北端、後者は南端近くにあたる。

では、なぜそれほど当該エリアは有望なのか。人びとは何を根拠にしていたのだろうか。じつは、右の移転希望先には一定の共通性が認められる。すなわち、「上野山下」（前掲図7-2）および「柳原土手通」という近世江戸以来の広場に近接する場所ばかりなのだ。

江戸の広場については小林信也氏の研究にくわしい（小林二〇〇二）。そもそも日本の都市においては欧米のそれと違い、政治儀礼や祭典などのおこなわれる「公共空間《パブリックスペース》」としての広場」はさほど発達しなかった。他方で、橋のたもとや幅の広い街路（広小路《ひろこうじ》）などには、さまざまな物品をあつかう露店（床店《とこみせ》）や諸芝居の興行小屋が建ちならび、いわば「盛り場としての広場」は多彩に展開した。これらの多くは公道上に位置しており、本来ならそうした利用は厳禁なはずが、幕府は特定の業務（隅田川にかかる橋の維持管理など）を町人層に負担させるのと引き換えに、そこに事実上、恒常的な盛り場が形成されるのを許していたのである。

人びとの消費・遊興文化の中核をなすこれらの「盛り場としての広場」は、町人（商人）らにとっては稼ぎの見込める対象でもある。とりわけ明治初年という変革期において、それまで消費の主軸であった武家社会が急激な変容・解体をたどるなか、市中の町人層にとってこれらの広場の持つ意味や重要度はなおさら高まっていたといってよい。たとえば、当時、零落はなはだしい場末町人地の複数の住民グループが東京府に対して、そうした広場近辺への移住（替地）の要望を度々出していたことも、実際に確かめられる（「順立帳」明治三年四〇）。

話を戻せば、下谷和泉橋通りは、その両端近くに広場（上野山下、柳原土手通）が存在していると同時に、ちょうどその双方をつなぐ位置（幹線）にあたる。神田平河町がこの通り沿いを移転候補先の筆頭にあげたのも、さらにいえば幕府瓦解直後から各所の町人層の転入や新規参入の動きが盛んだったのも、背景には、「広場への近接」という、当時の町人層がひろく抱く願望＝生存戦略があったと考えられるのである。

なお、以上のような広場を中核とする都市再編の動きは、もちろん下谷一帯に限られるものではなく、また明治初年以降、広場のあり方自体もさまざまな変容を遂げていくので、当然一筋縄の展開とはならない。それらについては、次の第8章でくわしく論じたい。

†東京府の思惑――幹線道路形成の基盤

さて、最後に、一連の動向がどのように落着したのかについても簡単に記しておこう。

明治二年（一八六九）なかばにかけて七つの町人グループ（表7-1）が和泉橋通り沿いの広範囲を町地開発申請していたこと、また同年末に被災した神田平河町も通り沿いを移転先希望の筆頭にあげていたことについてはすでにふれた。当時、東京一円の武家地を管轄した東京府は他の政府機関とも連絡をとりながら対処していく。

結論からいえば、府は、これらの申請を大筋で認める判断を下していった。具体的には、前者(町人グループの申請)については当時「医学校」(旧幕府の医学所)の関連施設が建設中だった通り南方の一画だけを対象に、そこを願人の数に割り直して町地開発を認めた。また後者については、平河町の要望どおり、通り沿いの二ヶ所に移転するように指示する一方、うち一ヶ所は上記の町地開発に連なる場所だった。

このように、東京府が新設の医学校関連施設のところを中心に開発・移転などを認めたのは、府側もそこに商店などを誘致する必要性を感じていたためであろう。ここからは、本来違法な「郭外」武家地への町人社会の侵食についても、みずからにとって都合のよいかたちであれば積極的に追認・利用しようとしていた府の姿勢をうかがうことができる。

ひるがえって、図7-5は、明治四年(一八七一)作成の「東京大絵図」から和泉橋通り一帯を抜き出したものである。まさに以上の動向の結果、通り沿いの南西あたりに「丁」(町地。図中の太線で囲ったところ)が誕生しているのがみてとれる。

ちなみに、このあともなくの身分制廃止とそれにともなう武家地区分などの消滅をへて、通り沿いは東が御徒町一~同三丁目、西が下谷中御徒町一~同四丁目へと再編された。

図7－5　1871年「東京大絵図」における和泉橋（徒町）通り一帯（出所：『江戸から東京へ 明治の東京』）※図の範囲は、前掲図7－1とほぼ同じ。

ますます多くの商店が軒を並べる一方、通りの中央には一八八二年（明治一五）に鉄道馬車が、またのちには市電が巡らされていった。そして、関東大震災（一九二三年〔大正一二〕）後の復興過程では、最重要幹線のひとつである昭和通りがまさにここに計画され、実際に広幅員の道路が整備されていくのだった。

本章でとりあげた明治初年の動向はいずれも非常に微細なものの、それらの集積もまた、近現代の東京の発展のありようを決定づけるかけがえのない要素だったのである。

第8章 広場から新開町へ——社会・文化的基盤としての旧大名藩邸

1 広場のゆくえ

†再編の基調

前章からは、明治初年における広場を中心とした都市再編の構図が浮かびあがった。

多くの人びとにとって、各種の露店や諸芝居の興行小屋などの建ちならぶ広場（盛り場としての広場）は、日々の行動や暮らしに深く根ざした場所であるとともに、実際にその近隣へと移住したり、あるいは営業の拠点を確保することは、当該期の大変動を生き抜くために有効な手段だった。事実、江戸‐東京有数の広場が近くにある下谷和泉橋通り一帯（武家地）では早くから町人たちの転入が続き、またそれと呼応した「朝臣」の屋敷獲得や、さらなる店子需要を当て込んだ東京各所の町人グループによる町地開発への動きなども盛んだった。

ひるがえって、維新期の東京については、江戸の状態がそのまま連続（ないしは衰退）するイメージでこれまで語られることが多かった。とくに町人層に関しては幕末時と変わらない場所（旧町人地の範囲）に住み、そこで完結する生活（町内完結社会）を営んでいたとの見方が示されてきたものの（小木二〇〇六）、それは端的にいって誤りである。すでに明治初年から広場近くの武家地などへの町人社会の侵食は目覚ましかったのであり、前章でふれた「当世武家地商人」の内容にもとづけば、それは下谷地域のみならず、牛込や小石川、四谷といった、都市周辺部（ここでいう「郭外」）のそこかしこにおいて起きていた。

このような、広場を拠点とする空間＝社会（人と空間とのかかわり）の再編は、前章であつかった時期（明治初年＝幕府瓦解〜明治四年〔一八七一〕）よりも、それ以後の方がむしろより盛んになっていった可能性がある。なぜなら、明治初年にはいまだ身分制度が存続し、たとえば武家地への町人の転入・参入にも当局の公認・裁定が必要だったものの、当該制度の廃止（より正確には、明治四年四月の統一戸籍法公布で、武家地・町人地などの既存の屋敷区分が喪失されたこと）により、以後はそうした足かせがなくなるからである。

人の居住を定める絶対的な規範（身分制）に代わって、一般の人びとによる「より良き生活環境を獲得しようとするいとなみ」、具体的には以上のような広場を中心とした動きこそが、既往の都市構造再編のひとつの基調になっていったと考えてよい。

本章では、まさにそうした明治初年・以後の、維新期における展開を具体的に明らかにしていくことになる。

†広場（盛り場としての広場）の移動

ところで、広場がこのように維新期東京に生きる人びとにとって重要な存在とみなせる一方で、注意する必要があるのは、そのかんにおける広場の移動という問題である。じつのところ、近世来の広場の多くはいったん強制的に解体され、そしてそれらの要素は他所に移転する（別の場所にあらたな広場がつくりだされる）という経過がたどられていく。

右のいきさつについて、以下しばらく説明しよう。

江戸の広場が、橋のたもとや幅の広い街路（広小路）などのおもに公道上に位置していたことは前章でふれた。こうしたありようは、しかし明治新政府の土地制度改革――一八七三年（明治六）地租改正――にむけた動きと真っ向から対立するものとなる。すなわち新政府は、先述のように既存の屋敷区分（武家地など）を撤廃し、代わってすべての土地をあらたに官有地と民有地の二種類に振り分けた。後者からはそれぞれの面積にもとづく地租（地税）徴収を断行するかたわら、前者では私的な利用を一切認めない姿勢をつらぬく。そうした結果、公道を中心に展開していた広場はその様相を一変させることになる。

　具体例をあげよう。次節でも取りあげる筋違広小路《すじかいひろこうじ》（筋違橋広小路）は、実際に「広場」とも呼ばれ、明治初年までは東に接する柳原土手通りとともに「雑商露肆《ざつしょうほしみせ》を連ね、殊《こと》に諸伎人の淵藪《えんそう》」（『東京新繁昌記』）、すなわちさまざまな露店商人・芸能者が寄り集まる場だった（第Ⅲ部扉参照）。しかしながら、地租改正をへると、ここは次のような花壇と化す。この「官の厚恵なる」所業は、当時の触れに「此度栽立《このたびうえたて》候樹木間《あいだ》え、諸商人差出候儀不相成《あいならず》候」（『東京市史稿』市街篇五六巻）とあって、実のところは人びとの利用を排除するために設けられた可能性がきわめて高いものだ。

筋違見《すじかいみ》付《つけ》の跡、万世橋辺は、旧来より府下《ふか》第一の群集にして、恰《あたか》も人の山をなす常なり、されば又昨今《さっこん》橋の南畔なる広小路を一円に囲ひ、橋に至るべき二線の行路を設け、其他は総《すべ》て竹籬《たけがき》にて区画し、門には梅桜の花木凡《およそ》二百本余を植付らる丶由《よし》……不日《ふじつ》全く出来すべく、且《かつ》程なく桜花開くの時節なれば、更に一層の勝景を添へん、官の厚恵なる、実に衆庶の喜び也《なり》。

（『郵便報知新聞』一八七四年（明治七）二月一七日号）

筋違広小路は、その後も地図上では「筋違向広場」や「万世橋広場」などと記され、言葉のうえでは広場として存続しつづけた。ただしその内実は地租改正断行の一八七三年ごろを境に、ほとんど空虚な場（人びとを締め出し、滞留させないための花壇）へと変じてしまうのである。このような筋違広小路の変転は、多少の年代や様相の違いはあるにしろ、近世来の広場が共通してたどったありようと考えてよい。

明治初年の広場は、確かに多くの人びとを引きつけ、都市空間の再編をうながす存在であった（前章）。しかしながら、その大本《おおもと》にあったのは（たとえば下谷和泉橋通り沿いへと町人たちが続々と転入をはたしていた理由・根拠は）、広場で生みだされていた繁華にほかならない。それまでそこに展開し、繁華を生みだしていたヒトやモノ（各種の露店や芝居小屋、またそれらの営業者たち）は、いったいどこにいったのだろうか。

†新開町へ

この問題を考えるうえで重要な手がかりを与えてくれるのは、江戸から東京への移り変わりを巧みに描きこんだ服部撫松《ぶしょう》の『東京新繁昌記』（一八七四年〈明治七〉）である。これは文芸評論家の前田愛氏が指摘したように項目立てからして寺門静軒《せいけん》の『江戸繁昌記』

（天保年間）を倣うものであって（前田一九九二）、幕末と明治初年のあいだで都市の諸相がどのように変化したのか、その対照関係を知ることができる。

つまり、『東京新繁昌記』のなかで幕末の広場に対置されたものこそが、それまでそこに展開しながらも地租改正で排除されたヒトやモノの次なる受け皿であった可能性がある。左は該当箇所の抜粋（ルビは原著にもとづく）である。かつての広場に代わる存在と服部が目したもの、それは当時「新開」や「新開町」などと呼ばれた（以下では、統一して「新開町」と記す）旧武家地の一群であった。

一新以降、都下の事物日に新開を競ひ、月に繁華を闘はす。最も著明なる者は市街の新開也。……地税の改正有つてより、私有地に属する者は、弾丸の地《ワズカナチデモ》と雖も税を課せざる無し。故に公邸矦宅（大名華族の邸宅など――筆者注）、競ふて新街を開き、以て貸地と為す。……愛宕下坊の如きは大小の矦邸並列して一商戸を見ざる者、今皆繁華の新街と為り、芝切通しより新橋通りに至るまで、百貨の肆店、櫛比軒を列ね、矦邸の跡を見ず。……蠣殼坊・濱坊の如きは則ち都下の中央に位して、新繁華の最第一と為す。……本所深川も亦た以て多しと為す可し焉。……邸主は恰も地主の賃居《オウヤノタナガリ》の如く、邸隅に亀宿《チヾミ》し、全く旧矦邸の景況を一変す。小華族の如きは尊姐《オクサマ》親ら箕箒を執り、一僕一婢に過ぎず

（以下略）

右掲を、本書ここまでの内容も一部取りまぜながら解釈すると、次のようになる。

地租改正によって、民有地（私有地）に位置づけられた武家地跡地からは地税徴収が強制的におこなわれていく。農村と違い、それまで江戸‐東京（をはじめとする都市一般）の土地では租税が免除されていたのが一変することになった。

一区画が大きい（比較的広大な面積を占める）旧武家地の土地所有者にとって、負荷はとりわけ大きいものとなる。その代表格といえるのは、廃藩置県（明治四年〔一八七一〕七月）の直前に東京への再上京を命ぜられていた旧大名（大名華族）たちである。

すでに第1章で論じたように、大名華族は明治初年中、それまで幕府から下賜されていた屋敷（藩邸）のうち「郭内」に位置するものなどを相次いで没収される一方、「郭外」の一箇所（かつての中屋敷や下屋敷など）については最終的に私邸（東京邸）として保持・所有することがゆるされた。なお、新政府が大名華族に対する東京定住命令を条件付きながら解くのは一八八七年（明治二〇）になってからのことである（内山二〇一五）。つまり、彼らは少なくともそれまでの約二〇年間は、最低限東京（東京府）に定住先を持つ必要があり、多くの場合この「郭外」屋敷＝東京邸が、彼らの重要な生活拠点となっていく。

もっとも、そこでの生活ぶりは、多分に地租改正の影響をこうむることになった。右掲からは、地租の負担にくるしむ大名華族らが私邸の一部を貸地するなどの行為を急ピッチで進め、またそうした邸内開発＝新開町が、芝（愛宕下《あたごした》坊）や浜町（蠣殻《かきがら》坊・濱《はま》坊）、本所深川といった、おもに「郭外」エリアを席巻していた様子がうかがえる。

そして、ここでなによりも重要な点は、同時代人である服部撫松はこれらの新開町こそを、江戸の広場の継承者とみなしていたことだ。では、その継承の過程はどのようなものだったのだろうか。具体的な事例をもとに、くわしくみていくことにしよう。

2「江戸の広場」の受け皿として——新開町というフロンティア

✝素早い変容

ひとつ目のケーススタディとして、幕末には丹波篠山《たんばささやま》藩上屋敷だった神田連雀町《れんじやくちょう》一八番地（以下、連雀町一八番地と記す）に注目することにしたい。

『武江年表《ぶこうねんぴょう》』の一八七三年（明治六）五月の項には、次のような記載がある。

連雀町へ合併の新町屋（連雀町一八番地のこと――筆者注）四千五百九十坪、家作取掛る、中に縦横の小路ひらけり、此《この》連雀町新町家は元諸侯の邸故《ゆえ》、大なる望火楼（火の見櫓――同上）ありしを工夫して、頂上より下座敷迄《まで》油絵の覗《のぞき》からくりを仕掛て見物を招だり、楼上より四方を眺望して少しく趣ありし。

近世時にはごく限られた機会（邸内社《ていないしゃ》の公開など）を除くと武家以外は立ち入ることも難しかった大名藩邸のひとつであるこの地所は、明治年間をむかえてわずか数年のうちには、一転してたくさんの人びとを受け入れ、さらには藩邸時代の建物を活かした興行までもがおこなわれる場＝新開町へと生まれ変わろうとしていた。

図8-1に、当時（一八七五年時点）の記録をもとに一帯の区画を示した。当該地所のなかには、実際に数多くの道が切り開かれていたことが確認できる。

近世段階には、一般的に各藩邸の中央には巨大な「御殿《ごでん》」が存在し、そこでは政務がつかさどられると同時に、藩主（参勤時）やその家族が生活した。ここの場合は旧篠山藩の御殿となるが、それは右の開削によって（あるいは開削時までには）大方撤去されたとみてよいだろう。

あらたに敷かれた小路の名前（「石橋通り」）からは、ここの開発が万世橋《まんせいばし》（江戸城の城門

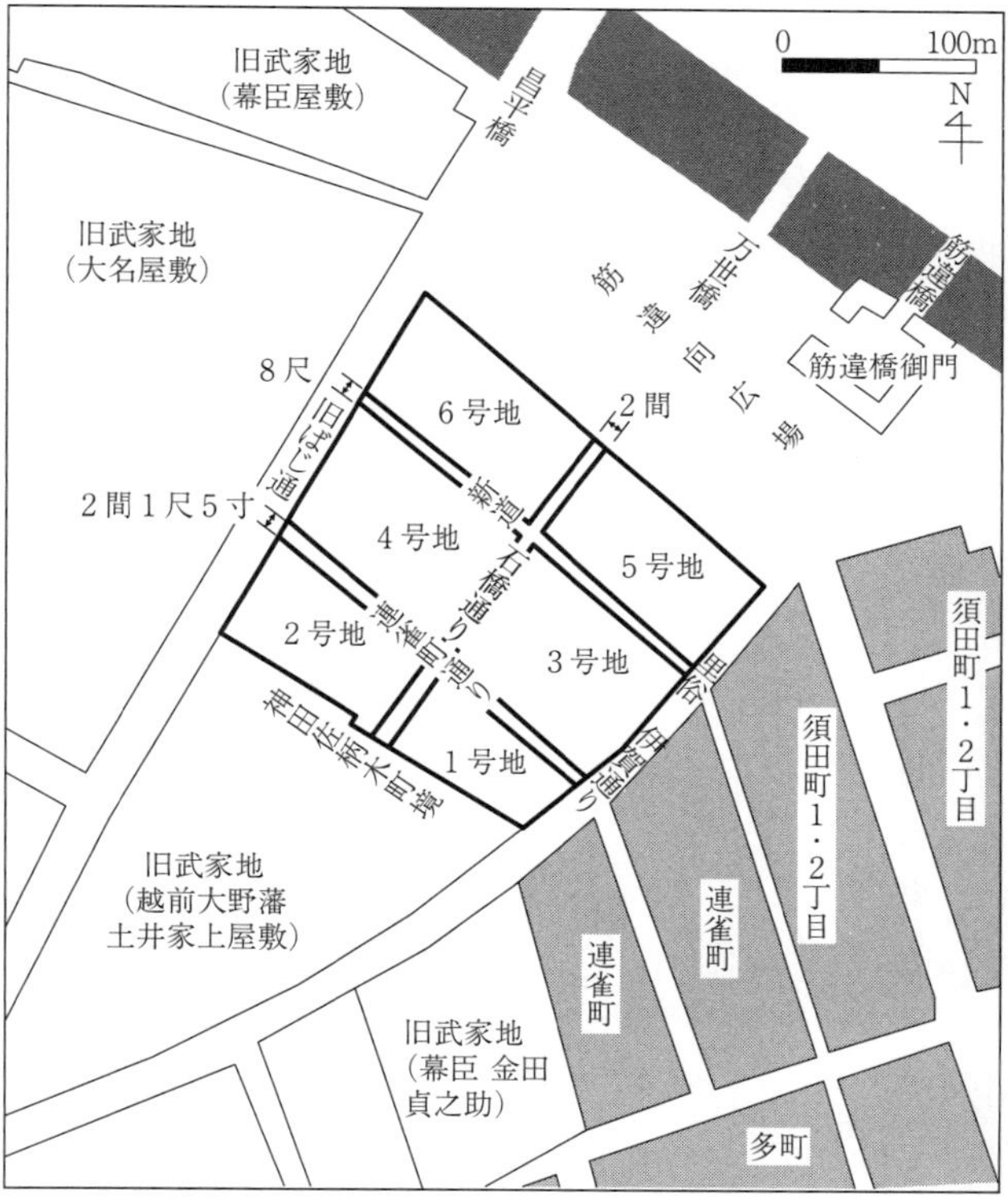

図8－1　連雀町18番地および周辺の様子（出所：松山2014）
※太線のところが連雀町18番地の内。

のひとつだった筋違御門《すじかいごもん》の廃材を転用してつくられたアーチ式の石橋。一八七三年三月着工、同年一一月完成）の開通を当て込みつつ、それと軌を一にして進められた様子がうかがえる。また石橋通りが直進するありようからは、すぐ南側の旧越前大野《えちぜんおおの》藩上屋敷においても、なにかしら邸内開発が起きていた可能性は高いといえよう。

†小商人・芸能者の流入とその波及――当初の住民像

さて、本題である。以上の新開町にむけた動きと、既存広場の解体とはどのような関係にあったのだろうか。

連雀町一八番地のすぐ北側には、江戸有数の広場である筋違広小路が位置していた。前節でふれたように、地租改正を機に当該広小路の様子は一変し、そこに展開していたヒトやモノは行き場を失う恐れがあった。

結論からいえば、それらの多くはこの地の内部へと移動を果たしていったとみてよい。次掲からはその過程がうかがえる。この史料は、ここの差配人《さはいにん》（地主に代わって土地や建物の管理、店子からの地代家賃の徴収などに当たる。なお、当該地所の所有・利用関係については次項で検討）である長尾久五郎という人物に関し、東京府から問い合わせを受けた当該エリアの戸長《こちょう》が提出した返答（一八七六年〔明治九〕六月一四日。傍線部筆者）の一部となる。

右之者（長尾久五郎――筆者注）差配地内《さはいちない》明地《あきち》へ出商人《でしょうにん》差置《さしおき》度《たき》旨《むね》出願仕　候《つかまつりそうろう》ニ付事実御尋ニ御座候、右は……須田《すだ》町地先《じさき》広場（筋違広小路のこと――同上）ニ而《て》営業致　来《いたしきたり》食類出商人、或ハ説教（ママ）祭文《さいもん》・辻講談《つじこうだん》等を唱候者業体営　兼難渋　罷在《いとなみかねなんじゅうまかりあり》候ニ付同所貸与、一時営業為致《いたさせ》候義ニ有之、外見信《がいけんまこと》ニ盛り場と唱　候《となえそうろう》景況《けいきょう》ニ比類《ひるい》致候（以下略）

（「管内諸願伺留」）

傍線部にあるように、筋違広小路にはこれまで食類の露店商人から祭文語り（おって明治大正期に隆盛をみる浪曲の源流）、辻講談などにいたるまで、さまざまな路上の営業者・芸能者が実際に寄せ集まっていた（図8-2・3・4）。

広小路解体によって営業場喪失の危機がせまるなか、その代わりとなったのは、連雀町一八番地内の空き地だった。別の文書（右掲の史料よりも前に、長尾が東京府に提出していた上申書）によると、それは正確には「裏地所《うらじしょ》四百坪程之明地《あきち》」であり、かつて御殿が位置したとみてよい邸の中央部、図8-1でいうところの「4号地」ないし「6号地」に内包される区画（二六二頁の図8-5ではAや①・①'のところ）であった。

そして、これらの区画では、私見のかぎりでも一八七三年（明治六）夏には一〇〇日間にわたる人形遣《にんぎようつかい》・吉田才次による操芝居《あやつりしばい》（『武江年表』）、一八七六年には「英国人の手品」（一五日間。『朝野新聞』同年一一月一五日号）、さらに一八八〇年には「撃剣会《げきけんかい》」（三日間。『東京絵入新聞』同年九月二日号）と、各種の興行も相次いでおこなわれていく。

ともあれ、右の空き地が旧広小路の営業者・芸能者らに貸与されたことをきっかけに、そこには新しい広場（「信ニ盛り場と唱候景況」）が再生、出現したのである。

他方で、右がたくさんの人びとを引き寄せるにしたがい、今度は、集まった群衆を目当てにするような、より広い範囲の商人らもまたここ連雀町一八番地へと転入・参入してきた。これは、ちょうど前章の下谷和泉橋通り沿いでみられたのと同じような展開が引き起こされていったとみてよい。

表8-1は、一八八〇年（明治一三）発行の『東京商人録』から、当該地に開業する店舗を抜き出したものである。

日用品を扱う商人から、馬車商や牛肉商といった明治の東京らしい業種のものまで含まれている。当時、地主側が作成した貸借簿などと照合可能な分の位置を後掲の図8-5中に示したが、地所の表側（外周）に分布が集中している。先述のように中央部（裏側）に元広小路営業者の受け皿や興行場が立地していく一方で、それを取り巻くように、あるいは表通り沿いに残される旧藩邸時代の表長屋（後述）を利用するようなかたちで、これら

図8−2・3・4　幕末期江戸における路上の営業者・芸能者の姿。左上の図8−2が食類の露天商（いなりずし）、右上の図8−3が祭文語り（「あほだら経」。男性が木魚、女性が三味線を持っているのがわかる）、下の図8−4が辻講談（出所：『江戸町中世渡集』一橋大学附属図書館蔵）

表8－1　1880年現在の連雀町18番地の店舗（出所：松山2014）

図8－5の位置	職種	商売主
あ	医者	本郷　直
	医者	江口　新
	医者	藤岡民次
	糸物商・糸組物	池澤銀二郎
い	糸物商	市原政蔵
う	馬車商	吉田甚内
	馬車商	嶋田太郎
	馬車商	古澤元安
	馬車商	土方景則
え	馬車商	大下安太郎
	馬車商	清壽軒
お	料理商	柘植勝五郎
か	紙商	大石榮吉
き	紙商	早川一郎
	私立学校・小学	開進学校
	代言人	仁平新作
	宿屋商	栗原波五郎
く	宿屋商	大塚　陽
	宿屋商	矢澤さゐ
け	宿屋商	水谷つた
こ	宿屋商	鈴木重則
	八百屋商	丸山文治郎
	待合茶屋	古田留吉
	待合茶屋	石井とよ
	下駄商	野澤利助
	蒲団商	藤田仁助
	古着商	酒井九兵衛
さ	古着商	川村佐無
し	米商	金山兵蔵
	米商	三谷ふく
	米商	長島伊左吉
	米商	中村庄二郎
	米商	大山鶴松
す	呉服太物商	渡邊留吉
せ	呉服太物商	木村久作
	呉服太物商	伊勢屋徳兵衛
	荒物商	荒井卯太郎
	油商	大澤岩二郎
	油商	佐藤もと
そ	酒醤油商	堀越庄左衛門
た	酒醤油商	鹿嶋大野熊次郎
ち	牛肉商	夏原安兵衛
	牛肉商	光田半二郎
つ	湯屋商	本間藤吉
	飯屋居酒商	訓東榮三
て	質物商	石井喜兵衛
	塩物商	鳥海安五郎

の商店一般が開業していった構図が読み取れる。

表8-1のうち、呉服太物商（木村久作）は明治初年中に下総《しもうさ》から上京した人物であり、現在も子孫の方がここで同業を営んでいる。また表にはあらわれていないが、おなじく当地で営業をつづける神田藪《やぶ》蕎麦《そば》も、この時期までには千駄木《せんだぎ》にあった団子《だんご》坂《ざか》藪蕎麦（蔦屋）の支店というかたちで進出を果たしていた。

さらに、表8-1の宿屋商（水谷つた）は、もともとは筋違広小路で露店を営んでいたことが確認できる人物であって（「明治七年床店葭簀張開市場」）、つまりこの一〇年あまりの間に転業を果たしていたことになる。

ひるがえって考えてみれば、以上のような新開町が、大名華族の私邸をはじめとする武家地跡地に生み出されたからこそ、江戸-東京において大衆的な芸能文化はまがりなりにも持続できたといえる。と同時に、それは、元広小路の営業者ばかりでなく、当該期の変動を乗り越えようとする江戸-東京内外からの多くの人びとを受け入れ、彼らの生存と成長を助ける貴重な生活空間——維新期東京のフロンティア——であったといえよう。

†土地所有者、開発主体について

以上は、連雀町一八番地という新開町の当初の住民・営業者像であった。

これに対して、当該地所を所有したり、あるいは旧藩邸を一般向けの生活空間へと実際に開発した主体は誰だったのだろうか。先の『武江年表』などからは、先行して（一八七三年頃）かなりの工事がおこなわれていたこともうかがえた。このような工事は住民層（元広小路の営業者など）には難しく、維新期東京に数多く誕生した新開町の背後には当然、現在でいうところのディベロッパーのような存在が想定される。

　これらの点について、連雀町一八番地を素材にあらためて考えてみよう。

　明治年間をむかえ、「郭外」に位置するこの武家地（旧篠山藩上屋敷）は、新政府から一八七〇年に旧庄内《しょうない》藩主・酒井忠寶《ただみち》へと下賜されている（『東京府志料』一巻。なお、なぜそのまま旧篠山藩主・青山家に下賜されなかったのかは現時点では定かでない）。しかし、結論からいうと、酒井がここを所持したのはごく短期だった。現在確認できる史料によると、一八七四年六月中、連雀町一八番地の土地と建物は、林留右衛門への貸付金の抵当物として三井《みつい》組《ぐみ》の「預《あずか》り置《おき》」となり、同年一一月からは正式に同組（正確には三井組内の大元方《おおもとかた》）が所持するところなっていた。つまり酒井は、一八七〇年から一八七四年のうちに、ここの土地・建物を林（ないしは他者）へと、すっかり売却していたことになる。

　右のうち林留右衛門というのは、日本橋・新葭《しんよし》町の小間物問屋よしやの六代目当主（林正道）であり、よしやは三井江戸本店の家督のひとつでもあった。林はこの時期、小野《おの》善《ぜん》助《すけ》らと東京と函館間の運搬会社も設立するなど、さまざまな事業に手を出すも失敗しており、三井組による貸付（最終的には、抵当差し押さえで所有）は救済に乗り出したものと推測される。なお、ここ連雀町一八番地のあらたな所有者＝地主となった三井は、以後、大元方・三井合名《ごうめい》会社・三井物産・三井不動産とグループ内での名義は変わりながらも、二〇世紀おわりまでのじつに一世紀あまりの長きにわたってこの土地を所有しつづけた。

さて、正確にいつの時点（一八七〇～一八七四年）で大名華族の酒井がここを手放したのかは未詳である。もっとも、そのころの新聞記事は、「或《あ》る華族様の御邸地を……売買の相談申取が出来れば直《す》ぐに新開町にするといふ咄《はな》しがあるが、華族さんもあぶない商法をなさるよりハ御自分で新開町にして其《そ》の上り高を取る方がよほど慥《たし》かでよからうに」（『朝野新聞』一八七六年一一月二二日号）と伝えていた。先に引用した『東京新繁昌記』では地租改正による負担をきっかけに、大名華族の多くがみずからの東京邸を新開町へと開発しつつ「邸隅に亀宿《チヂミ》」ながら生活する様子が伝えられていたが、なかには邸全体を手放してしまう者もいたことになる。酒井は後者のケースといえ、やはりその背後には経済的苦境があったのだろうか。

ともかく、一八七三年五月には実現していた当初の開発（道路の開削や見世物整備など。先述『武江年表』）には林がかかわっていたとみてよいだろう。追って林が三井組に提出し

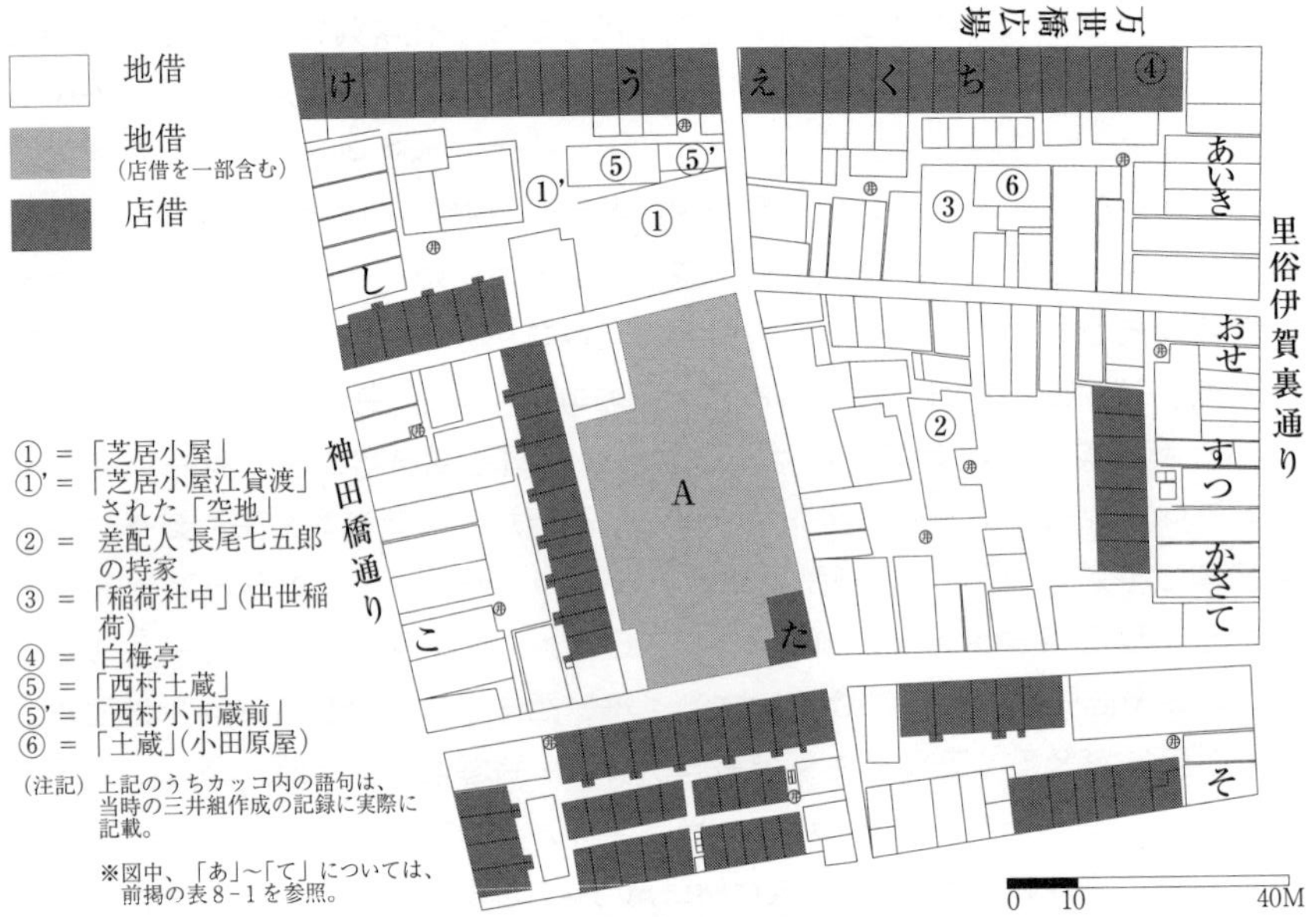

（注記）上記のうちカッコ内の語句は、当時の三井組作成の記録に実際に記載。
※図中、「あ」〜「て」については、前掲の表8－1を参照。

図8－5　1875年頃、三井組取得時の連雀町18番地の利用（出所：松山2014）

た証書類からはその過程が垣間みえる。それによると、連雀町一八番地の不動産のうち、四五〇〇坪あまりにおよぶ土地については林がすべて所有する一方、そのうえにある貸家用の建物（計一六棟）はまったくの他人（日本橋地域に住む、旧町人の深江庄兵衛）が所持するものだった。新開町への開発着手にあたり、数千坪にもおよぶ旧大名屋敷を林が単独で買得し開発することはさすがに難しく、必然的に他者（深江）のかかわりを要したのだろう。

なお、図8-5は、ここの所有が三井組へと移ってまもないころ（一八七五年現在）の内部の所有・利用関係をあらわしたものである。「店借《たながり》」の箇所は三井の貸家であって、もともとは深江が所持した分に当たる。そのほとんどは大規模な長屋であり、またよく見ると、各戸に雪隠《せっちん》（便所）が設けられるといった武家屋敷のそれに近い特徴を備えているのがわかる。おそらくこれらは旧藩邸時代からの建築（陪臣向けの長屋住居など）なのだろう。前章では幕臣屋敷の表長屋が、明治初年中に早々と商店へとリノベーションされるさまを指摘したが、それと同じことが旧大名屋敷の新開町でも起きていたと考えられる。

†神田青物市場の問屋らによる借地、運用

その一方で、図8-5を見ると、この一八七五年時点ですでに数多くの「地借」（借地

人）がいたことがわかる。これらは三井組に所有が移ってからというよりは、林らが開発に着手したころから余地を随時貸し付けていった結果とみた方が自然である。

なかでも注目されるのは、中央部（図中のA、①・①'）の区画である。ここが筋違広小路の事実上の受け皿となり、種々の短期的興行もそこでおこなわれていった様子についてはすでに指摘した。以上が実現するためには、この区画を地主から借りて芸能者らに貸す（又貸しする）人物が必要だったことは、あらためていうまでもない。

うち「芝居小屋」および「「芝居小屋」に貸し渡された「空地」」（同①と①'）のところを借地する人物については素性が明らかとなる（なお同Aの借地人は佐藤由兵衛という名前だが素性未詳）。彼の名は松崎重五郎といい、ここ連雀町一八番地と道をはさんですぐ東側にある神田青物市場の有力な水菓子《みずがし》問屋の一人だった。

じつはこの事例のほかにも、神田青物市場との接点は数多く見いだせる。図中③の出世《しゆつせ》稲荷社（当地に現存）は、もともとは青物商たちが建立した市場内の社《やしろ》を、連雀町一八番地の開発を機にここに移したものであり、あわせてその門前脇には神田市場問屋（東組）の会所も置かれていた（『今昔お稲荷さん界隈』）。また「芝居小屋」の北側（同⑤と⑤'）は、松崎とおなじく当時有数の水菓子問屋である西村小市が借地し、商売用の土蔵をかまえたところである。近世来、筋違広小路の川筋に蜜柑揚場《みかんあげば》があったことをふまえれば、そこから程近いこの区画に貯蔵場所を構えたことは納得がいく。同様に、図中⑥の「土蔵」も、これらの青物問屋と軒を並べるように店を開いていた連雀町の豪商・小栗兆兵衛（小田原屋）の所有するものであった。

ところで、連雀町一八番地の開発が始まった頃、神田青物市場はその方々に勢力を拡大していた。たとえば、市場に接する幕臣屋敷（金田貞之助屋敷。前掲図8-1参照）は明治元年（一八六八）一〇月以降、神田鍋町《なべちょう》北横《きたよこ》町の水菓子渡世らによって度々開発申請がなされ、実際に翌明治二年七月には地所・建築とも売却されている。

連雀町一八番地自体は、この旧幕臣屋敷のように市場そのものへと組み込まれることはなかったものの、近世の市場社会でつちかわれた財力が当該地所に注ぎ込まれたことに変わりはない。問屋らが借地というかたちで地所内部に場所を確保し、家業のために使用したり、あるいは露店商や芸能者らに又貸しして利益を得るような運用をおこなっていたと考えられる。

以上のように、新開町は当初の開発・所有形態からして、大小さまざまな旧町人層の関与とそれらの寄せ集めによって、はじめて成り立つものであった。

3 大名華族の東京邸として――列島の社会文化的な中心へ

†並存の様子――四谷荒木町（旧高須藩邸）の場合

さて、ここからは、ほかの新開町の事例にも目を配ろう。

前節のケース（旧篠山藩邸で、明治初年にいったん旧庄内藩主・酒井家が所有した神田連雀町一八番地）は、邸内に盛り場が生成されるという点で維新期東京に数多く誕生した新開町の典型といえるものの、明治のごく早い段階でその不動産（土地、建築）の所有は大名華族の手から完全に離れるものだった。しかし前々節で引用した『東京新繁昌記』の描写によれば、大名華族の生活空間が並存する新開町の事例も多かったとみてよい。

そのひとつは、美濃《みの》高須《たかす》藩邸だった四谷荒木《あらき》町（現・新宿区内）である（松山二〇一七）。尾張藩の支藩である高須藩は、会津藩主・松平容保《かたもり》をはじめ、幕末の政局のなかでそれぞれ重要な振る舞いをみせたいわゆる高須四兄弟の出身藩であって、彼らが幼少期を過ごしたこの藩邸の展開もまた、その数奇な境遇と同様、波瀾に満ちた興味深いものといえる。

新政府の樹立後、当該地所は「郭外」に位置したため、明治初年にいったん収用されるも、あらためて旧高須藩主の松平家がここを所有した。しかし、一般的に考えて、規模の小さい藩の藩主家（松平家）が、版籍奉還や秩禄処分《ちつろくしょぶん》などの過程で確保できた経済的基盤は盤石ではなく、廃藩置県翌年の明治五年（一八七二）五月頃からすでに「酒肆《しゅし》茶店《ちゃみせ》」建設などの新開町にむけた動きが確認できる（『武江年表』）。もっとも、同家がこうした開発に直接タッチしていたわけではなかったようだ。実際、邸内は次々と切り売りされるかたちで他者の手に渡っており、明治末期の一九一二年（大正元）の時点には、もともとの邸の一〇分の一ほどの面積を手元に残すのみだった（『地籍台帳・地籍地図〔東京〕』）。

これら売却された土地のうち、江戸時代からの庭園が残るところには一八七三年に浅草から芝居小屋・桐座《きりざ》が移転し、その周囲には茶屋や料理屋、さらには一般住居なども数多く建ち、戦前期にかけて東京有数の花柳界へと成長を遂げていった。現在もこの界隈には、旧藩邸時代のものである「策《むち》の池」などが残されるとともに、数多くの飲食店が軒を連ねた盛り場が形成されている。

以上の四谷荒木町における松平家の様子は、一見すると、弱小藩出身大名華族の近代における不遇さがそこに如実にあらわれているかのようである。

しかし、そうとらえてしまうのは早計なのだろう。別の観点にたてば、松平家は四谷荒木町という、明治初年にあらためて手中に収めたいわば空間的資本を、他者への部分的転売というかたちで活用することで、維新期の変動を乗り越える手段にしていたともいえる。明治年間をつうじ、その所有面積を大幅に減らしていったとはいえ、廃藩置県に端を発した新政府の大名華族に対する東京居住命令の事実上の解除（一八八七年。先述）をへても、松平家が東京府内に、しかももともと藩邸のあった場所のなかにみずからの邸を維持しつづけたことには、何かしら積極的な意味があったはずだ。

†新開町からの脱皮、旧藩領と接合する空間――本郷西片町（旧福山藩邸）の場合

これらの点（大名華族の側からみた東京邸の意味）を考えるうえで、紆余曲折をへつつも、東京邸という空間的資本を十二分に活用していく旧福山藩の阿部家の事例は参考になる。

阿部家は先の松平家と同様、明治初年にそれまで藩邸（中屋敷）として所持していた本郷西片町《にしかたまち》（現・文京区内）を手中におさめる。そこにみずから居住しつづける一方、やはり早くから邸内の開発に乗り出していく。

この西片町もご多分にもれずに、一八七六年には「日蓮ノ木像其外《そのほか》附属神仏」をあらたに安置するなど（「講社取結・教院設置・邸内社堂」）、明治初頭には諸宗教を勧進した人寄せのほか、桑茶の栽培などもおこなわれていた（図8-6）。

しかし、これらの新開町開発をへたのち、阿部家は一八八八年頃からは一転して、自宅

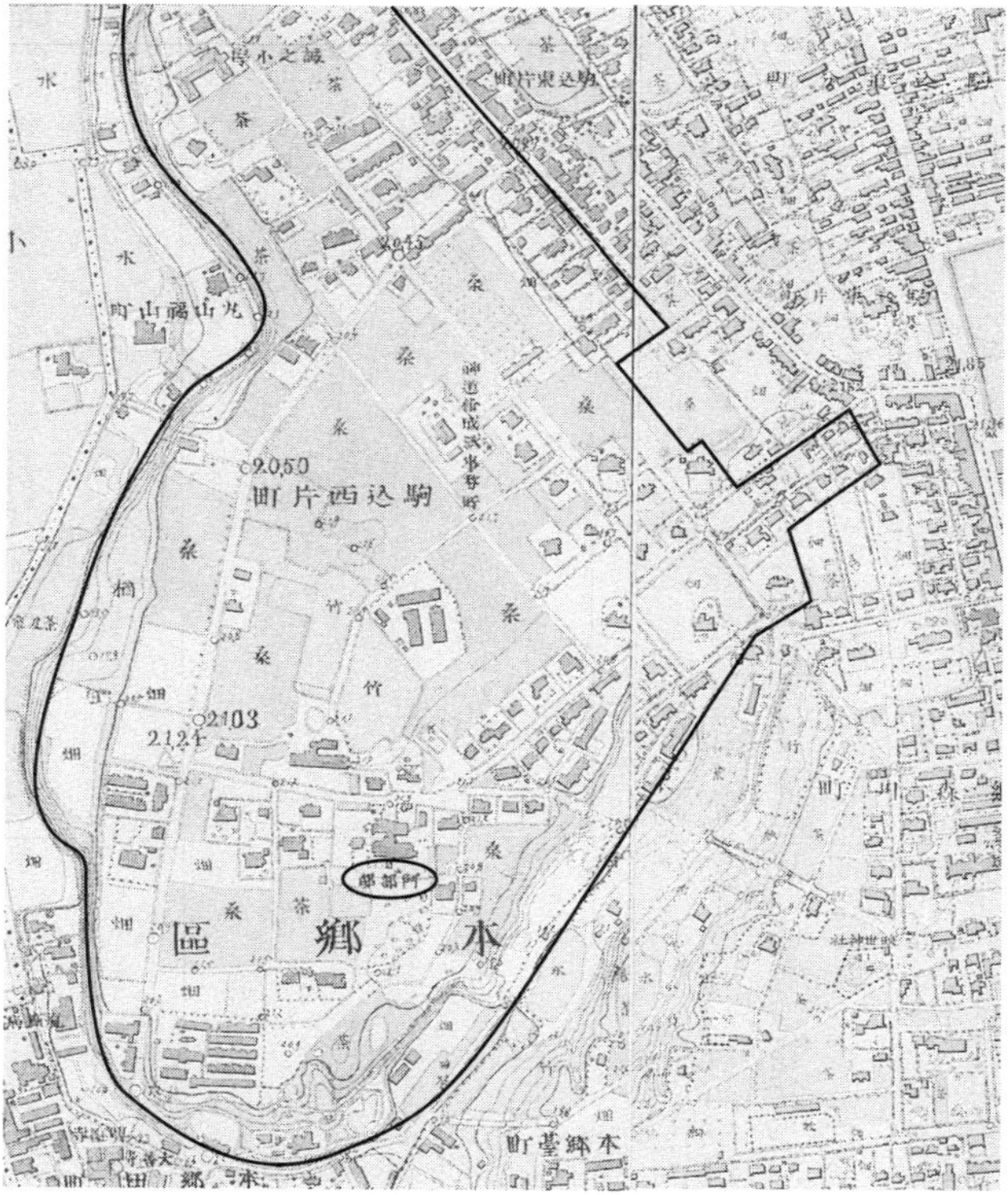

図８－６　1880年代初頭の実測図における本郷西片町一帯（出所：『参謀本部陸軍部測量局五千分一東京図測量原図』〔復刻版〕）

※町全体（太線内）が、大名華族・阿部家の所有地に相当。南端に「阿部邸」（楕円表示部）がみてとれる一方、中央部には宗教施設（「神道修成派事務所」）、また全域で桑畑や茶畑なども散見。

部分（邸内南端）を除いた地所のほとんどを住宅専用区画として貸し出す土地経営へと乗り出していくのである。

これらの実態については稲葉佳子《よしこ》氏の研究にくわしい（稲葉一九八七。以下、西片町に関する記述はこれに拠る）。

当時の東京帝国大学（現・東大本郷キャンパス）の近隣ということもあって、学者や新中間層（サラリーマン層）を相手に、当初から住宅地（貸地）の経営は軌道にのった。一時期は夏目漱石が、友人で第一高等学校の教授だった斎藤阿具《あぐ》の家を借りて住むなど御屋敷町として人気を集め、いまなお都心屈指の閑静な高級住宅街として存続している。

もっとも、本郷西片町の維新期における展開で見逃せないのは、専用住宅地化のかたわらで、旧藩領（現在の広島県福山市一帯など）とのあいだの緊密な紐帯もまたここを拠点にさまざま再構築されていったという事実である。

たとえば、稲葉氏によると、上記の学者らよりも以前の、当初の住民の多くは旧藩士や同郷人であったという。また、一八八〇年代後半からの住宅地経営もふくめ、地所の運用や管理などの実際の事業を動かしていたのも、近世時の家臣ないしその末裔たちであった。さらに広大な阿部家自邸では、そうした旧臣らばかりでなく、旧藩領（福山）関係者一般を招いた園遊会などもたびたび催されていた。一八九〇年（明治二三）には福山から東京へと出てきた若者のための宿舎（誠之舎《せいししや》）を西片町のなかに建設し、奨学金までをも給付して帝大に通わせるなど、彼らの教育に力を尽くしていったという。

このような阿部家のみずからの所有地（西片町）をめぐる実践は、旧藩主としてのある種の使命感・責任感にもとづくものといえようが、しかしそれ以上に、同家にとって直接的な効果が期待されていたことも確かだろう。なぜなら、西片町を拠点に支援した旧藩領の若者らが卒業後に出世し、官僚機構や経済界の一線などで活躍すれば、当然それは阿部家にとっても貴重な人脈や情報の源となって、みずからの社会関係資本《ソーシャル・キャピタル》の維持・拡大につながったと考えられるからである。

近年、内山一幸《かずゆき》氏が明らかにした柳川《やながわ》（河）藩立花家のケースも、この西片町・阿部家とよく似た展開といえる。同家の東京邸（下谷）においても、早くから産土神《うぶすながみ》の祭祀などを機に、地所のなかに同郷組織がつくられる一方、明治なかば以降、旧藩領出身者に対する積極的な支援がおこなわれていったことが指摘、確認されている（内山二〇一五）。

近現代の東京が、政治権力の拠点としてばかりではなく、社会文化的にも日本列島の中心都市、すなわち多方面にわたる首都へと、途切れることなく変容・成長をとげていった根幹には、維新期における大名華族の東京定住と、その邸を舞台として生成された新開町、および各旧藩領とのあいだで構築された社会関係があったのである。

おわりに

本書は、二〇一四年春に出版された拙著『江戸・東京の都市史――近代移行期の都市・建築・社会』（以下、前著と記す）を読まれた編集者・河内卓氏から、一般の読者も手に取りやすいように内容を新書にしませんか、とのお手紙をいただいたところからスタートした。出版から程なくのことだったので、もう四年あまりがたってしまったことになる。

いわゆるマンモス私大の教員として、また未就学児をかかえる親としてこの間公私ともに多忙をきわめるなか、本書のために時間を割くのは思いのほか難しかった。

しかしその一方で、二〇一八年が「明治150年（明治元年から一五〇年の節目）」ということで、一昨年あたりから次のような組織だったイベントを各所で目にするようになった。それからは一人の歴史研究者として、しかもちょうどそのあたりの時代について考えてきた者として、みずからの研究内容を多くの人に知ってもらえたらという思いを、より強くいだくようになっていった。それが、本書を遅々としたペースながら、前著のたんなる（読みやすくするだけの）焼き直しではなく少し違った内容へと書き進めていく上での、モチベーションとなった。

＊

現在の政府（各府省庁連絡会議）は明治元年を、日本が「近代国家への第一歩」を踏み出した年と位置づけ、そして「明治以降の歩みを次世代に遺《のこ》す」ことや、「明治の精神に学び、日本の強みを再認識すること」をスローガンとする数多くの記念事業や関連施策を、全国各地の博物館などにも働きかけながらおこなっている。

人びとに対し、政府が主導するかたちで過去を記憶させようとする行為の問題性もさることながら、そこで提示された歴史の見方に、筆者は大きなとまどいを覚えた。数百年にわたる江戸時代をへて始まったはずの明治という時代を、このように最初からほぼ一色で、しかも現在（現政府の立場）からみてもっぱら輝かしい出来事の集まりと位置づけていることに、である。江戸から明治への移り変わり、具体的には明治維新という出来事のことは、どのようにとらえられるのだろうか。

この点について、右の「明治１５０年」事業にかかわる取り組みの多くでは、まずもって、維新の元勲をはじめとする明治新政府の樹立にかかわり、あるいはその周辺で活躍していた人物の思想、立案した施策・制度などの先進性が強調される。そうした一握りのリーダーたちの開明的な考えや号令こそが維新変革の中身であって、それは多少の抵抗は招いたにしろ日本列島に住むその他大勢の人びとを力強く導き、時代は素早く切り変わった——そのようにとらえられているといってよい。

＊

仮にこのストーリーラインにもとづけば、江戸‐東京は「「近代国家」の中枢都市」として、新政府は明治元年からここでスムーズな治世のスタートを切っていたことになる。そして、政府首脳らが、幕末江戸の達成をそのまま受け継ぎつつ、西欧化や産業化にむけた策にいそしんでいた側面が強調される。

このように「明治150年」事業が人びとに喚起する江戸‐東京の基本的イメージは、徳川幕府の拠点から明治新政府のそれへとまるでワッペンをつけかえるように生まれ変わり、新政府の打ち出す（狭義の）近代化策のもとで順調な変容、成長をとげていく姿である。ともかく、維新変革がこの歴史都市に生じさせた混乱や波紋は限定的なものであった、との見方だ。

しかしながら、筆者が前著を書くにあたり参照した各種の歴史資料（そこには新政府機関が作成した行政文書などももちろんふくまれる）の伝える当時の現実は、そのような順調かつ輝かしいイメージとはまるでかけ離れた、複雑で紆余曲折に満ちたものだった。

そこでまず起きていたのは新体制による遷都であり、たとえば都市域の大半を占めていた武家地を舞台に、遠く離れた列島各地（とくに京都と各城下町都市）をも巻き込みながら新旧の支配者層をそっくり入れ替えるという壮大な作業だった。新政府首脳らは、まずもって巨大な江戸の都市空間とそれがはらむ独自の構造や社会的現実に直面し、それらを新政の基盤に見合うかたちへとつくり変えるために「格闘」せねばならなかったのである。そのプロセスでは、天皇の権威・表象が正統性を示す根拠として――戊辰戦争における錦の御旗のように――たびたび持ち出された。また現在からは、たんに開明的なこころみのように見える元勲ら主導のプラン（煉瓦街計画、桑茶令など）も、そもそもは、そうした既存の都市構造などとの「格闘」の一環として構想、実行されるものだった。

「格闘」というと聞こえはいいが、そのほとんどは技術的にも、また資金の面でも裏づけを欠くものであって、一般の人びとの生活空間をそれが包容する社会関係や文化もろともいたずらに踏みしだきながら、道なかばで挫折するのが常だった。

ただし、こうした新政府主導の一連のこころみ（維新期の首都計画）のもつある種の限界・中途半端さが、結果的には、東京が政都としてばかりでなく社会文化的にも列島の中心都市へと成長していく余地を残す。たとえば、廃藩置県を機に再上京を強いられた旧大名たちの屋敷（大名華族の東京邸）では、それぞれの広大な敷地がいかされるかたちで、江戸以来の民衆文化の受け皿（そこにはたくさんの旧町人層の主体的なかかわりがある）や、あるいは列島各地（とくにそれぞれの旧領地）のヒトやモノが東京へと流れ込むのを支える諸施設なども、普遍的につくりだされていく。

このように、維新変革は江戸－東京という歴史都市のあり方に非常に大きなインパクトを与えたと同時に、その都市空間における変貌をくわしく解き明かすことは、東京と「地方」のあいだの一極集中の関係、さらにいえば日本の近現代社会の成り立ちやその特徴を知る上での鍵である――というのが、筆者が前著を書き終えたときのひとつの結論だった。

ひるがえって、以上のように諸史料をもとに江戸－東京という現場にそくして日本の近代史をつむぎだそうとしてきた筆者にとって、「明治150年」事業が人びとに喚起するイメージは、残念ながら学問的な検証には大してもとづかないものだ。その関係の取り組みでは、元勲らの構想や決断が称揚される一方、それらの全体像（当時どのような意味を持ち、またいかなる展開を生んでいったのかなど）が追究、紹介されることは少ない。結局のところ、彼ら（元勲ら）の「格闘」でさえ本当の意味で理解しようとはされておらず、ましてや一般の人びとの試行錯誤や生きざまについてはほとんど顧みられない。そこでは、現政府が進めていきたい諸改革の理想――リーダーの英断が時代の難局を切り開き、国民を牽引する――がさかのぼって投影されるかたちで、当時の現実からは遊離した「明治維新」像がつくりだされる危うさがある。こうした「明治150年」事業のもつメカニズムに、筆者は懸念をいだかずにはいられない。

ただし、このような事態に立ちいたることを、結果的であれ許してきた責任のいったんは（筆者自身をふくむ）これまでの歴史研究の側にもあるのだろう。本書の冒頭でごく簡単にはふれたように、維新変革の内実がくわしく問われることは、政局史や思想史などの領域を除けばそう多くはなかった。近年の重要な成果物に、明治維新史学会編『講座　明治維新』全一二巻（有志舎、二〇一〇〜二〇一八年）があるものの、それでも、たとえば都市社会やその市井のレベルでどのような事柄が実際に起き、人びとがいかなる体験をしていたのかなどについては、まだまだ不明な点が少なくない。つまり、いま起きている事態は、維新期に関するこれまでの研究蓄積の薄さが招いた結果でもあるように思われるのだ。

＊

ここ数年の動きなどを目の当たりにして、以上のようなことを考えるなか、「明治維新」をわざわざ本書のタイトルのなかに入れることにした。

そして、前著のうち維新期の動向をあつかった部分をベースに、そこにあらたな文章を足すかたちで、本書を編むことになった。とくに当該期を考える上で見逃せない論点のひとつである「貧民」の問題をクローズアップした本書第Ⅱ部（第4〜6章）の内容は、企画がスタートした後に発表した論文と、書き下ろしの文章でできあがっている。

その執筆の過程では、歴史にうもれた人びととの新たな出会いがあった。明治初年の地籍図を手がかりに、牧啓次郎や福島嘉兵衛（第5、6章）のような人物に行き当たることができたのは幸いだった。これまでうまくとらえられていなかった、江戸－東京の市井における維新変革のいわば仲介者《ブローカー》たちの働きに、今回少しだけ光を当てることができたように思う。また、史料を渉猟しなおすことで、たとえば地租改正によって広場を追われた芸能者らが旧大名藩邸の内部（「新開町」）へと移動したことをはっきりと示す記録を探し当てられたことは（第8章）、本書という機会があってこその発見である。

ひるがえって考えてみれば、江戸から東京への移り変わりの実像については、その後関東大震災、敗戦間近の大空襲、戦後復興、そして高度経済成長・バブル期の乱開発などというように、天災・人災がこの歴史都市を次々と襲ったことにより等閑視されがちだった。都心部の土地所有のあり方や、あるいはヒトやモノの東京への一極集中の流れなど、都市のきわめて基本的な構造がかたまった時代であるにもかかわらず、十分光が当たってこなかった当該期の諸動向やその歴史的意義を、本書の検討をつうじてある程度明らかにできたとは思っている。

もっとも、それらの論証の成否、さらにいえば本書が現在の多忙な人びとにも読みやすい魅力的な叙述になっているかどうかについては、読者の判断をまつほかない。

ところで、本論部分を脱稿する少し前に、尊敬する横山百合子先生の御著作（『江戸東京の明治維新』岩波新書、二〇一八年）が出版された。近世的秩序が解体してゆくなかで、「名も残らぬ小さき人びと」が時代の変化に翻弄されつつも、それでも生き延びる道を求めてもがく、彼らの生の経験が豊かに描きだされている。僭越ながら、横山先生の御本、それに次いで本書というかたちで、できるだけ多くの人たちに手にとってもらえたらと、切に願っている。

河内氏にはこの四年あまりのあいだ、たいへんお世話になった。頻繁に休憩をはさみ、リタイアしそうになる筆者の走りに対し、氏の適切な伴走がなければ、本書は刊行にいたらなかったと思う。感謝申し上げる。

最後に私事にわたるが、本書を夫・川本智史と息子・岳にささげ、擱筆することにしたい。

二〇一八年一一月　金沢にて

松山　恵

参考史料・文献リスト（本文中で言及したもののみ）

【史料】

（一）一次史料など

「府治類纂　地輿」明治元～三年（東京都公文書館所蔵。以下の一二史料はいずれも同館所蔵）
「華族上地願留」明治五年
「拝領地願綴込」明治四～六年
「建築事務御用留　甲」明治五年
「京橋以南類焼一件」明治五年
「講社取結・教院設置・邸内社堂」明治九年
「管民願伺届録」明治八年
「御沙汰書抜萃」明治四年
「各裁判所府県往復留」明治五年
「官省往復・庶務本課ヨリ引継ノ分」明治五年
「順立帳」明治二年四九、同三年三九・四〇
「管内諸願伺留　三」明治九年
「床店葭簀張開市場」明治七年

「例規類纂」第二巻（国立公文書館所蔵）
「太政類典」第二編・第百十四巻・地方二十・土地処分七（同右）
「防火家屋ヲ建テ庶民へ貸渡スベキ方法」大隈文書A三九二四（早稲田大学図書館所蔵）
「東京遥拝殿設立始末」明治八～一〇年（神宮文庫所蔵）
「佐賀旧城蹟開墾願書」大木喬任関係文書八六－八（国立国会図書館所蔵）
「三田麴町高輪三ケ所救育所ヲ設ケ救民ヲ撫育スル云々ノ意見書」同右一七－七（同右）
「東京地主案内　区分町鑑」明治一一年（同右）
「東山道出軍小荷駄方日記　三」（東京大学史料編纂所所蔵）
『西郷隆盛全集』三、大和書房、一九七八年
『東京府志料』一、東京都都政史料館、一九五九年
『東京市史稿』市街篇四九・五〇・五一・五六巻、一九六〇・一九六一・一九六五年

（二）随筆、回顧録など

広瀬旭荘『九桂草堂随筆』巻之七（本書では『続日本随筆大成』二〔吉川弘文館、一九七九年〕所収を参照）
石川天崖『東京学』育成会、一九〇九年
市野彌三郎編『鴻爪痕』前島彌、一九二〇年
久米邦武編・田中彰校注『特命全権大使　米欧回覧実記』一、岩波書店、二〇〇三年
竜門社編『渋沢栄一伝記資料』三、渋沢栄一伝記資料刊行会、一九五五年
澤田章編『世外侯事歴維新財政談』下、岡百世、一九二一年

THE FAR EAST, VOL.5, No.6, June 1874
『神教組織物語』國學院大学図書館所蔵（本書では〔安丸・宮地一九八八〕所収を参照）
『大隈侯昔日譚』早稲田大学出版部、一九六九年
大木喬任「奠都当時の東京」（『奠都三十年』博文館、一八九八年）
上野一郎編『私の明治維新――有馬藤太聞き書き』産業能率短期大学出版部、一九七六年
吉田常吉校訂『幕末下級武士の記録』時事通信社、一九八五年
服部誠一（撫松）『東京新繁昌記』奎章閣、一八七四年
金子光晴校訂『武江年表』平凡社、一九六八年
横山錦柵編『東京商人録』復刻版、湖北社、一九八七年
『今昔お稲荷さん界隈――出世稲荷社町内遷座壱百四年・現社殿建立五十年を記念して』私家版、一九七八年（神田藪蕎麦・堀田氏所蔵）

(三) 絵図、地図、写真
「東京府通町ヨリ呉服橋之遠景」江戸東京博物館所蔵
「当世武家地商人」同右
「筋違御門うち凧あそひ」東京都立中央図書館所蔵
「皇居御造営誌附属図類下調図」宮内庁宮内公文書館所蔵
「皇城絵図面」同右
「旗本上ケ屋敷図」東京都公文書館所蔵
「第一・二・四大区沽券地図」同右

「町鑑明細改正東京一覧圖」国立国会図書館所蔵
「東京日比谷御門内神殿新築図」千代田区立日比谷図書文化館所蔵
「鮫ヶ橋貧家ノ夕《ゆう》」（『風俗画報』二七六号、東陽堂、一九〇三年）
『江戸町中世渡集』一橋大学附属図書館所蔵
『地籍台帳・地籍地図〔東京〕』復刻版、柏書房、一九八九年
『参謀本部陸軍部測量局五千分一東京図測量原図』復刻版、日本地図センター、二〇一一年
『嘉永・慶応江戸切絵図（尾張屋清七版）』人文社、一九九五年
『江戸から東京へ　明治の東京』人文社、一九九六年
市古夏生・鈴木健一校訂『新訂江戸名所図会』五、筑摩書房、二〇〇九年
石黒敬章編・解説『明治・大正・昭和東京写真大集成』新潮社、二〇〇一年

【研究文献】

市川孝正「明治初年の東京府における救貧授産事業」（『早稲田商学』一五九・一六〇合併号、一九六二年）
伊藤毅監修・東京大学大学院工学系研究科建築学専攻伊藤毅研究室編『地域の空間と持続――東京白山・丸山福山町地区を素材として』東京大学21世紀COEプログラム報告書、二〇〇八年
伊藤毅監修、樺山紘一ほか著『東京大学が文京区になかったら』NTT出版、二〇一八年
稲葉佳子「阿部様の造った学者町・西片町」（『郊外住宅地の系譜』鹿島出版会、一九八七年）
牛米努「五十区制の形成と展開」（『歴史評論』四〇五、一九八四年）
内山一幸『明治期の旧藩主家と社会――華士族と地方の近代化』吉川弘文館、二〇一五年

梅田定宏「首都東京の拡大」（『都市空間の社会史』山川出版社、二〇〇四年）
大野哲弥『国際通信史でみる明治日本』成文社、二〇一二年
岡田米夫編輯『東京大神宮沿革史』東京大神宮、一九六〇年
小木新造『東京庶民生活史研究』日本放送出版協会、一九七九年
小木新造『東京時代――江戸と東京の間で』講談社、二〇〇六年（初版は一九八〇年）
落合弘樹『敗者の日本史18　西南戦争と西郷隆盛』吉川弘文館、二〇一三年
加藤悠希『近世・近代の歴史意識と建築』中央公論美術出版、二〇一五年
川崎房五郎『都史紀要3　銀座煉瓦街の建設』東京都、一九五五年
川崎房五郎『都史紀要13　明治初年の武家地処理問題』東京都、一九六五年
北原糸子「明治初年東京府における窮民授産」（『明治国家の展開と民衆生活』弘文堂、一九七五年）
北原糸子『都市と貧困の社会史――江戸から東京へ』吉川弘文館、一九九五年
小泉雅弘「明治初年東京府の勅・奏任官官員構成」（『駒澤史学』四三、一九九一年）
小林信也『江戸の民衆世界と近代化』山川出版社、二〇〇二年
佐々木克「東京「遷都」の政治過程」（『人文學報』六六、一九九〇年）
佐々木克『江戸が東京になった日――明治二年の東京遷都』講談社、二〇〇一年
陣内秀信『東京の空間人類学』筑摩書房、一九九二年（初版は一九八五年）
鈴木博之『東京の地霊《ゲニウス・ロキ》』筑摩書房、二〇〇九年（同右一九九〇年）
鈴木博之『シリーズ日本の近代　都市へ』中央公論新社、二〇一二年（同右一九九九年）
高木博志「東京「奠都」と留守官」（『日本史研究』二九六、一九八七年）
高木博志「近世の内裏空間・近代の京都御苑」（『岩波講座　近代日本の文化史』二、岩波書店、二〇〇一

年）
高木博志『近代天皇制と古都』岩波書店、二〇〇六年
滝島功『都市と地租改正』吉川弘文館、二〇〇三年
玉井哲雄『江戸――失われた都市空間を読む』平凡社、一九八六年
中川理『京都と近代――せめぎ合う都市空間の歴史』鹿島出版会、二〇一五年
原武史『「出雲」という思想――近代日本の抹殺された神々』講談社、二〇〇一年（初版は一九九六年）
平井聖監修・伊東龍一編集『江戸城Ⅰ〈城郭〉』至文堂、一九九二年
藤井貞文『明治国学発生史の研究』吉川弘文館、一九七七年
藤野裕子『都市と暴動の民衆史――東京・1905-1923年』有志舎、二〇一五年
藤村潤一郎「通日雇について」（『史料館研究紀要』七、一九七四年）
藤森照信『明治の東京計画』岩波書店、二〇〇四年（初版は一九八二年）
前田愛『都市空間のなかの文学』筑摩書房、一九九二年（同右一九八二年）
松山恵「幕末期江戸における幕臣屋敷の屋敷地利用と居住形態」（『日本建築学会計画系論文集』五四五、二〇〇一年）
松山恵「「郭内」・「郭外」の設定経緯とその意義」（『日本建築学会計画系論文集』五八〇、二〇〇四年）
松山恵『江戸・東京の都市史――近代移行期の都市・建築・社会』東京大学出版会、二〇一四年
松山恵「日本近代都市史研究のあゆみ」（『都市史研究』二、山川出版社、二〇一五年）→本文中では二〇一五ａと表記
松山恵「明治初年の東京と霧島神宮遥拝所」（『明治神宮以前・以後』鹿島出版会、二〇一五年）→同右二〇一五ｂ

松山恵「近代東京の生活空間をあるく」(『みる・よむ・あるく東京の歴史3――通史編3(明治時代〜現代)』吉川弘文館、二〇一七年)
松山恵・伊藤裕久「明治期における四谷鮫河橋の都市空間構造」(『日本建築学会関東支部研究報告集』六九、一九九九年)
三谷博「国境を越える歴史認識――比較史の発見的効用」(『岩波講座 日本歴史』二二、岩波書店、二〇一六年)
宮崎勝美「江戸の土地」(『日本の近世9 都市の時代』中央公論社、一九九二年)
安丸良夫「無宿と博徒」(『歴史を読みなおす22「監獄」の誕生』朝日新聞社、一九九五年)
安丸良夫・宮地正人『日本近代思想大系5 宗教と国家』岩波書店、一九八八年
横山百合子『明治維新と近世身分制の解体』山川出版社、二〇〇五年
横山百合子「解体される権力」(『伝統都市2 権力とヘゲモニー』東京大学出版会、二〇一〇年)
吉田伸之『21世紀の「江戸」』山川出版社、二〇〇四年
吉田伸之『日本の歴史17 成熟する江戸』講談社、二〇〇九年(初版は二〇〇二年)

ちくま新書
1379

都市《とし》空間《くうかん》の明治維新《めいじいしん》
——江戸《えど》から東京《とうきょう》への大転換《だいてんかん》

二〇一九年一月一〇日　第一刷発行

著者　松山　恵（まつやま・めぐみ）

発行者　喜入冬子
発行所　株式会社　筑摩書房
東京都台東区蔵前二-五-三　郵便番号一一一-八七五五
電話番号〇三-五六八七-二六〇一（代表）
装幀者　間村俊一
印刷・製本　三松堂印刷　株式会社

ISBN978-4-480-07195-8 C0221